Joachim Rogall

DIE DEUTSCHEN IM POSENER LAND UND IN MITTELPOLEN

Vertreibungsgebiete
und vertriebene Deutsche

Eine Studienbuchreihe
zur Zwischenbilanz der
Umsiedlung, Flucht, Deportation,
Vertreibung und Aussiedlung

Im Auftrage der Stiftung
Ostdeutscher Kulturrat (OKR), Bonn
herausgegeben von
Professor Dr. Wilfried Schlau,
Universität Mainz

Band 3

Joachim Rogall

DIE DEUTSCHEN IM POSENER LAND UND IN MITTELPOLEN

Mit 190 Abbildungen, Karten und Statistiken

Langen Müller

Abbildungsnachweis
Alle Abbildungen aus den Archiven der Stiftung Ostdeutscher Kulturrat, der Buchverlage Ullstein/Langen Müller, der Landsmannschaft Weichsel-Warthe, der Gemeinschaft Evangelischer Posener, und der Sammlung Rogall, mit Ausnahme der Abb. 54 (Nordostdeutsches Kulturwerk) und Abb. 140 (Chr. Th. Stoll).

Besuchen Sie uns im Internet unter
http://www.langen-müller-verlag.de

2. Auflage 2005 (Sonderproduktion)

Umschlaggestaltung: Marianne Hartkopf-Grafikdesign, Köln
Umschlagfoto: IMAGNO/Austrian Archives
Herstellung und Satz: VerlagsService Dr. Helmut Neuberger
& Karl Schaumann GmbH, Heimstetten
Gesetzt aus der 9,2/11,2 Century expanded
auf Apple Macintosh in QuarkXPress
Druck und Binden: Ueberreuter Buchproduktion, Korneuburg
Printed in Austria
ISBN 3-7844-2444-9

Inhalt

Teil IV: Die Deutschen in Polen in der Zeit der Teilungen (1795–1815)

Teil V: Die Deutschen im Lande in der Zeit des geteilten Polen (1815–1918)

Teil VI: Im Ersten Weltkrieg

Teil VII: Die Deutschen im wiedererstandenen Polen 1918–1939

Teil VIII: Im Zweiten Weltkrieg

Teil IX: Flucht, Vertreibung, Diskriminierung

Teil X: Nach Flucht und Vertreibung

Anhang

Vorwort des Herausgebers

Am 5. März 1885 wurde in Posen die »Historische Gesellschaft für die Provinz Posen« gegründet, deren geistig-wissenschaftliche Nachfolge nach 1945 die »Historisch-Landeskundliche Kommission für Posen und das Deutschtum in Polen« angetreten hat. Deren zweiter Vorsitzender, Dr. Joachim Rogall, ist der Verfasser des nun vorliegenden dritten Bandes der Studienbuchreihe der Stiftung Ostdeutscher Kulturrat, die unter dem Gesamttitel »Vertreibungsgebiete und vertriebene Deutsche« eine Übersicht über die einzelnen landsmannschaftlichen Gruppen der Vertriebenen und ihr Schicksal vermitteln soll. Als Adressaten der Reihe ist in erster Linie an die Schüler der Kollegstufe der Höheren Schule (11.–13. Schuljahr), die Studenten aller Fachbereiche, die Lehrkräfte aller Schularten sowie die qualifizierten »Normalverbraucher«, d. h. an alle Personen gedacht, die zu diesem Thema mehr wissen und zu einem fundierten eigenen Urteil gelangen wollen.

Der vorliegende Band ist dabei nicht der Gesamtheit der in der Republik Polen des Jahres 1939 seßhaften Deutschen gewidmet, sondern nur deren »mittlerer« Gruppe, die in etwa im Gebiet des unter der deutschen Besatzung des Zweiten Weltkriegs kreierten »Reichsgaus Wartheland« beheimatet war. Hier lebten 1944 rd. 420000 bodenständige Deutsche, die sog. »Volksdeutschen« der Volksliste 1 und 2. Zu ihnen kamen während des Krieges rd. 195000 Reichsdeutsche und rd. 245000 Umsiedler, d. h. die Masse der aus dem Baltikum, Ostpolen und Rumänien umgesiedelten Deutschen.

Trotz dieser »Zuwanderung« und der Enteignung und Deportation Tausender Angehöriger der polnischen Mittel- und Oberschicht in das damalige »Generalgouvernement« waren demnach auch 1944 von den insgesamt rd. 4,4 Millionen Einwohnern des sog. »Warthegaus« immer noch rd. 3540000, d. h. 80,5%, polnischer Volkszugehörigkeit.

Bei den Deutschen, die im Januar 1945 – soweit sie es noch schafften – größtenteils fluchtartig ihre angestammte oder auch nur Übergangs-Wohnheimat verließen, handelte es sich damit stets um eine typische Minderheitsbevölkerung – auch in den rd. 100 Jahren der Zugehörigkeit dieses Gebiets, des eigentlichen »Großpolens«, als Provinz Posen zum Preußischen Staat.

So wie sie nach dem Abzug großer Teile der deutschen Stadtbevölkerung aus dem Posener Lande schon nach 1918 hier und in Mittelpolen weit zerstreut in Dörfern, Kleinstädten oder im Lodzer Industriegebiet wohnten, so sind sie heute über die ganze Bundesrepublik und andere Länder verteilt, und eine Übersicht über ihre derzeitige Situation zu erstellen, ist entsprechend schwierig.

Organisatorisch fand die Population ihre Form in der 1949 gegründeten Landsmannschaft Weichsel-Warthe, der auch die Deutschen aus Wolhynien und Galizien angehören. Die Landsmannschaft gibt seit 1955 alljährlich das »Jahrbuch Weichsel-Warthe« und seit 1953 vierteljährich die Zeitschrift »Kulturwart – Beiträge zur deutsch-polnischen Nachbarschaft« heraus.

Grundlage und Ausgangspunkt der zeitgeschichtlichen Arbeiten über die Gruppe aber dürften auch heute noch zwei Standardwerke sein – Hermann Rauschnings »Die Entdeutschung Westpreußens und Posens« (1929) und Kurt Lücks »Deutsche Aufbaukräfte in der Entwicklung Polens« (1934).

Sie wurden 1976 sozusagen »fortgeführt« durch den Ersten Band der Reihe »Nachbarn seit tausend Jahren« der Stiftung Ostdeutscher Kulturrat »Deutsche und Polen in Bildern und Dokumenten« von Richard Breyer, Peter E. Nasarski und Janusz Piekalkiewicz. Vor allem Richard Breyer und Peter Nasarski haben nach dem Zweiten Weltkriege auf diesem Gebiet auch selbst erfolgreich publiziert und damit die Arbeit der »Historisch-Landeskundlichen Kommission« ergänzt, aus deren Bereich die vorliegende Arbeit stammt.

Möge auch sie dazu beitragen, die Deutschen aus dem Posener Lande und Mittelpolen und ihr Schicksal ins Bewußtsein der deutschen Gesamtbevölkerung zu heben, in dem sie bisher nur eine Randposition einnehmen.

Im Januar 1993

Wilfried Schlau

Einleitung

Die Geschichte der Deutschen auf polnischem Boden zu beschreiben ist reizvoll und schwierig zugleich. Reizvoll, weil Deutsche seit dem Mittelalter im gesamten polnischen Siedlungsgebiet lebten und infolgedessen das Zusammenleben zweier Völker in einem Raum mit seinen positiven wie negativen Begleiterscheinungen anschaulich vor Augen führen. Schwierig ist das Thema vor allem durch die Schatten der letzten zweihundert Jahre, in denen Deutsche von außen, als deutsche Staaten, entscheidend die polnische Geschichte und damit auch die Geschichte der Deutschen im Lande beeinflußten. Preußisch-deutsche Polenpolitik bis 1918, polnische Minderheitenpolitik der Zwischenkriegszeit, deutsche Besatzungspolitik in Polen während des Zweiten Weltkriegs sowie Flucht und Vertreibung haben das deutsch-polnische Verhältnis so nachhaltig belastet, daß nicht nur kein Platz für Deutsche auf polnischem Staatsgebiet mehr möglich schien, sondern auch rückwirkend nicht nur von vielen Polen die Deutschen im Lande seit den Anfängen des polnischen Staates als Fremdkörper und Störfaktor, gar als »Fünfte Kolonne« eines vorgeblichen »Deutschen Dranges nach Osten« interpretiert wurden.

In einer Zeit, da nach 45 Jahren die Existenz einer größeren Zahl von Deutschen in Polen wieder offiziell anerkannt wurde und den daraufhin entstandenen deutschen Organisationen für die Zukunft eine Brückenfunktion zwischen den beiden Nationen zugedacht ist, scheint es notwendig, sich den Gesamtvorgang deutscher Siedlung und deutschen Lebens auf polnischem Boden einmal vor Augen zu führen.

Während viele frühere deutsche Darstellungen, vor allem der Zwischenkriegszeit, von der Vorstellung einer deutschen »Kulturträger«-Rolle geprägt waren und der Gefahr unterlagen, den deutschen Beitrag zur polnischen Kultur überzubewerten, versuchte man auf polnischer Seite häufig, aus falsch verstandenem Nationalstolz heraus den deutschen Anteil herabzumindern oder ganz zu leugnen.

Die Deutschen in Polen haben, auch wenn sie sich nicht polonisierten, durch ihr eigenes Zusammenleben mit polnischer Bevölkerung viele Elemente polnischer Kultur auf- und übernommen, wie umgekehrt die Polen von ihnen Elemente deutscher und westeuropäischer Kultur, und keine Seite kann aus diesen für Mitteleuropa so typischen und interessanten interethnischen Beziehungen eine Begründung für Überlegenheits- bzw. Unterlegenheitsgefühle ableiten.

Die Deutschen waren in Polen stets eine Minderheit. Für die großen Entwicklungslinien Polens, sei es in der Anfangszeit der Anschluß an Westeuropa, später beispielsweise die Entwicklung seines Städtewesens oder der polnischen Kultur insgesamt, war die deutsche Einwanderung sicher nicht entscheidend verantwortlich, wohl aber für ihre individuelle Ausprägung.

Sie wurden über Generationen hinweg zu echten Landeskindern, sowohl diejenigen, die sich allmählich polonisierten, wie auch diejenigen, welche ihre deutsche Kultur bewahrten

und im Zusammenleben mit den andersnationalen Nachbarn zu den verschiedenen regionalen polendeutschen Varianten weiterentwickelten.
Die Geschichte der Deutschen in Polen ist nicht nur Teil der deutschen, sondern vor allem auch der polnischen Geschichte, weshalb sie nur vor dem Hintergrund der polnischen Gesamtgeschichte dargestellt werden kann.

Teil I
Der Raum und seine Bedingungen

Die Auswahl des Titels dieses Bandes bereitete durch den vorgegebenen geographischen Rahmen einige Schwierigkeiten. Die an sich naheliegende Bezeichnung »Deutsche aus Polen« schied aus, weil Galizien und Ostpolen in einem anderen Band behandelt werden. »Provinz Posen« und »Kongreßpolen« sind historisch nur für einen bestimmten Zeitabschnitt gültig, können deshalb nicht für den Gesamtzeitraum verwendet werden. Der für den größten Teil des Untersuchungsraums zutreffende Name »Wartheland« ist durch die nationalsozialistische Bezeichnung »Reichsgau Wartheland« für einen Teil der besetzten westpolnischen Gebiete während des Zweiten Weltkrieges belastet, »Großpolen« in Deutschland nicht allgemein bekannt. Deshalb wurde schließlich »Posener Land und Mittelpolen« gewählt, um zwei zentrale, historisch zusammenhängende deutsche Siedlungslandschaften in Polen zu erfassen.
Es sind dies das Posener Land, historisch Großpolen genannt, mit dem Netzegebiet einschließlich Bromberg und Kujawien sowie das Land im Weichselbogen. Nur im Mittelalter wird auch die deutsche Siedlung in Südostpolen/Galizien von Krakau bis Lemberg mit einbezogen. In der Neuzeit dagegen wird neben dem Posener Land nur noch Mittelpolen, also das Land beiderseits der mittleren Weichsel behandelt, während Galizien und Ostpolen/Wolhynien einem anderen Band zugeordnet wurden.
Die geographischen Leitlinien der Landschaft waren bestimmend für den Verlauf der Siedlung von Deutschen in diesem Raum. Er trägt ausgesprochenen Übergangscharakter und weitet sich nach Osten, das mitteleuropäische Tiefland fortführend, trichterförmig und ohne deutlichere natürliche Grenzen aus. Es war daher besonders in west-östlicher Richtung ein traditionelles Durchgangsland.
Das Posener Land wird durch die Warthe und ihre Nebenflüsse zu einer Einheit zusammengefaßt. Im Norden wird es durch die Sanderflächen an Netze und Warthe gegen den Baltischen Höhenrücken, nach Westen zu von der Obra und gegen Süden durch die Bartschniederung begrenzt. Nach Osten dagegen bildet das schmale Prosnatal keine natürliche Abgrenzung zu Mittelpolen, die Landschaften gehen hier ineinander über. Wie im Posener Land die Warthe, so bildet in Mittelpolen die Weichsel die Klammer, welche das Land zusammenhält.
Durch drei große, in west-östlicher Richtung verlaufende parallele Urstromtäler (Thorn-Eberswalder, Berliner-Warschauer und Glogau-Baruther Tal) sowie süd-nordwärts verlaufende Durchbruchsflußtäler ist der gesamte Raum wie durch ein nach Osten immer größer werdendes Gitter zerlegt, wobei die zwischen den Urstrom- und Flußtälern liegenden Geschiebelehmplatten durch frühe polnische Besiedlung zum Kernland Polens geworden sind.
Die Grenzsäume im Norden, Westen und Süden dagegen waren von breiten Waldgebieten bedeckt, die durch ihre sumpfigen und sandigen Böden von der polnischen Siedlung nicht erfaßt wurden.

Gleiches galt für die Sanderinseln in Groß- und Mittelpolen sowie die Marschgebiete

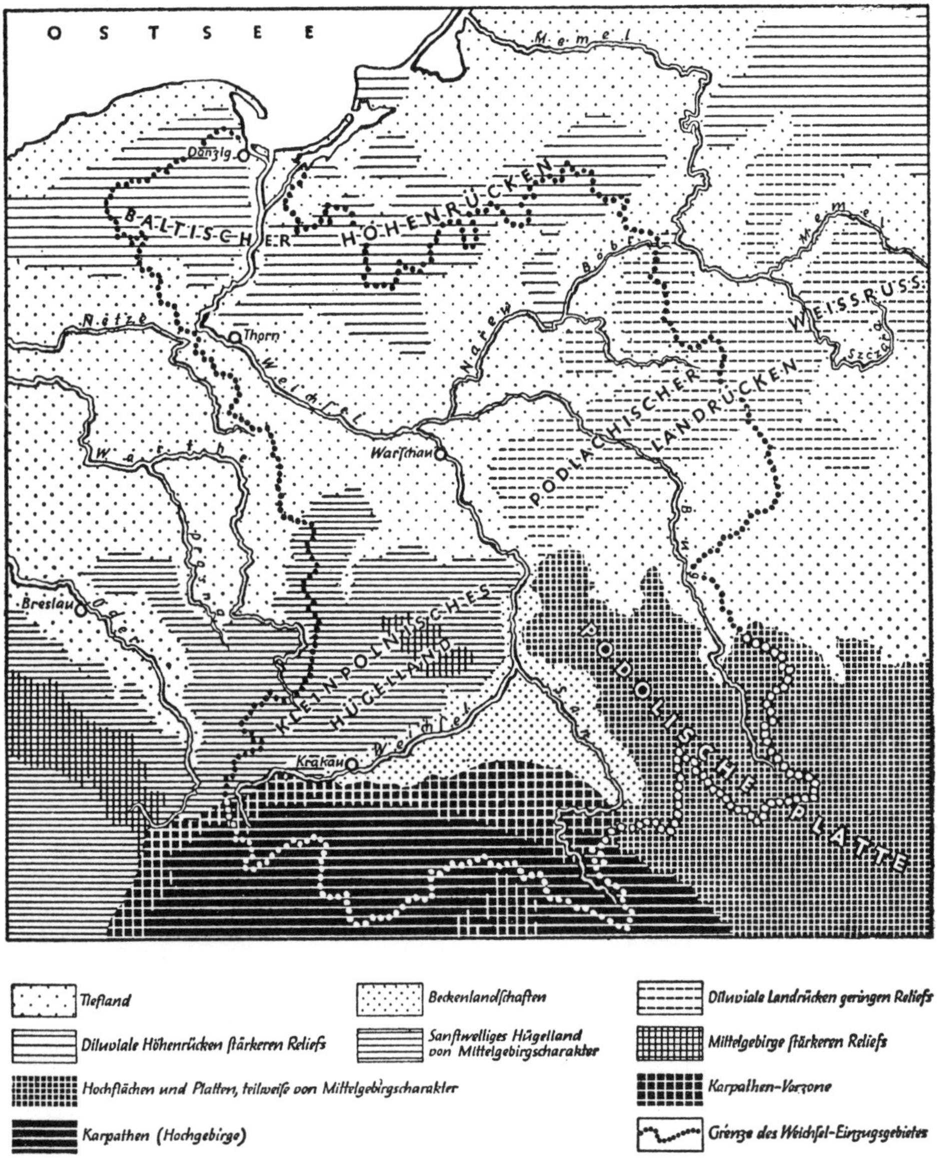

Karte 1: Die Reliefgliederung des Weichsel-Warthe-Raumes

entlang der Flüsse, insbesondere an den Unterläufen der großen Ströme, die ständig durch Überschwemmungen gefährdet waren. Hier blieben große siedlungsfreie Flächen bis in das 16. und 17. Jahrhundert hinein erhalten.

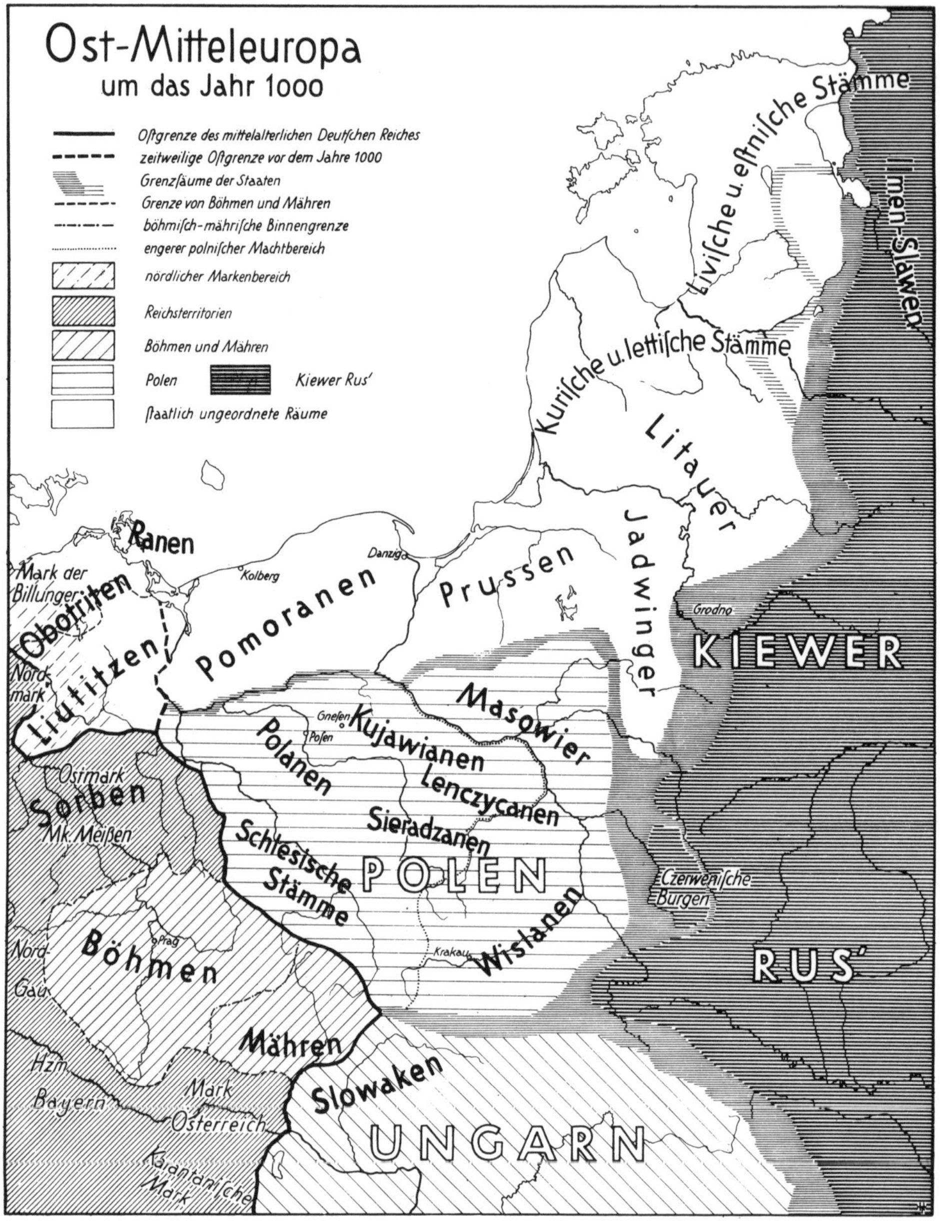

Karte 2: Ost-Mitteleuropa um das Jahr 1000

Teil II
Die mittelalterliche deutsche Siedlung in Polen

1. Einzeleinwanderung bis zum 13. Jahrhundert

In einschlägigen Veröffentlichungen wird oft gesagt, die Geschichte von Deutschen in Polen sei so alt wie der polnische Staat selbst. Dies ist insofern richtig, als bereits aus der zweiten Hälfte des 10. Jahrhunderts, in welcher ein polnischer Staat geschichtlich faßbar wird, die Anwesenheit von Deutschen in Polen überliefert ist. Da jenes erste polnische Staatswesen zwischen mittlerer Warthe, mittlerer Weichsel und Pilica unter seinem Herrscher Mieszko I. (963–992) aber zu diesem Zeitpunkt bereits voll ausgebildet war, müssen seine Anfänge natürlich weiter zurückreichen, liegen aber im Dunkeln.
Die Einwanderung von Deutschen erfolgte im Zuge der politischen und kirchlichen Einbeziehung Polens in das Abendland, politisch durch lehensähnliche Beziehungen zum Römisch-Deutschen Reich (ab 964), kirchlich durch die Annahme des Christentums in römischer Form (966).
Bis zum 13. Jahrhundert kann aber noch nicht von einer deutschen Besiedlung, sondern nur von Einzeleinwanderung gesprochen werden. Es handelte sich im wesentlichen um Ritter, Priester und Mönche am Hof und in den geistlichen Zentren.
Polen ist ein gutes Beispiel dafür, daß die Wanderung von deutschen Siedlern nach dem Osten kein Ausdruck eines expansiven »deutschen Dranges nach Osten« war. Die Deutsche Ostsiedlung ging von Beginn an wesentlich auf die Initiative nichtdeutscher Landesherren zurück. Auch die polnischen Landesherren zogen ausländische Fachkräfte heran, um ihren Herrschaftsbereich zu konsolidieren, wirtschaftlich zu stärken und den kulturellen Vorsprung, welchen Westeuropa durch das römische Erbe und seine Weiterentwicklung auf dem Boden des Frankenreichs besaß, aufzuholen.
Aufgrund der im altdeutschen Stammesgebiet bestehenden Überbevölkerung, der geographischen Nähe und bereits bestehender kirchlicher und dynastischer Verbindungen kamen überwiegend deutsche Siedler, daneben aber auch beispielsweise Franzosen, Wallonen oder Flamen in das Land.

2. Dynastische Verbindungen

Dynastische Verbindungen nach Deutschland bestanden bereits seit dem ersten geschichtlichen Herrscher Polens, Mieszko I. (963–992), der in zweiter Ehe mit Oda, einer Tochter des Markgrafen Dietrich von der Nordmark verheiratet war. Diese gehört damit zu den ersten bekannten Deutschen in Polen.
Sein Sohn Bolesław I. (992–1025), genannt Chrobry (der Tapfere), hatte in erster Ehe eine

Tochter des Markgrafen Rigdag von Meißen, später die Tochter des Markgrafen Ekkard, Oda, zur Gemahlin.
Der nächste polnische Herrscher, Mieszko II. (1025–1034) nahm durch seine Frau Richeza, Tochter des Pfalzgrafen bei Rhein und Nichte Kaiser Ottos III. sogar verwandtschaftliche Beziehungen zum sächsischen Kaiserhaus auf.

Abb. 1: Richeza, Nichte Kaiser Ottos III., Gattin des Polenkönigs Mieszko II. (Wandgemälde in der Sakristei der Benediktinerabtei Brauweiler bei Köln)

Die Reihe ließe sich lange fortführen. Zwei Beispiele sollen hier nur noch genannt werden: Auch Władysław-Hermann (1079–1102), stand durch seine Gattin Judith-Maria, der Schwester Kaiser Heinrichs IV., in engster Beziehung zum Reich der Deutschen.
Władysław II. (1139–1163) schließlich war durch seine Heirat mit Agnes, der Tochter des Markgrafen Leopold von Österreich und Halbschwester Konrads III., sowohl mit den Habsburgern wie mit den Staufern verwandt.
Mit den deutschen Prinzessinnen kamen stets weitere Deutsche als Hofbedienstete und Geistliche, aber auch als Künstler nach Polen.
Deutsche Ritter standen im Dienst der polnischen Herrscher. So wurde Bolesław Chrobry bei seinen Kriegszügen gegen Kiew von deutschen Hilfskontingenten unterstützt, im Jahre 1018 in Stärke von 300 Mann.

3. Kirchliche Beziehungen

Die Christianisierung Polens ging zwar unmittelbar von Böhmen aus, dennoch wurden in ihrem Gefolge (Mieszko I. wurde vermutlich in Regensburg getauft) kirchliche Beziehungen aus dem Reichsgebiet nach Polen geknüpft und deutsche Geistliche in das Land gerufen. Dort nahmen sie teilweise höchste kirchliche Positionen ein wie Unger, zweiter Bischof des 968 gegründeten Missionsbistums Posen, oder die Bischöfe Poppo von Krakau und Reinbern von Kolberg. Vor allem Missionsaufgaben wurden Deutschen übertragen. Die bekanntesten deutschen Missionare in polnischem Auftrag waren Bruno von Querfurt, der von den heidnischen Prußen im Gebiet des späteren Ostpreußen getötet wurde, und Otto von Bamberg, der Pommern christianisierte.
Die ersten, noch im 11. Jahrhundert in Großpolen entstehenden Klöster der Benediktiner in Mogilno und Lubin sowie der Augustiner in Tremessen/Trzemeszno wurden nicht von deutschen Mönchen gegründet, unterhielten aber Beziehungen zu deutschen Klöstern, so Mogilno nach Bamberg, Regensburg und Niederaltaich.

4. Deutsche Besiedlung

Es waren vor allem die Zisterzienser, durch welche deutsche Mönche und in der Folge auch deutsche Siedler nach Polen kamen. Im 12. Jahrhundert veranlaßte Mieszko der Alte († 1202) rheinische Mönche aus dem zur Diözese Köln gehörenden Kloster Altenburg zur Gründung der ersten Zisterzienserklöster Lekno/Łekno (1143) und Lond/Ląd (1155), in Polen in der Folgezeit die »rheinischen Klöster« genannt, da ihr Nachwuchs bis in die Reformationszeit ausschließlich aus dem Kölner Raum stammte. Im 13. Jahrhundert folgten rasch weitere Zisterziensergründungen im waldigen und sumpfigen Westen und Norden des Landes: Priment/Przemęt (1210), Obra (1231), Blesen/Bledzew (1232), Paradies/Paradyż (1234) und das in Kujawien gelegene Byszewo (1234).
Neben den Zisterziensern sind als Wegbereiter der deutschen Siedlung in Polen die Prämonstratenserklöster in Strelno (1193) und in dem bei Kalisch/Kalisz gelegenen Kościelna Wieś (1149) sowie die geistlichen Ritterorden der Johanniter und der Templer zu nennen.
Die politische Zersplitterung Polens zur Zeit der Teilfürstentümer (1138–1320) war durch die größere Zahl staatlicher Siedlungsträger der Einwanderung deutscher Siedler förderlich.

a) Bäuerliche Siedlung

Erste Versuche der polnischen Landesherren, durch Landschenkungen an die deutschen Klöster eine Ansiedlung deutscher Bauern in den Grenzregionen an Obra und Netze zu fördern, blieben aus Mangel an geeigneten Siedlern bis zur Mitte des 13. Jahrhunderts ohne Erfolg. Erst danach erreichte die Welle deutscher Einwanderung, vor allem aus dem bereits deutsch besiedelten Schlesien, auch Groß- und Kleinpolen und stellte das notwen-

dige Siedlerpotential zur Verfügung. Die deutschen, vor allem schlesischen Siedler waren in der Rodung erfahren und besiedelten vor allem die bis dahin unerschlossenen Waldgebiete. Die Dorfgründungen wurden im Auftrage der Grundherren, insbesondere der Klöster, von Lokatoren vorgenommen, mit denen entsprechende Verträge geschlossen wurden. Diese Siedlungsunternehmer setzten ihr eigenes Kapital und ihre Erfahrung ein, waren für die Anwerbung der Siedler und die erfolgreiche Durchführung des Siedlungsvorgangs verantwortlich. Dafür erhielten sie einen Teil der Dorfflur zinsfrei in Erbpacht, das erbliche Schulzenamt und zumeist noch eine Reihe weiterer Privilegien wie Schank- oder Münzrechte. Die Ansiedlung erfolgte zu »deutschem Recht« (ius teutonicum), worunter nicht etwa in den altdeutschen Siedlungsgebieten geltendes Recht zu verstehen war, sondern ein spezielles Siedlerrecht, im Gegensatz zum einheimischen »polnischen« Recht. Dieses »deutsche Recht« bedeutete für die Siedler Befreiung vom polnischen Landesrecht und den damit verbundenen Lasten und Pflichten, bäuerliche Selbstverwaltung unter Leitung eines Schulzen, örtliche niedere Gerichtsbarkeit und materielles Recht, also u. a. Zivil-, Erb- und Kriminalrecht nach ihrer Gewohnheit bzw. nach dem Vorbild des Magdeburger Rechts oder davon abgeleiteter Rechte wie dem Neumarkter Recht. Aufgrund der hier zwischen den Siedlergruppen auftretenden Unterschiede wurde das »ius teutonicum«, das gewissermaßen nur den Rahmen bildete, dann präzisiert, d. h. in der beispielsweise in Posen oder Breslau geltenden Form verliehen.
Das Siedlungsland wurde den Siedlern in einheitlichen Flächen, Hufen genannt, zugeteilt, für die jeweils ein festgelegter Zins an den Grundherrn abzuliefern war. In den ersten »Freijahren« mußte kein Zins gezahlt werden. Die Hufen wurden so bemessen, daß sie von einer Bauernfamilie gut zu bewirtschaften waren, auf schlechten Böden größer, auf guten Böden kleiner. Im polnischen Bereich überwog mit etwa 24 Hektar die größere fränkische vor der flämischen Hufe mit etwa 16,8 Hektar. Zu den häufigsten Dorfformen bei der Kolonisation gehörten Straßen-, Anger-, Marschhufen- und Waldhufendorf.

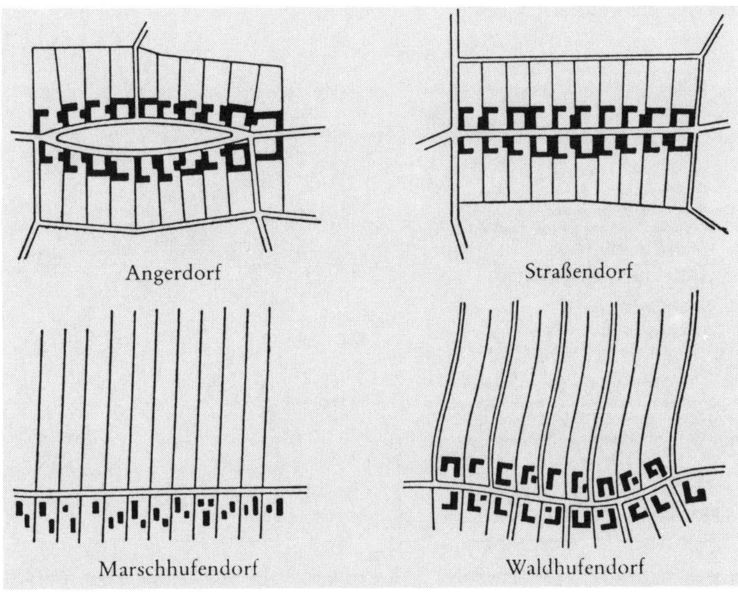

Abb. 2: Dorfformen der Ostsiedlung

Beim Straßendorf stehen die Häuser zu beiden Seiten einer Straße, beim Angerdorf gabelt sich diese Straße innerhalb des Dorfes und umschließt einen zentralen Platz, auf dem sich häufig ein Dorfweiher, Bäume oder Kirche mit Friedhof befinden. Die Höfe liegen hier auf beiden Seiten der zwei Straßenarme.
Bei beiden Dorfformen ist die umliegende Feldflur in Gewanne eingeteilt, und diese wiederum in gleich große Streifen untergliedert. Jeder Hof besitzt in jedem Gewann einen solchen Streifen oder Parzelle, so daß keiner bezüglich der Bodengüte benachteiligt ist. Alle Parzellen eines Hofes ergeben die bereits genannte Hufe.
Typisch für sumpfige Niederungen ist das Marschhufendorf, während das Waldhufendorf eben in Waldgebieten zu finden ist. Bei diesen Dorfformen stehen die Höfe auf einer oder auf beiden Seiten einer Straße, und von jedem Hof geht im rechten Winkel zur Straße die Hufe in einem einzigen, langen Stück Feld ab.

b) Städtische Siedlung

Die in Polen vorhandenen städtischen Siedlungen von Kaufleuten und Handwerkern an Handelswegen und politischen Zentren, meist im Schutze einer herrschaftlichen Burg, wurden seit dem 13. Jahrhundert von den polnischen Landesherren durch Neuanlagen nach deutschem Recht beträchtlich erweitert und neue Städte nach diesem Recht angelegt.
Das bezüglich der bäuerlichen Siedlung zum deutschen Recht Gesagte gilt auch hier. Das deutsche Recht war ein Siedlerrecht, das die im Westen Europas von den Städten den

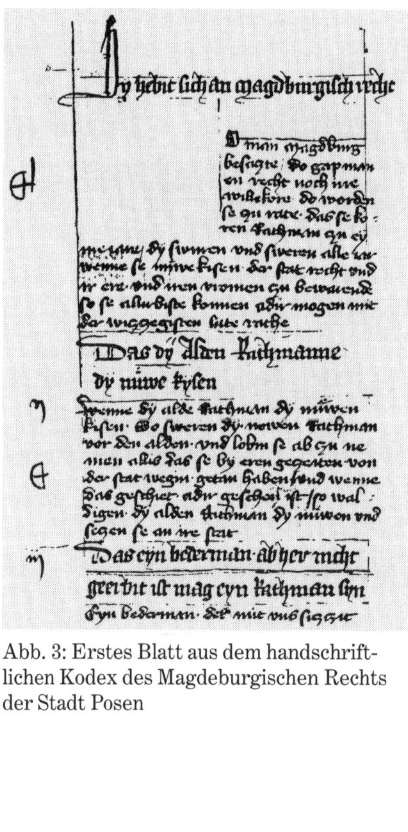

Abb. 3: Erstes Blatt aus dem handschriftlichen Kodex des Magdeburgischen Rechts der Stadt Posen

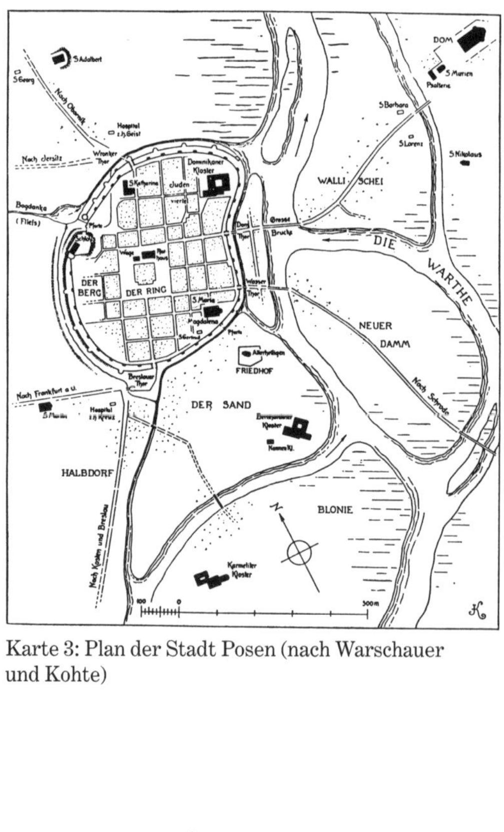

Karte 3: Plan der Stadt Posen (nach Warschauer und Kohte)

Abb. 4: Posen, Luftbild des Rings (Marktplatz) der mittelalterlichen Gründungsstadt

Karte 4: Städtegründungen zu deutschem Recht in Großpolen (13. und 14. Jahrhundert)

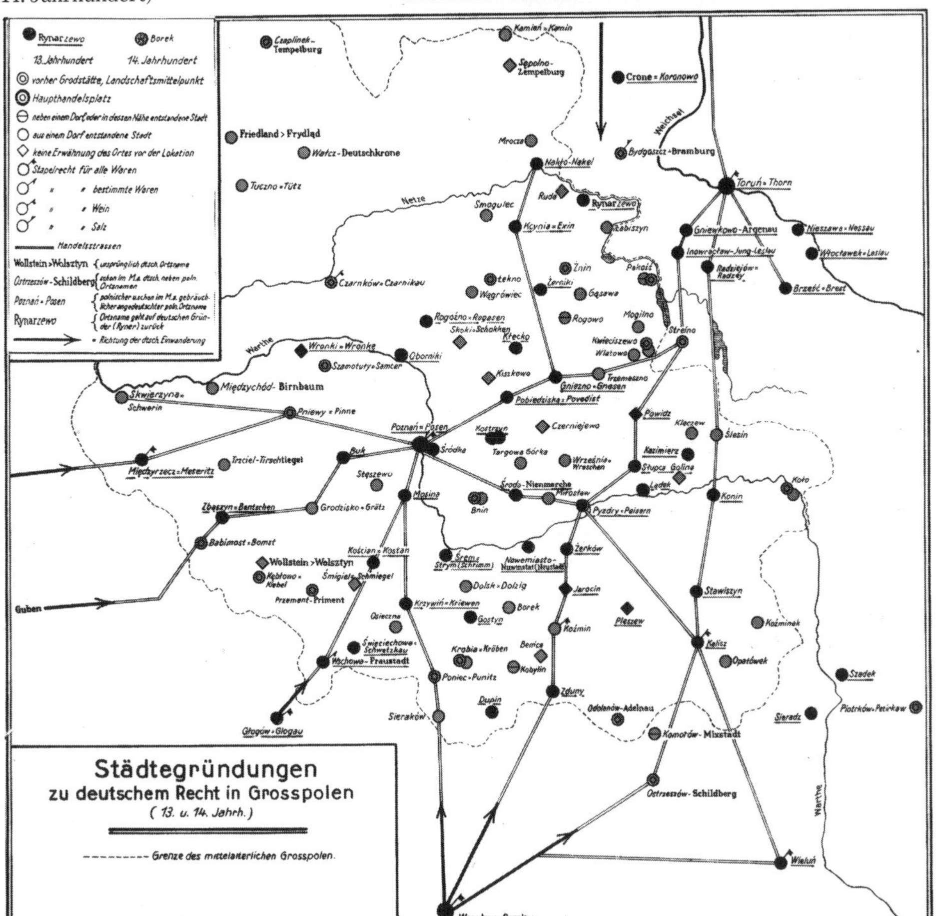

Landesherren nach und nach abgerungenen Rechte wie Selbstverwaltung, Gerichtsbarkeit, Wehr- und Befestigungshoheit komplett in den Osten übertrug.
Kennzeichnend für diese Neugründungen, gleich ob neben älteren polnischen Ansiedlungen oder »aus wilder Wurzel«, ist die regelmäßige und großzügige Stadtanlage mit gitterförmigem Grundriß. Das Zentrum der neuen Stadtanlage war der Marktplatz, Ring (poln. rynek) genannt (s. Abb. 4). In seiner Mitte standen das Rathaus und meist noch weitere Gebäude wie z. B. Markthallen. Die Kirchen wurden im Mittelalter in den Neugründungen abseits des Marktes errichtet, bei vorhandenen Altstädten lag ihr Platz ja bereits fest.
Zu den ersten auf diese Weise neuangelegten Städten Polens gehören Płock in Masowien (1226), Leslau/Włocławek (1230), Gnesen/Gniezno (1235), Sieradz (1238), Sandomir/Sandomierz (1238), Posen/Poznań (Stadtteil Schrodka/Środka) (1239). Seit der Mitte des 13. Jahrhunderts nahm die Stadtentwicklung stark zu und an den Fürstensitzen und Handelszentren entstanden neue, große Städte nach deutschem, vor allem Magdeburger und dem darauf basierenden schlesischen Neumarkter Recht, so Posen/Poznań links der Warthe (1253), Peisern/Pyzdry (vor 1257), Kalisch/Kalisz (1266) und in Kleinpolen Krakau/Kraków (1257) und Neu-Sandez/Nowy Sądż (1292), um nur einige zu nennen.
In Südostpolen setzte nach der Einigung des polnischen Staates eine große Phase der Besiedlung ein, die vor allem mit Kasimir dem Großen (1333–1370) verbunden ist und nach dem Erwerb der Fürstentümer von Halič-Vladimir (ab 1340) über Rzeszów und Lemberg/Lwów bis nach Kamieniec in Podolien ausgriff.

c) Der Anteil der Deutschen an der deutschrechtlichen Siedlung

Während die Siedlung des 13. Jahrhunderts weitgehend von Deutschen getragen war, gab es im 14. Jahrhundert zwar eine Fortsetzung des Landesausbaus nach deutschem Recht, die nun aber nicht mehr gleichbedeutend mit der Siedlung von Deutschen war. Bei den Lokationen zu deutschem Recht wurden immer häufiger auch oder sogar ausschließlich polnische Siedler herangezogen, die Siedlung von polnischen Lokatoren organisiert und ältere polnische Dörfer und Städte zu deutschem Recht umgesetzt.
Die Bedeutung des deutschen Bevölkerungselements an der Siedlung zu deutschem Recht in Polen war im 13. Jahrhundert groß. Die deutschen Siedler jener Zeit in Polen kamen vor allem aus Schlesien, wie die Verbreitung des Neumarkter Stadtrechts, die deutsche Sprache der städtischen Bücher, Siedlernamen und andere Belege zeigen.
In vielen Städten bildeten die Deutschen zunächst die Mehrheit der Bevölkerung.
Eine Vielzahl von deutschen Lehnwörtern in der polnischen Sprache zeigt sowohl die Intensität des deutsch-polnischen Zusammenlebens jener Zeit als auch, wo der deutsche Einfluß besonders groß war. Im Bereich des Rechts sind Beispiele dafür ratusz (Rathaus), burmistrz (Bürgermeister), radca (Ratsherr). Im Handwerk seien stellvertretend für viele hundert weitere nur murarz (Maurer), garbarz (Gerber), ślusarz (Schlosser), cech (Zeche = Zunft) oder warsztat (Werkstatt) genannt.
Im Bergbau zeugen Wörter wie sztygar (Steiger), tragarz (Träger) oder gwarek (Gewerk) vom deutschen Einfluß.
Für den Bereich der Kunst können u. a. snycerz (Schnitzer) und malarz (Maler) genannt werden.
In den polnischen Städten finden wir heute noch viele Zeugnisse des Einflusses und Wohlstandes ihrer damaligen deutschen Bürger, die auch durch ihre Handelsbeziehungen

Karte 5: Ausbreitung der deutschen Stadtrechte nach dem Osten

mit Deutschland und anderen westlichen Ländern profitierten. Deutsche Unternehmer wurden Ratgeber und Finanziers der polnischen Krone, wie Nikolaus Wirsing, der 1364 während des Krakauer Fürstentages so illustre Gäste wie Kaiser Karl IV., König Ludwig von Ungarn, König Waldemar von Dänemark und den König von Polen in seinem Hause bewirtete (s. Abb. 6).

Im 15. Jahrhundert war Hans Boner († 1517) in Krakau das Gegenstück zu Jakob Fugger in Augsburg. Er galt als reichster Mann Polens und kontrollierte das gesamte Finanzwesen des Landes.

Ebenfalls von Krakau aus schuf Johann Turso (1437–1508) ein Bergbau- und Erzhandelsimperium, wie zuvor in Ungarn zusammen mit den Fuggern, von denen sich ein Zweig ebenfalls in Polen niederließ. Noch heute erinnert das Fuggerhaus am Alten Markt in Warschau daran, das allerdings von dem deutschen Patrizier Georg Korb erbaut und erst später von den Nachkommen des 1515 aus Nürnberg eingewanderten Georg Fugger übernommen wurde.

Deutsche Künstler, Baumeister und Handwerker kamen nach Polen, um hier Aufträge zu übernehmen. Ein Teil von diesen blieb länger oder für immer im Lande.

Der bekannteste deutsche Künstler, der in Polen wirkte, war der aus Horb am Neckar stammende, über Nürnberg nach Polen gekommene Bildhauer Veit Stoß, der Schöpfer des

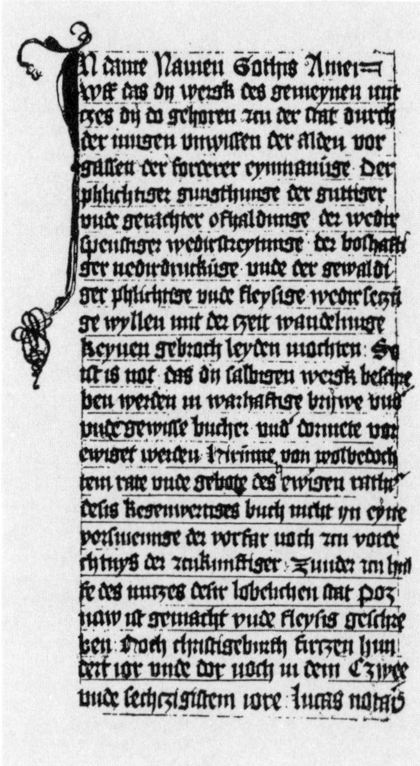

Abb. 5: Erstes Blatt aus dem mittelalterlichen Einnahmebuch der Stadt Posen von 1462

Abb. 6: Festmahl bei Wirsing (Uczta Wierzynka), Gemälde von Jan Matejko (Ausschnitt)

Marienaltars in der Krakauer Marienkirche und weiterer Kunstwerke, wie der Grabplatte für König Kasimir IV. im Krakauer Dom.
An der 1365 von Kasimir dem Großen gegründeten und unter Władysław Jagiełło (1386–1434) reorganisierten Krakauer Universität war der deutsche Anteil bei Studenten und Lehrkörper beträchtlich.

d) Polonisierung der deutschen Einwanderer

Die deutsche Besiedlung führte in Groß- und Kleinpolen sowie Masowien nicht, wie beispielsweise in Schlesien, zu einem tiefgreifenden Wandel der nationalen Struktur des Landes. Vielmehr unterlagen die deutschen Dörfer, soweit sie nicht unmittelbar an das geschlossene deutsche Siedlungsgebiet angrenzten, allmählich einer natürlichen Polonisierung.
Die städtischen Führungsschichten blieben bis weit in das 15., teilweise sogar noch bis zum 16. Jahrhundert deutschsprachig, wie die deutschen Eintragungen der Stadtbücher zeigen (s. Abb. 5). An diesen ist aber auch zu sehen, wie mit dem Übergang zunächst zur lateinischen und dann zur polnischen Sprache die Polonisierung der Deutschen fortschritt, zumeist als natürlicher Assimilationsvorgang. Dabei wurde häufig auch bei den Namen eine

polnische Schreibweise angenommen. Charakteristisch für das Selbstverständnis vieler zugewanderter deutscher Bürger in der ersten Generation dürfte wohl die Aussage des deutschen Krakauer Druckers Hieronymus Vietor (latinisiert aus »Büttner«) 1541 gewesen sein, er sei »Wohnpole aber nicht Geburtspole«. Die nächsten Generationen konnten sich dagegen schon zu Recht als Geburtspolen fühlen. Ob die deutsche Herkunft für sie noch von Bedeutung war oder ob sie sich nur mehr als Polen verstanden, ist bei den wenigsten rückwirkend feststellbar. Es ist aber wohl legitim, auch bei den nur noch »deutschstämmigen« (also bereits völlig assimilierten) polnischen Bürgern auf ihre deutsche Herkunft hinzuweisen, wenn dies nicht aus nationalistischen Gründen geschieht, sondern um den aus vielen Nationalitäten gespeisten Reichtum der polnischen Kultur deutlich zu machen.

Abb. 7: Der Flügelaltar von Veit Stoß in der Krakauer Marienkirche

5. Das Verhältnis von Deutschen und Polen

Bezüglich des Verhältnisses zwischen Deutschen und Polen im Mittelalter werden oft zwei aus dem 14. Jahrhundert stammende, völlig gegensätzliche Aussagen zitiert: ein unbekannter französischer Dominikaner berichtet, daß ein natürlicher Haß zwischen den Polen und den Deutschen herrsche; in einer späteren Ergänzung der im 13. Jahrhundert entstandenen »Großpolnischen Chronik« lesen wir dagegen, daß keine anderen Völker der Welt so innig und verwandt miteinander seien wie Polen und Deutsche. Paradoxerweise ist beides zutreffend. Die von den polnischen Herrschern ins Land gerufenen deutschen Geistlichen und Ritter waren ihrem Landesherrn verpflichtet und von ihm abhängig. Ihre Loyalität gegenüber den polnischen Herrschern ist vielfach überliefert. Sie erschienen deshalb für den um Einfluß und Rechte besorgten einheimischen Adel und die Geistlichkeit als gefährliche Konkurrenten, ihre Privilegien riefen Neid hervor.
Die Privilegien der seit dem 13. Jahrhundert einwandernden Bauern und Bürger scheinen dagegen bei ihren polnischen Standesgenossen weniger Neid als den Ehrgeiz, für sich dieselben Rechte zu erringen, hervorgerufen zu haben. In dem auf diese Weise entstandenen einheitlichen Bauerntum bzw. Bürgerstand überwog bald das polnische Element, was die Assimilierung des deutschen Teils zur Folge hatte.
Als in der Endzeit der polnischen Teilfürstentümer der König von Böhmen und der polnische Fürst Władysław Łokietek um die Vorherrschaft in Polen kämpften, unterstütz-

Abb. 8 (links): Seite aus den Zunftsatzungen der Krakauer Schneider (aus dem Behaim-Kodex von 1505). Abb. 9 (rechts): Warschauer Einbürgerungsurkunde Georg Fuggers von 1515, darunter Warschauer Ehrenbürgerbrief für Martin Fugger, 1649

ten viele, allerdings nicht alle polnischen Städte mit deutscher Führungsschicht die böhmischen Ansprüche. Entscheidend dafür waren in erster Linie Handelsinteressen und politische Beweggründe. Von polnischen Geistlichen und Adligen wurde dies aber, wie auch die Bevorzugung von Deutschen und deutscher Sprache an den Höfen der Piastenfürsten, zur Schürung einer deutschfeindlichen Stimmung genutzt, die bei der Entwicklung eines

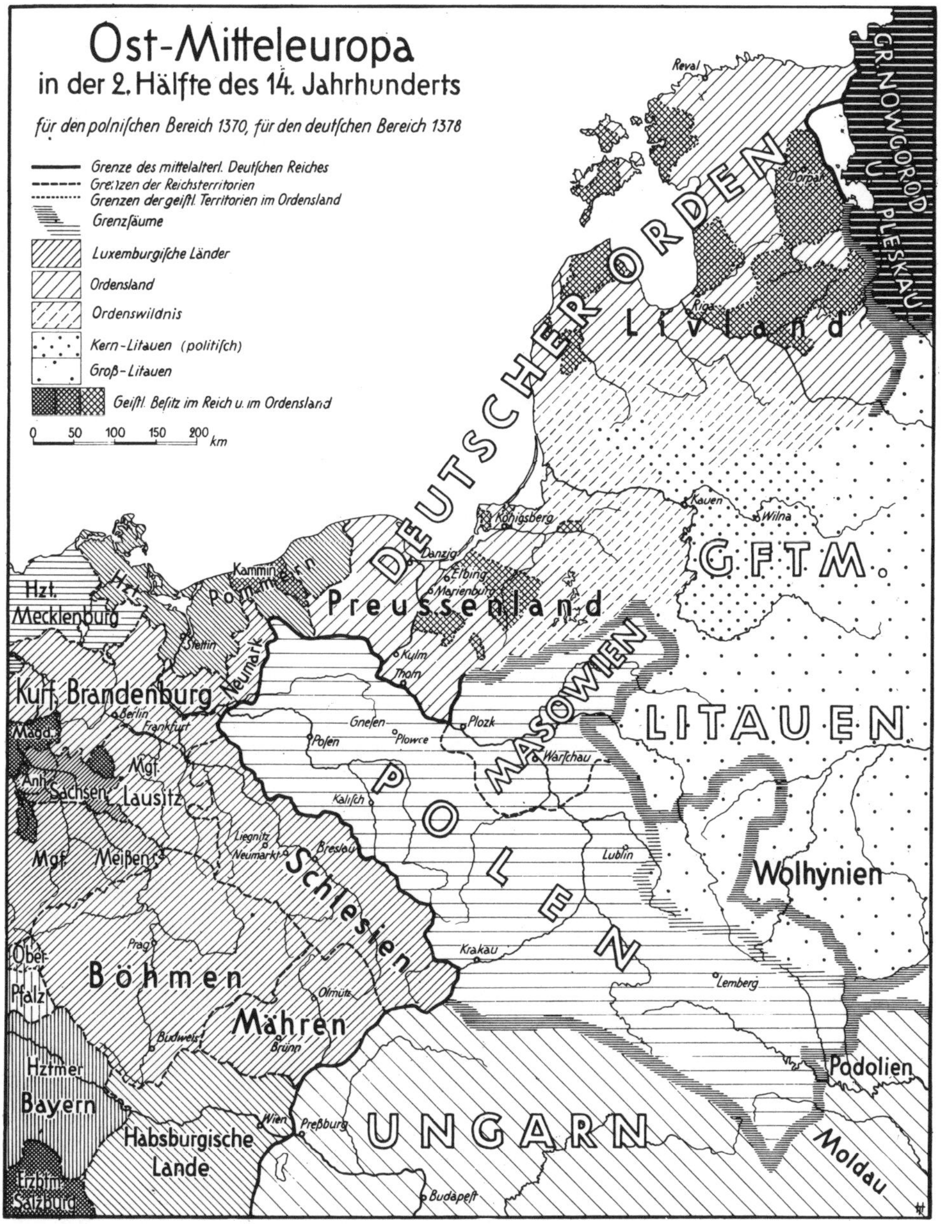

Karte 6: Ost-Mitteleuropa in der 2. Hälfte des 14. Jahrhunderts

ersten polnischen Nationalbewußtseins (noch nicht im heutigen Sinne) im 13. und 14. Jahrhundert eine wichtige Rolle spielte. In der Ablehnung der Deutschen und ihrer Sprache fand man die eigene Identität. Dies war der Hintergrund der von einigen polnischen (teilweise deutschstämmigen) Geistlichen überlieferten Anschuldigungen, die Deutschen wollten das polnische Volk ausrotten.

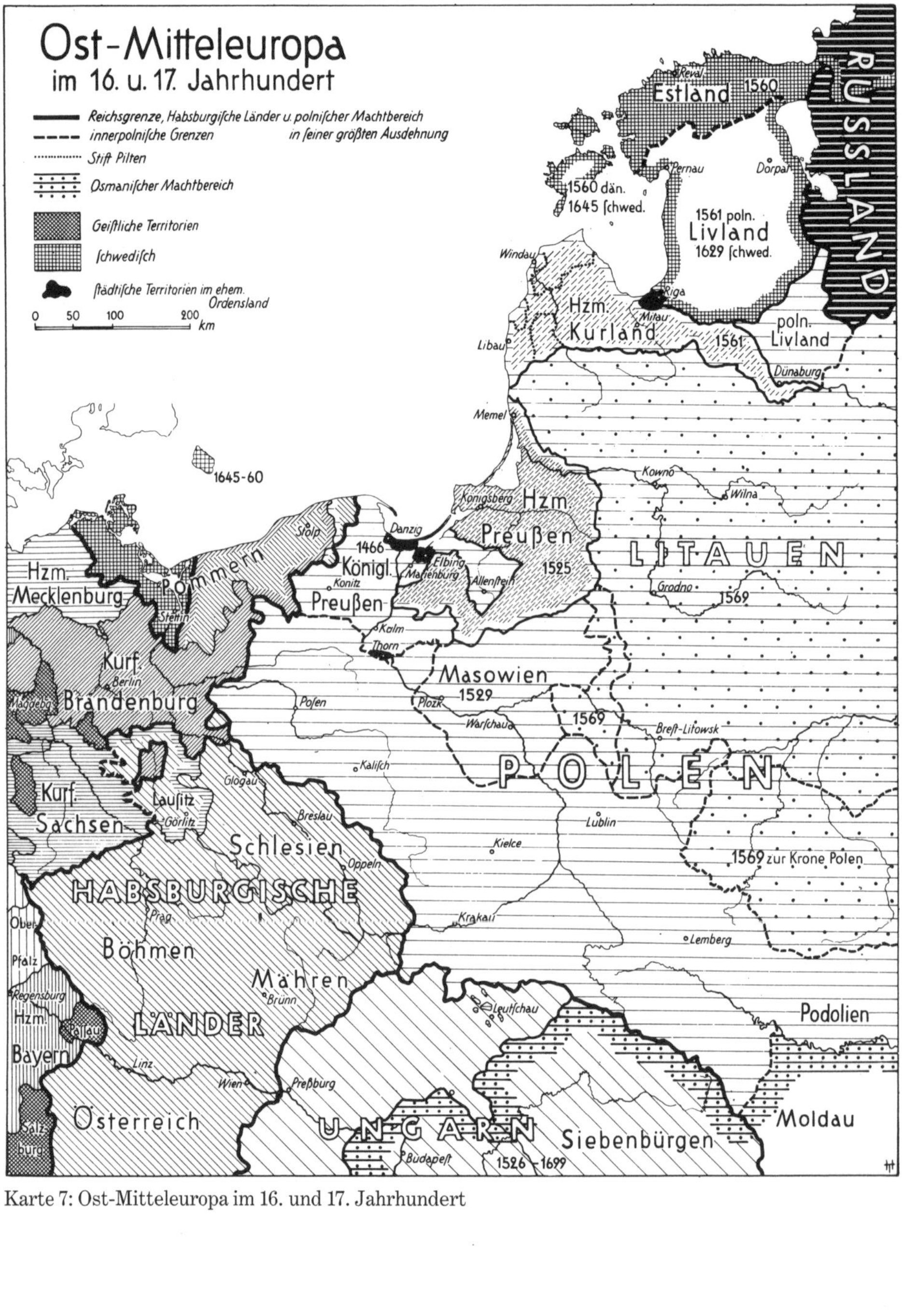

Karte 7: Ost-Mitteleuropa im 16. und 17. Jahrhundert

Der seit der zweiten Hälfte des 14. Jahrhunderts einsetzende Rückgang der deutschen Einwanderung führte bis zur Mitte des 15. Jahrhunderts praktisch zu ihrem Ende. Die Gründe lagen in dem starken, sowohl durch Hungersnöte, Seuchen und Agrarkrisen bedingten, als auch natürlichen Bevölkerungsrückgang in den altdeutschen und auch einem Teil der neuen deutschen Siedlungsgebiete. Viele bereits erschlossene Gebiete wurden zu Wüstungen.
Dazu kam, daß in Polen selbst im 14. Jahrhundert ein Bevölkerungswachstum einsetzte, das die Bedürfnisse der Binnenkolonisation an Siedlerpotential befriedigen konnte.
In der Zeit des aufsteigenden Jagiellonenreiches Polen-Litauen (seit 1386) fand in den Städten allerdings noch eine deutsche »Ausleseeinwanderung« von Künstlern, Handwerkern und Unternehmern statt, die aber den allgemeinen Schwund der deutschen Bevölkerungsteile durch Assimilierung nicht aufhalten konnte, sondern meist selbst rasch der Polonisierung unterlag.

Teil III
Die neuzeitliche deutsche Siedlung in Polen

1. Reformation

Die Reformation kann als eine der wichtigsten Ursachen für die zweite deutsche Einwanderungswelle nach Polen angesehen werden.

Sie wirkte, insbesondere in lutherischer Form, sehr schnell nach Großpolen hinein, vor allem in die westlichen Randgebiete, wo sich die deutschen Siedlungen des Mittelalters erhalten hatten. Die Stadt Meseritz/Międzyrzecz ging 1545 geschlossen zu Luthers Lehre über, Fraustadt/Wschowa 1552, Schwerin a. d. Warthe/Skwierzyna desgleichen. Aber auch im Landesinneren schlossen sich einige polnische Adelsfamilien und Angehörige des noch teilweise deutschen Bürgertums in den Städten der neuen Bewegung an. Die geistigen Verbindungen aus Polen zu den deutschen Zentren der Reformation wurden wohl von Kaufleuten, welche lutherische Schriften ins Land brachten, sowie von polnischen Studenten an deutschen Hochschulen getragen. Das zeigen Edikte des polnischen Königs Sigismund I. (1506–1548), welcher 1520 und 1523 den Besitz Lutherischer Schriften, 1534 das Studium in Wittenberg und 1540 das Studium in Leipzig untersagte.

Abb. 10: Lissa, Ring mit Rathaus

Entscheidend für den anfänglichen Erfolg der Reformation in Polen war die Unterstützung durch den reichen adeligen polnischen Großgrundbesitz (die »Magnaten«), der zwar selbst überwiegend dem Calvinismus zuneigte, aber auch die Bildung lutherischer Gemeinden förderte.

Noch in der Zwischenzeit, nach Ende der mittelalterlichen und vor Beginn der neuzeitlichen deutschen Siedlung in Polen, gründete Graf Rafael Leszczyński 1547 nahe der schlesischen Grenze ausschließlich mit deutschen Siedlern die Stadt Lissa/Leszno.

Nicht zuletzt auf sein Betreiben hin schloß sich die Stadt nach 1548 der Reformationsrichtung der Böhmischen Brüder, einer auf die Hussitenbewegung zurückgehenden Religionsgemeinschaft an, die aus Glaubensgründen ihre böhmisch-mährische Heimat hatten verlassen müssen. Ein Teil der Böhmischen Brüder ließ sich in Großpolen nieder, schuf sich in Lissa ein geistiges Zentrum und ging alsbald in der deutschen Bevölkerungsmehrheit auf. Als ihr berühmtester Vertreter wirkte an dem noch von Graf Leszczyński gegründeten evangelischen Gymnasium Jan Amos Comenius.

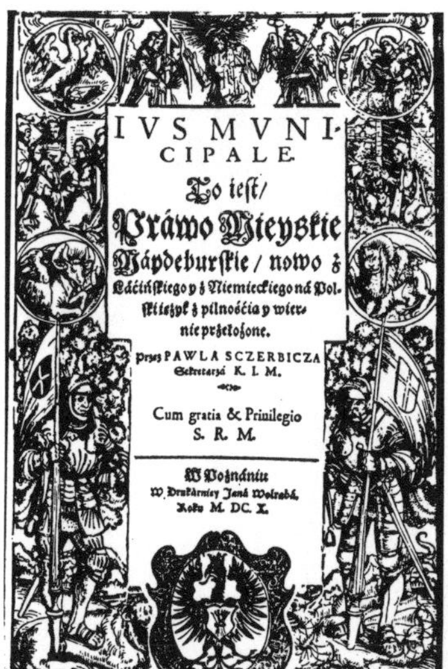

Abb. 11: Polnische Übersetzung des Magdeburger Rechts, gedruckt von Jan Wolrabe in Posen 1610.
Abb. 12: Titelseite aus der Werkstatt Florian Unglers (Krakau 1548).

Die deutsche Zuwanderung des 16. Jahrhunderts in die Städte Polens bestand großenteils aus Protestanten, die als Handwerker und Kaufleute hoch willkommen waren. Deutsche Buchdrucker und Buchhändler ließen sich in Polen nieder und hatten zeitweise geradezu ein Monopol in diesem Gewerbe.

Die ersten polnischen Buchdrucke wurden in Krakau von dem aus Bayern stammenden Florian Ungler und von Johann Haller aus Rotenburg o. d. Tauber hergestellt. Die ersten Buchbinder Polens waren ebenfalls in Krakau die Deutschen Peter Wald und Heinrich Süßmund.

Ein weiteres Beispiel ist der Posener Drucker Jan Wolrabe. Rasche Karriere machte der aus dem elsässischen Weißenburg stammende Jost Ludwig Dietz (Decius). Er stieg in Polen zum königlichen Sekretär auf, war darüber hinaus auch als Geschichtsschreiber und Münzreformer erfolgreich.

2. Gegenreformation

Mit Beginn des 17. Jahrhunderts ging die deutsche Einwanderung stark zurück, denn der Druck der Gegenreformation auf die Protestanten in den innerpolnischen Städten wurde immer stärker. Ihre Kirchen wurden ihnen weggenommen und zerstört, die polnischsprachigen evangelischen Gemeinden erloschen meist ganz und die deutschen Protestanten mußten oft viele Kilometer zur nächsten Kirche gehen, die Posener nach Schwersenz/Swarzędz (12 km), die Warschauer nach Wengrow/Węgrów (50 km).
Zwei führende Vertreter der Gegenreformation in Polen waren im übrigen deutscher Herkunft, nämlich der einer Pforzheimer Familie entstammende Kardinal Stanislaus Hosius (Hose) und der Bischof, Staatsmann und Geschichtsschreiber Martin Kromer.
Eine folgenreiche Entwicklung der Gegenreformation war die Gleichsetzung des Katholizismus mit dem Polentum und umgekehrt die Verbindung von Deutschtum und Protestantismus (gleich Ketzer) im polnischen Volksbewußtsein.

Abb. 13: Figur Augusts des Starken als König August II. von Polen

Insbesondere unter den sächsischen Königen aus dem Hause Wettin wurde die Intoleranz gegenüber den Dissidenten immer größer. August II. (1697–1733), Kurfürst des protestantischen Sachsen, war erst wegen der polnischen Krone zum Katholizismus übergetreten, förderte dann aber mit dem bei Proselyten häufig zu beobachtenden Eifer die Gegenreformation. Seit 1718 gab es keinen evangelischen Vertreter mehr im Sejm.
1724 wurden beim »Thorner Blutgericht« der deutsche evangelische Bürgermeister von Thorn/Toruń und neun Ratsherren hingerichtet, obgleich sie an der »Gotteslästerung«

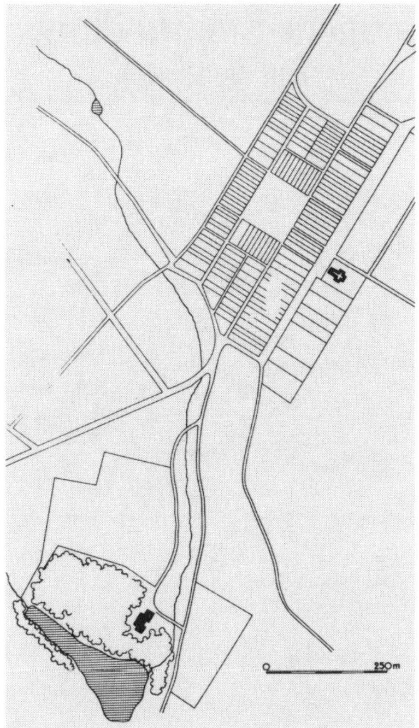

Abb. 14: Rakwitz/ Rakoniewice. Laubenhäuser und evangelische Kirche, Plan der Stadt (nach I. F. Tloczka) und Rekonstruktion einer Ringseite mit Tuchmacherhäusern

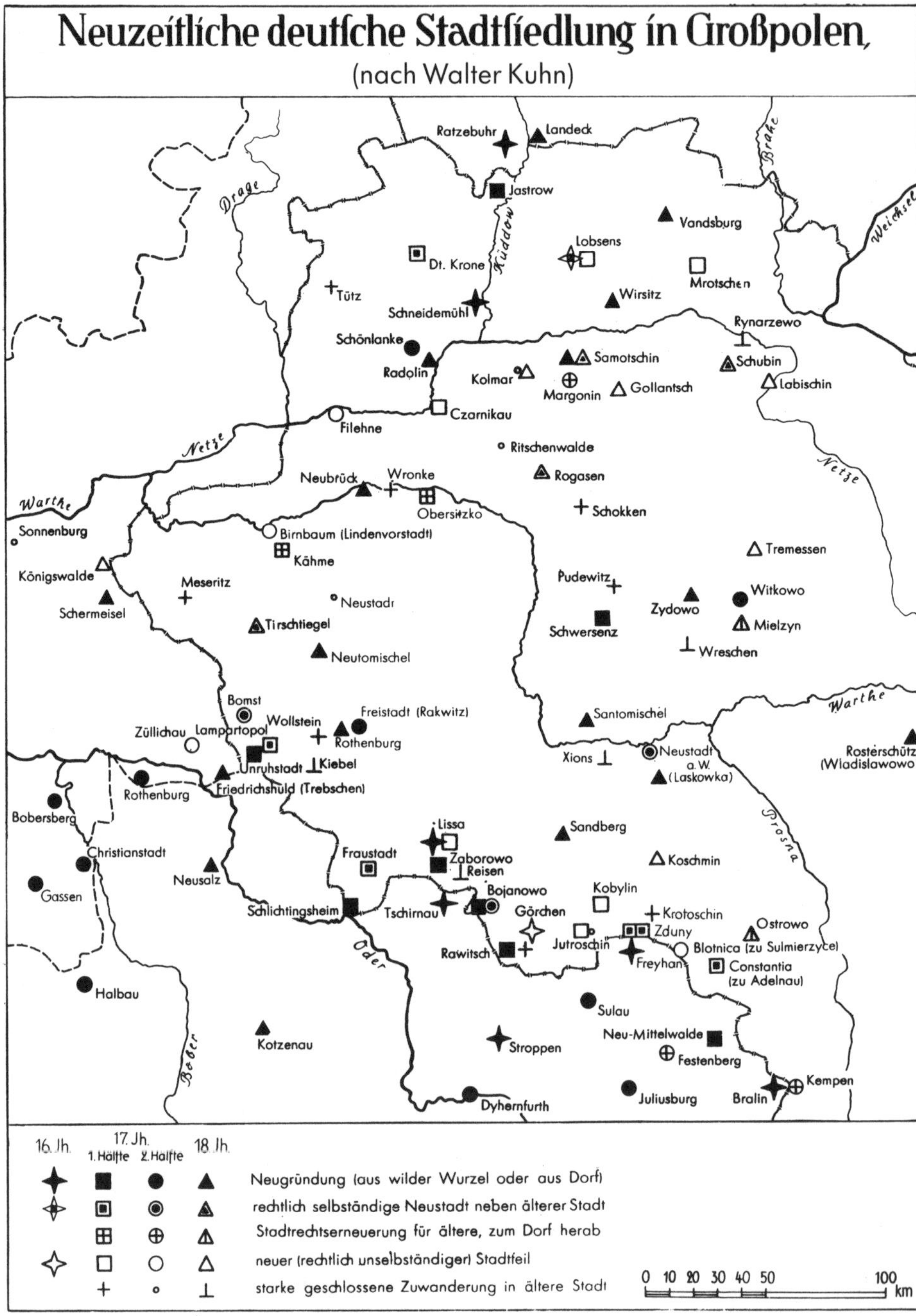

Karte 8: Neuzeitliche deutsche Stadtsiedlung in Großpolen

(Auseinandersetzung von Schülern des evangelischen Gymnasiums mit Jesuitenzöglingen) gar nicht beteiligt waren.
Interventionen von Preußen, Schweden, Dänemark und England konnten das Urteil nicht verhindern, hatten aber zur Folge, daß 1726 den Evangelischen für Hilfsersuchen im Ausland die Todesstrafe angedroht wurde. Unter dem zweiten polnischen »Sachsenkönig« August III. (1733–1763) wurden den Evangelischen auch noch das Wahlrecht zum Sejm und das Recht auf Besetzung von staatlichen Ämtern entzogen.
Dem Vordringen der Gegenreformation in Polen steht zur gleichen Zeit jedoch im westlichen Großpolen die Gründung zahlreicher Städte mit überwiegend protestantischer Bevölkerung gegenüber. Es waren Schlesier, welche vor der habsburgischen Gegenreformation und den Schrecken des Dreißigjährigen Krieges oft als geschlossene Gemeinden geflohen waren und auf dem Besitz polnischer Magnaten neue Städte, teilweise auch neben bereits bestehenden älteren, anlegten. In Polen waren der Einfluß der Gegenreformation durch die Macht der Magnaten begrenzt, die vor allem an der Ansiedlung von Tuchmachern interessiert waren und ihnen dafür die Freiheit des evangelischen Bekenntnisses garantierten.

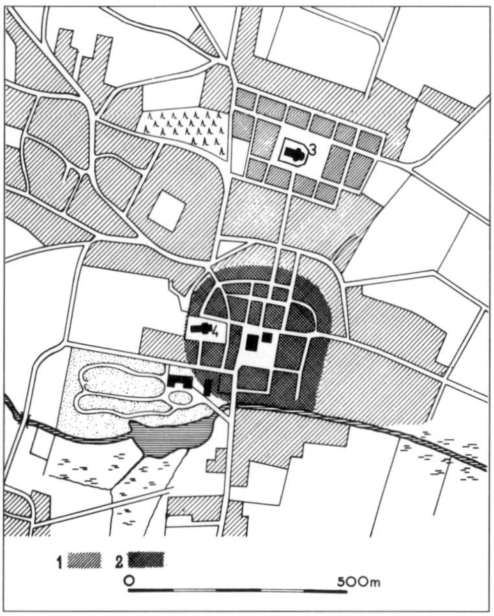

Karte 9: Plan der Stadt Grätz/Grodzisk Wlkp. im Posener Land
1 Neustadt von 1593
2 Mittelalterliche Stadt (14. Jh.)
3 Evangelische Kirche
4 Katholische Pfarrkirche

In den neuen Städten der schlesischen Glaubensflüchtlinge stand nun oft die evangelische Kirche in der Mitte des zentralen, rechteckigen Marktplatzes, wo sich bei den mittelalterlichen deutschrechtlichen Stadtgründungen das Rathaus befand.
So entstanden die deutschen lutherischen Gemeinden von Kobylin (1632), Lissa (1633), Zduny (1637), Bojanowo und Rawitsch/Rawicz (1638), Schlichtingsheim/Szlychtyngowa (1645), Fraustadt-Neustadt (1646), Bomst/Babimost und Zaborowo (1652), Rakwitz/Rakoniewice (1662) im Anschluß an das mittelalterliche deutsche Siedlungsgebiet in Westpolen.
Im Landesinnern entstanden und hielten sich dagegen nur wenige deutsch-protestantische Gemeinden wie Schwersenz/Swarzędz (1638), Obersitzko/Obrzycko (1649) oder östlich von Warschau Wengrów (1650).

Zwei bedeutende evangelische Persönlichkeiten und Kirchenliederdichter, Valerius Herberger (1562–1627) und Johann Hermann (1585–1647) sollen hier erwähnt werden. Herberger erbaute in Fraustadt die evangelische Kirche »Kripplein Christi« aus zwei Bürgerhäusern. Von ihm stammt das Kirchenlied »Valet will ich dir geben, du arge falsche Welt«. Johann Hermann gilt als bedeutendster protestantischer Liederdichter zwischen Luther und Paul Gerhardt. Er lebte zuletzt in Lissa, wo er in der Kreuzkirche begraben ist.

3. Neue bäuerliche Siedlung

Eine neue deutsche bäuerliche Siedlungswelle setzte um die Mitte des 16. Jahrhunderts ein. Auch hier ging die Initiative von polnischen Grundherren aus, deren ungenutzte und ertraglose Ländereien durch Aufsiedlung erschlossen werden sollten. Dabei war es ihnen offensichtlich gleichgültig, daß es vorwiegend deutsche Protestanten waren, die ihren Aufrufen Folge leisteten.

Abb. 15: Außen- und Innenansicht des alten Bethauses in der großpolnischen Ortschaft Gogolin (1772)

Den Siedlern wurde das Recht zur Errichtung eigener Schulen und der Anstellung evangelischer Lehrer gewährt, die in der Zeit der Dissidentenunterdrückung durch die herrschende katholische Kirche als »Vorleser« oder »Kantoren« bei Lesegottesdiensten, Nottaufen oder Beerdigungen die Pfarrer vertreten mußten. Da die Errichtung protestantischer Gotteshäuser vielerorts verboten war, dienten die Schulen an Sonn- und Feiertagen als Bethäuser.
Die Besiedlung erfolgte in zwei unterschiedlichen Formen, den »Schulzendörfern« und den »Holländereien«.

a) Die »Schulzendörfer«

Die neuzeitlichen »Schulzendörfer« knüpften an die mittelalterliche Dorfsiedlung an. Wieder waren es Siedlungsunternehmer (Lokatoren), welche im Auftrag der polnischen Grundherren eine Ansiedlung durchführten und dafür das erbliche Schulzenamt übertragen bekamen. Die Ansiedlung erfolgte nach Magdeburger Recht, die Siedlungsrechte waren allerdings im Vergleich zum Mittelalter bescheidener, die Dörfer kleiner.

Der Schulze bekam meist nur zwei Hufen als Eigenbesitz und war darüber hinaus zu verschiedenen Diensten wie der Stellung von Fuhrwerk für den Grundherrn verpflichtet. Die Ansiedler erhielten das Land in Erbpacht, mußten zu den Zinszahlungen aber noch Naturalabgaben und Scharwerksdienste leisten. Dennoch war ihre Lage vorteilhafter als in Brandenburg und Pommern, weshalb dort viele Bauern den Werbeaufrufen folgten und die weiten Waldgebiete auf den Sandflächen beiderseits der Netze rodeten.

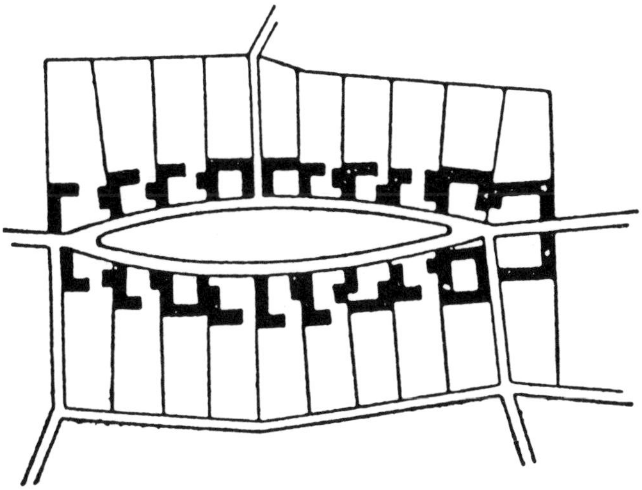

Abb. 16: Angerdorf

Nicht alle Schulzendörfer entstanden »aus wilder Wurzel«, teilweise wurden auch wüste, d. h. verlassene Siedlungen wiederbegründet. Für die besonders im Nordwesten des Posener Landes verbreiteten Schulzendörfer war das Angerdorf charakteristisch. Eine Minderheit der evangelischen Siedler wurde in der Zeit der Gegenreformation katholisch.

b) Die »Holländereien«

Die »Holländersiedlungen« gehen tatsächlich auf niederländische Protestanten, vor allem Mennoniten (eine nach ihrem Gründer Menno Siemons benannte Wiedertäufergemeinschaft) zurück, welche ihre Heimat aus religiösen Gründen verlassen mußten und von Herzog Albrecht von Preußen und der Stadt Danzig zur Eindämmung und Entwässerung der Weichselniederung gerufen worden waren. Aufgrund ihres überaus erfolgreichen Wirkens wurden sie alsbald auch von anderen Grundherren, welche sumpfige Ländereien erschließen wollten, zur Ansiedlung geworben. Als Siedlungsspezialisten bekamen sie selbst von katholischen geistlichen Grundherren Religionsfreiheit zugestanden und konnten sich ihr protestantisches Bekenntnis erhalten. Die Holländersiedlungen schoben sich so entlang der Flußniederungen immer weiter nach Polen hinein. Das Posener Land wird bereits Ende des 16. Jahrhunderts erfaßt. 1594 entstand die erste Holländerei bei Bromberg/Bydgoszcz, viele weitere entlang der Flußtäler von Netze und Warthe folgten.
Kennzeichnend für die »Holländereien« war die genossenschaftliche Selbstverwaltung durch die Gemeinde freier Siedler, »Nachbarn« genannt. Der Schulze wurde jährlich

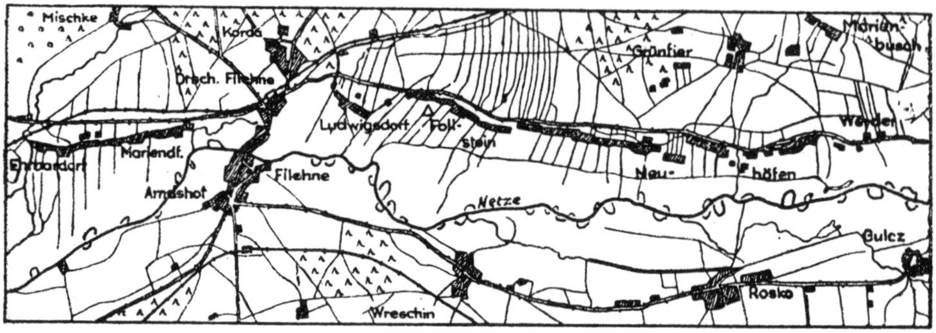

Karte 10: Die Holländerdörfer (Waldhufendörfer) im Netzetal bei Filehne/Wieleń

gewählt, aber nicht er, sondern die Gemeinde schloß die Ansiedlungsverträge mit den Grundherren ab. Das Land wurde in langfristiger Zeitpacht (25–60 Jahre, dann meist verlängert) übernommen. Scharwerksdienste waren keine zu leisten, die Pacht war in Geld zu erstatten. Nach Ablauf der Freijahre bestand Steuerpflicht.
Die »Holländereien« wurden als Marschhufendörfer angelegt, daneben kamen aber auch Einzelhöfe vor.

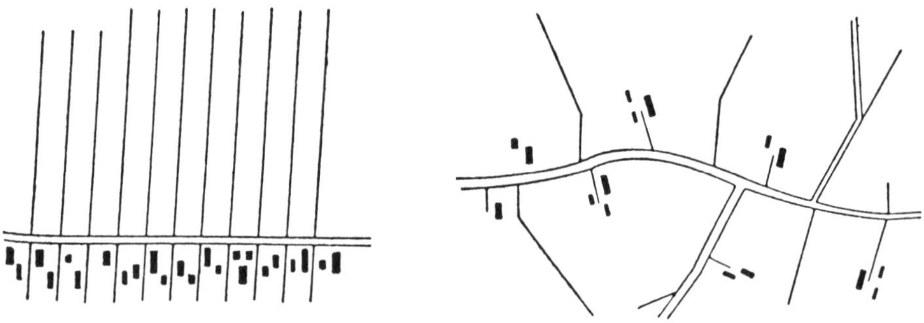

Abb. 17: Marschhufendorf und Einzelhöfe

Der Begriff »Holländerei« (abgewandelt auch »Hauländerei«) ging seit dem Ende des 16. Jahrhunderts, als die Zuwanderung von Holländern nachließ, auf alle Siedlungen dieser Rechts- und Wirtschaftsform über, und die Bezeichnung »Holländer« wurde damit auch auf die dort angesiedelten Pommern, Brandenburger, Schlesier und teilweise auch Polen übertragen. Durch Holländereien wurde das Dobriner Land zwischen Weichsel und ostpreußischer Grenze erschlossen, sie zogen sich entlang der Weichsel aufwärts, erreichten 1624 Warschau und breiteten sich bis in den Raum südlich davon aus.
Bereits 1617 hatten niederdeutsche Familien aus dem Weichselwerder in den Bugniederungen südlich Brest/Brześć die Diasporagemeinde Neudorf-Neubruch gegründet. Diese rasch wachsende Gruppe der »Bugholländer« wurde durch ihre Isolierung im 18. Jahrhundert sprachlich polonisiert, blieb aber lutherisch und damit von der polnisch-katholischen Umgebung getrennt.

Copia des HauptOriginals oder Privilegien
der
Deutsch Koszemiener Hauländer
oder nach der
Gerechtigkeit genennet das Dorf Kazimierz, gegeben von Ew. Excel. Gnädigste Fürstinen Elisabeth aus dem Hause v. Branicki Fürstinen Sapieha auf dem Schloss zu Koszmin den 6ten Märtz 1775 u. auf dem Grod Gerichte zu Kalisch confermirt und eingetragen.

Wir Elisabeth aus dem Hause v. Branicki, auf Kodnia, Romanow et et. Erbfrau, Fürstinen Sapieha, Wojewodin von Mscislawskie.

Thu allen u. einen jeden insgemein, besonders wem vom diesen zu wissen gehöret, auf jetzige u. zukünftige Zeiten hiermit kund u. wissend. Wie dass die Ehrengeachteten Hauländer in willens sind, in meinen Kozminschen wäldern sich zu Etablieren u. niederzulassen u. diesertwegen durch den Ehrengeachteten Gottlieb Hansch, welchen dieselben sich zum Annehmer oder Besetzer erwählet, zugleich auch durch meine Comissarien mich erbeten haben, ihnen zu Erlauben, ein Dorf anzulegen u. dasselbe mit Hauländern zu Besetzen, gegen welche Bitte ich mein Gehör geneigt u. besagten Gottlieb Hansch zum Annehmer angenommen u. auf dem Wikower u. Budner Walde ein Dorf mit dem Zunahmen Kazimierz anzulegen u. mit Hauländern zu besetzen erlaubet habe, zu welchem Dorfe den Wald auf Huben oder Halbhuben 2 r Mass Königl. habe aufzustecken anbefohlen, welche zwanzig wohlhabende Wirthe von den Hauländern besitzen sollen, mit diesem beding aber, dass keiner mehr zu einer Hube als dreissig Morgen Königl. Mass gerechnet besitzen soll. Wenn aber dieselben mehr einnehmen u. Wald zu Hufen ausarbeiten solten, so wird solches wenn es durch einen Kammerherrn Kundig worden das Uebermass pr. Superata zu meinen Einkünften gezogen oder Aparte Zinsen davon ausgesetzet werden.

Hernach soll die Auszeichnung der Wälder von der Dobrzycer u. Kozminer Gräntze an von dem einen Enden u. den andern Enden gegen mein Dorf Budy zu, von der Seite aber zwischen diesen meinen Budner u. Wikower Wäldern zu liegen, welche übergebe u. auf Kind u. Kindes-Kind zu besitzen ihnen Erlaube welchen besagten Wald, wenn solchen die Ehrengeachteten u. Wolhabenden Hauländer besitzen werden, ein jeder von ihnen von der angenommen Hube zu meiner Kasse zu drey Dukaten Eintrit Geld bezahlen soll. Nach der Auszahlung aber die Wonhäusser, Scheunen, Ställe, Kuhstallung et. auf den ausgezeichneten Stellen gehörig u. ordentlich auf besagten u. ausgezeichneten Walde Bauen werden. Hernach aber das gezeichte Holz, auf jeder halb u. gantzen Hube zu Zehn Stämme Eichen u. anderes es sey was vor Gattung wolle zu zwey Stück zu meiner Casse, solches nicht abhauen, sondern stehen lassen sollen. Das ander Holz aber alles Abzuhauen, verkaufen u. die Stremme auszurauden, Feld zu bearbeiten u. zu ihrem allerbesten Nutzen zu gebrauchen ihnen Erlaube. Welches ausrauden zu allerersten soll anfangen von den Buden an, hernach aber von der Dobrzycer Gräntze. Und da es der Hauländer gebrauch ist, zu dem Kruge eine halbe Hube Wald zu Feld zu Bearbeiten, vor dieses aber, um es nicht zu Bearbeiten zu dürfen Dreissig Dukaten an meine Casse bezahlen sollen, u. nach dieser Bezahlung doch den Krug der weite nach u. laut solchem Abriss, als wie der Krug auf dem Graben hinter der Walcke zu Kozmin aufgesetzet, auf der dazu ausgezeichneten Stelle, binnen Drey Jähriger Frist Zeit Erbauen werden, u. in denselben einen Krüger setzen, dabey das Getränke zum verschänken aus meinem Brau-Hausse zu welchem der Preiss auf dem Schlosse festgesetzet, holen, verschäncken u. bezahlen werden, zu welchem besagtem Schancke die Święto Janka, das ist der 21te Garniec darbey eine halbe Hufe zu Feld, vor den Krüger sich bestimmet, von welcher halben Hufe blos Eintrits od. Grundgeld, Krüger anderthalb Ducaten zu meiner Casse bezahlen wird, u. im Fall Krüger in etwas sich meine Casse sich verschulden solte,

Abb. 18: Privileg für das Dorf Deutsch-Koschmin-Hauland von 1775

so verbindet sich der Annehmer u. das gantze Dorf, ohne Anstand der Zeit meine Casse u. meine Sukcessirenden zu bezahlen, u. vor selbigen zusammen zu legen. Welchen Krüger Annehmer abandern u. einen andern einzusetzen Erlaubet ist, wenn nur dabey meine Casse u. meine Sukcessirenden keinen Schaden dadurch haben, mit diesem vorbehalt, auf dass die Ehrengeachten Hauländer nirgends anderswo auf der Seite keine Getränke nehmen u. in das Dorf einführen sollen, bey Verlust des Viertentheils des Uebertreters seines Vermögens, welche besagte u. Ehrengeachte Hauländer mit Sieben Jähriger Freiheit Begnadige, Angefangen die Sieben Jahre in den jetzigen 1775ten Jahre den 6ten März u. endigen sich in dem zukommenden 1782ten Jahre nehmlichen Monaths des 6. Merz.

Nach welcher ausgelaufenen Sieben-Jährigen Freiheit von einer jeden Hube 80 Floren pohl. Zinse, das gantze Dorf Ueberhaups von Neunzehn u. einer halben Hube in Summa 1560 Fl. pohln. bezahlen wird, u. zur Ernte Zeit von einer jeden Hube sechs Taage mit Sicheln alljährlich Hofe Taage zu entrichten auf meinen Lanen verpflichtet sind. Eine halbe Hube auf immer Frey dem Annehmer übergebe, dabey auch vor den Vorleser den Vierthel Theil einer Hube, das ist Sieben u. eine halbe Morgen ohne alle Abgabe ihnen übergebe, als wie auch den Sechsten Teil der Hube in der graden Linie zum gebähnten wege von Trzebowe zu den Buden durch die Quere des Dorfes oder des Kruges gehend u. zum Besetzen der Handwerckleute, nemlich den Schmidt, Rademacher, Schumacher, Schneider u. Würcker überlasse ich ihnen, welchen das Dorf Hauland ausrauden, gehörig Bähnen, zu vergleichen u. zu erhalten verbunden ist, jedoch die gehörige Abgaben an die Republique von jedweder Hube, u. das von ein und zwanzig Huben zusammen auf das Jahr zu 7 Flor. folglich von dem ganzen Dorf auf die Rathe zu 73 Flor. 15 gr. entrichten werden, diese Zahlung wird in dem Zukommenden 1777 Jahre angefangen anbelangent die Septembr Rate werden dieselben auf mein Schloss zu Kozmin zahlen. Und wenn einer von den Hauländern vor ausgegangener Sieben Jähriger Freiheits Zeit wiederum einem andern Hauländer sein Land verkaufen solte u. durch solchen verkauf vieles gewinnt, soll von dieser Kauf Summe der Fünfte Groschen u. folglich der Fünfte Theil von besagter Summe durch den Annehmer in meine Casse eingebracht werden, worauf eine Quittung ertheilt werden soll, nach ausgelaufener Termins Zeit aber der Freiheit soll der Zehnte Groschen abgegeben werden. Das Graben der Stöcke zum Pech Brennen, zum Herrschaftl. gebrauch auf den aufgegebenen Huben, bey den Hauländern ich mir vorbehalte. Und wenn die Hauländer in die Wälder, es sey in welche es wolle ihre Schweine in die Eicheln Treiben solten, von solchen eben gleiche Zahlung mit den andern zahlen sollen.

Die Hüttung vor das Vieh im Walde zum Austreiben selbigen Frey stehet. Alle sämtliche Asche zu meiner Potascherey auf vergleichende Art, nemlich von dem Maasse zu 3 gr. dieselben mir zu verabfolgen verpflichtet sind.

Und indem wegen vorfallenden Rechts Sachen denen Hauländern weit entlegen zur Stadt zu gehen, derowegen so verordne die Rechts-Händel unter ihnen zu schlichten den Annehmer Gottlieb Hansch vor welches ich denselben, nemlich vor das besetzten u. gutte erhalten dieses neuen besetzten Dorfes, zugleich vor Aufrechterhaltung des Schankes u. der Rechte eine halbe Hube Grund auf lange Zeiten u. ohne einige Abgaben an meine Casse übergeben habe.

Jedoch dabey in Rechts-Sachen die Appelation an mein Hof-Gericht mir vorbehalte. Welches Privilegien ich mit meinen Sukcessirenden in allen Puncten als treuen Unterthanen denen Ehrengeachteten Hauländern u. ihren Ehe Consortinen nebst Leibes Erben zu Ewige Zeiten u. Protection zu geben verspreche. Auf was ich mich wegen bessern Glauben u. Sicherheit bey Beidrückung des gewöhnlichen Siegell mich Eigenhändig unterschreibe.

So Geschehen, Kozmin den 6ten Merz 1775.

Elisabeth aus dem Hause v. Branicky Fürstin Sapieha.

Abb. 19: Brandordnung von Holländerdörfern an der Weichsel – angelegt nach dem Grundsatz »Alle für einen – einer für alle«.

Pommersche Siedler gründeten zahlreiche Holländersiedlungen im östlichen Großpolen zwischen Kolmar/Chodzież, Mogilno, Witkowo, in Kujawien und dem Gostyniner Land. Im Raum von Lodz trafen sie sich mit Siedlern schlesischer Herkunft, die sich in einem ersten Zug über das westliche und mittlere Großpolen zwischen Neutomischel/Nowy Tomyśl und Schrimm/Śrem an der mittleren Warthe und in einem zweiten Zug über das südliche Großpolen bei Adelnau/Odolanów, Ostrowo/Ostrów Wlkp. und Kempen/Kępno in das Kalischer Land und weiter nach Mittelpolen bis über Lodz und Wieluń ausbreiteten.
Die deutschen Siedlungsgebiete in Polen, wie sie bis zur Mitte unseres Jahrhunderts bestanden, gehen im wesentlichen auf diese neuzeitlichen Siedlungsvorgänge zurück.

c) Die »Bamberger« um Posen

Neben den überwiegend protestantischen Siedlergruppen muß eine Besonderheit erwähnt werden, nämlich die Ansiedlung katholischer Franken in den Kämmereidörfern der Stadt Posen. Diese waren durch den Nordischen Krieg und die Pest entvölkert und wurden zwischen 1719 und 1750 durch 400 Ansiedler vor allem aus dem Bistum Bamberg wiederbesiedelt. Diese erhielten Land in Erbpacht, ihre Zins- und sonstigen Verpflichtungen waren gering. Sie unterstanden aber den städtischen Behörden, hatten also keine Selbstverwaltung.
Diese Bamberger bewahrten sich manche fränkischen Sitten und Traditionen, vor allem ihre aus der Barockzeit stammende reichgeschmückte Frauentracht bis ins 20. Jahrhundert. Das katholische Bekenntnis begünstigte aber die Polonisierung, die sich um die Mitte des 19. Jahrhunderts vollzog, bemerkenswerterweise also unter preußischer Herrschaft.

Karte 11: Die deutschen Hauländereien im Posener Land

Abb. 20: Bambergerin in fränkischer Tracht

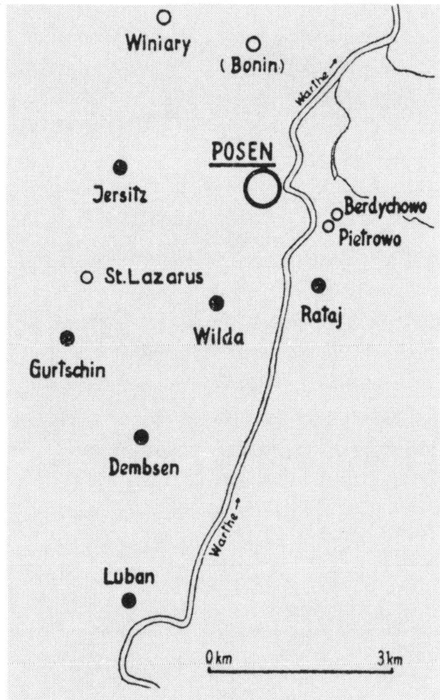

Karte 12: Die Ansiedlungsorte der Bamberger in und um Posen

Abb. 21: Ein Holländer-(Hauländer-)Gehöft im 18. Jahrhundert im Netzedistrikt

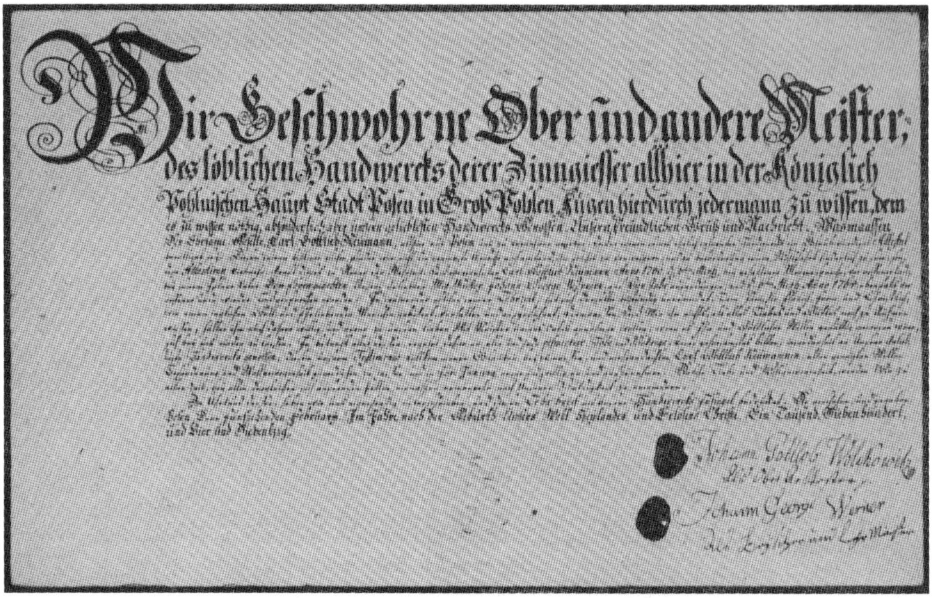

Wir Geschwohrne Ober und andere Meister, des löblichen Handwercks derer Zinngiesser allhier in der Königlich Pohlnischen Haupt Stadt Posen in Gross Pohlen, Fügen hierdurch jedermann zu wissen, dem es zu wissen nöthig, ...

Johann Gottlob Wolkowitz

Johann George Werner

Abb. 22: Lehrbrief des Zinngießer-Gesellen Carl Gottlieb Neumann aus Posen von 1774

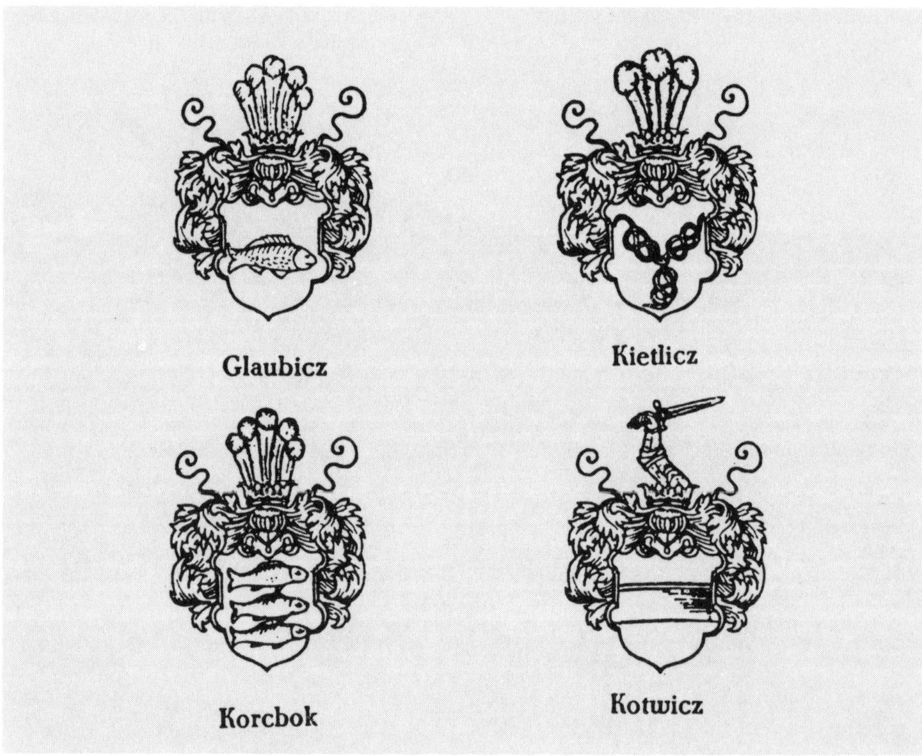

Abb. 23: Wappen polonisierter deutscher Adelsfamilien

4. Deutsche Adelsfamilien

Neben der deutschen bäuerlichen und städtischen Einwanderung müssen auch deutsche Adelige Erwähnung finden, die in Polen ansässig wurden bzw. dem nobilitierten Bürgertum polnischer Städte entstammten und teilweise großen Besitz und Einfluß erlangten. Höchste militärische und politische Positionen in Polen nahmen beispielsweise Angehörige der polnischen Linie der Dönhoffs (poln. Denhoff) ein, andere bedeutende deutsche Adelsfamilien waren die Goltzes, die Unruhs, die Tyzenhaus (Tiesenhausen) und die Wedells.
In den Abwehrkämpfen an der polnischen Ostgrenze erwarb sich der aus Schlesien stammende Bernhard von Prittwitz große Verdienste bei der Verteidigung Podoliens gegen die Tartaren. Während der Kosakenaufstände kämpften Tausende von deutschen Söldnern und Offizieren in den polnischen Heeren.

Abb. 24: In der Bromberger Münze von Jakob Jakobson geprägter Dukat Sigismunds III.

Polen war für viele deutsche Einwanderer ein Land der unbegrenzten Möglichkeiten. Geschickte Handwerker und Geschäftsleute konnten hier ihr Glück machen. Einige Beispiele für viele sollen hier genannt werden. In der ersten Hälfte des 17. Jahrhunderts pachtete der Geschäftsmann Jakob Jakobson aus Emden die Bromberger Münze. Dank seiner erfolgreichen Tätigkeit war er in der Lage, recht bald auch die Münzstätten von Elbing, Wilna, Krakau, Warschau und schließlich 1626 Danzig zu übernehmen, worauf er sich »Generalmünzpächter der Krone Polens« nennen konnte. Jakobson kontrollierte schließlich den gesamten Edelmetallhandel Polens und war einer der reichsten Männer seiner Zeit.
Als Beispiel für einen raschen Aufstieg aus einfachen Verhältnissen zu Ansehen und Besitz kann der Pasewalker Sattlergeselle Thomas Michael Dangel gelten, der es in der zweiten Hälfte des 18. Jahrhunderts in Warschau zum königlichen Hofsattlermeister und zum Baron gebracht hatte.
Der Nürnberger Jakob Troschel stieg bis zum Hofmaler König Sigismunds III. auf.

Abb. 25 (links): Schatzmeister Anton Tyzenhaus (1733–1785); Abb. 26 (rechts): Jakob Troschel, Hofmaler König Sigismunds III. (geb. 1583 in Nürnberg, gest. 1624 in Krakau)

Abb. 27: Der Warschauer Stadtpräsident Jan Dekert, 1795

5. Deutsche in Polen zur Zeit der Sachsenkönige und in der Reformzeit

Unter den Sachsenkönigen August II. (1697–1733) und August III. (1733–1763) wurden zahlreiche deutsche Künstler, Architekten und Unternehmer, vor allem aus Dresden, nach Warschau gerufen, das sich in jener Epoche zu einer Großstadt entwickelte. Trotz vieler seither erfolgten Umbauten und Zerstörungen prägen einige der von ihnen errichteten Bauwerke bis heute das Gesicht der Stadt.

Ein Dresdner Architekt schuf beispielsweise den »Sächsischen Garten«. Matthäus Daniel von Pöppelmann, der von 1697 bis 1718 in Polen wirkte, entwarf u. a. das Sächsische Palais, an das heute allerdings nur noch die Säulenstümpfe des Grabmals des unbekannten Soldaten erinnern, ferner das Blaue Palais und die Pläne für den Umbau des Königsschlosses. Der nach seinen Entwürfen angelegte Schloßgarten, der sich terrassenförmig bis zur Weichsel erstreckt, blieb leider unvollendet.

Die zur Weichsel gerichtete Schauseite des Schlosses wurde 1713–15 durch seinen Sohn Karl Friedrich und Johann Christoph Knöffel errichtet.

Auch unter dem letzten polnischen König Stanisław August Poniatowski trugen deutsche Architekten und Künstler zur Ausgestaltung des Warschauer Stadtbildes bei. Der aus Merseburg stammende Hofarchitekt Simon Gottlieb Zug erbaute die evangelische Trinitatiskirche (Abb. 29 u. 30), der berühmte Andreas Schlüter noch vor seiner Berliner Zeit das Giebel-Relief des Krasiński-Palais, in dessen Räumen heute die Warschauer Universität untergebracht ist.

Ephraim von Schröder war der Erbauer des Palastes für den deutschen Bankier Tepper, den »reichsten Mann Warschaus« zu jener Zeit, ferner der Karmeliterkirche in Warschau und leitete den Umbau des Primasschlosses. Er wurde 1775 geadelt. Das Brühlsche Palais wurde von Daniel Jauch begonnen und nach dessen Tode 1755 von Johann Friedrich Knöbel fertiggebaut.

Der aus Dresden stammende Hofbaumeister Johann Kamsetzer war am Bau des Łazieńki-Schlößchens beteiligt, der umliegende Łazieńki-Park ist ein Werk des Dresdners Johann

Abb. 28: Entwurf für den Neubau des Warschauer Schlosses von Matthäus Daniel Pöppelmann, o. J.

Abb. 29: Warschauer Gedenkmünze zu Ehren von Simon Gottlieb Zug

Abb. 30 (links): Die evangelische Trinitatiskirche in Warschau, erbaut 1777–1781 von Simon Gottlieb Zug; Abb. 31 (rechts): Der Gärtner Johann Christian Schuch

Christian Schuch, der u. a. auch für den Fürsten Lubomirski den Park »Mon Coteau«, heute Mokotów angelegt hatte. Der Krasiński-Park ist ein Werk des deutschen Landschaftsgärtners Knackfuss.

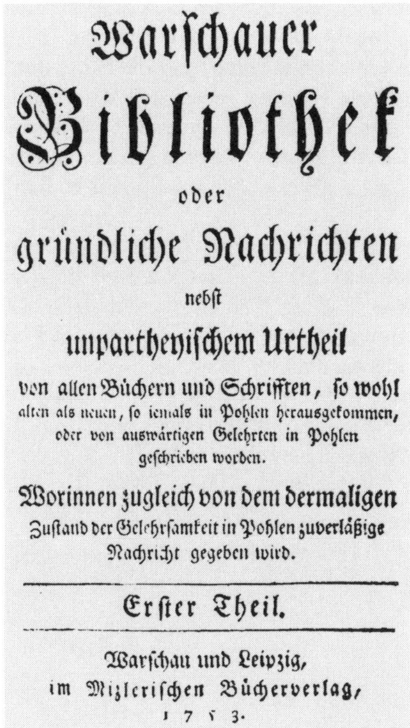

Warschauer
Bibliothek
oder
gründliche Nachrichten
nebst
unpartheyischem Urtheil
von allen Büchern und Schrifften, so wohl
alten als neuen, so iemals in Pohlen herausgekommen,
oder von auswärtigen Gelehrten in Pohlen
geschrieben worden.
Worinnen zugleich von dem dermaligen
Zustand der Gelehrsamkeit in Pohlen zuverläßige
Nachricht gegeben wird.

Erster Theil.

Warschau und Leipzig,
im Mizlerischen Bücherverlag,
1753.

Abb. 32: Titelblatt der von Lorenz Mitzler von Koloff herausgegebenen »Warschauer Bibliothek«

Deutsche Zeitungs- und Zeitschriftenherausgeber wurden um die Mitte des 18. Jahrhunderts zu Vätern des Warschauer Verlagswesens. Michael Gröll gab die »Außerordentlichen Nachrichten der Woche« (Warszawskie Extraordynaryjne Tygodniowe Wiadomości) heraus, der aus Leipzig stammende Arzt und Philosoph Lorenz Mitzler von Koloff die »Warschauer Bibliothek«, die erste wissenschaftliche Zeitschrift Polens, und der gebürtige Thorner Christian Gottlieb Steiner die »Polnische Bibliothek«, um das Ausland mit den Werken polnischer Schriftsteller bekannt zu machen.

In der Zeit der Reformversuche nach der ersten polnischen Teilung 1772 wurde die Einwanderung durch staatliche Maßnahmen weiter erleichtert. So gab der polnische Reichstag (Sejm) durch Beschluß von 1775 jeglichen Grunderwerb durch ins Land kommende Ausländer frei. Der Vierjährige oder Große Sejm (1788–1792), der große innere Reformen und die polnische Maiverfassung von 1791 beschloß, richtete sogar direkte Aufrufe an Ausländer zur Einwanderung nach Polen. Von der »Zivil-Militär-Kommission Guter Ordnung der Wojewodschaft Kalisch« wurde am 10. März 1790 eine Bekanntmachung in deutscher Sprache erlassen, nach der jedem Einwanderer Beihilfe, Sicherheit und Gerechtigkeit zugesichert wurde.

6. Abwanderung von Deutschen aus Polen

Wenn bisher nur über die Einwanderung von Deutschen nach Polen gesprochen wurde, so darf nicht vergessen werden, daß seit dem 18. Jahrhundert auch eine gegenläufige Bewegung zu verzeichnen war. Die Dissidentenunterdrückung in Polen führte dort, wo kein polnischer Grundherr seine schützende Hand über die Protestanten hielt, zu Abwanderungen vor allem in das benachbarte Preußen. Aber auch die häufig vorkommenden Erhöhungen der ursprünglich niedrig angesetzten Dienste und Abgaben durch die polnischen Grundherren sowie die Ausschreitungen während der Konföderiertenkämpfe trieben viele Deutsche außer Landes. Etwa 25000 Deutsche sollen bis zu den Teilungen auf diese Weise das Land verlassen haben.

Erst das auf ausländischen Druck erlassene Warschauer Traktat von 1768 brachte den Dissidenten (= Nichtkatholiken) in Polen Glaubensfreiheit, der Katholizismus blieb aber polnische Staatsreligion. Von 1768 bis 1795 entstanden durch erneute Einwanderung von Protestanten 10 deutsche Gemeinden, darunter diejenige in Warschau. Ihr erster Pfarrer war der aus Erfurt stammende Johann Jakob Scheidemantel, in dessen Amtszeit eine deutsche evangelische Schule errichtet werden konnte. Dank großzügiger Unterstützung u. a. durch den Warschauer Bankier Peter Tepper konnte 1777–1781 die Trinitatiskirche nach Plänen von Simon Gottlieb Zug erbaut werden.

Teil IV
Die Deutschen in Polen in der Zeit der Teilungen (1795–1815)

1. Preußisch-deutsche Beamte

Aus den bei der zweiten (1793) und dritten Teilung (1795) Polens unter preußische Herrschaft gekommenen Gebieten wurden die Provinzen Neuostpreußen und Südpreußen gebildet. Bezüglich der Behandlung der dortigen polnischen Bevölkerung gab es in Preußen keinen Konsens. Die Vorstellungen reichten von weitgehendem Entgegenkommen gegenüber den Polen und der Einrichtung polnischsprachiger Behörden bis zum harten Kurs des Posener Kammerdirektors Justus Gruner, der »die gänzliche Aufhebung der (polnischen) Verfassung, Sprache und adligen Vorrechte« durchsetzen wollte.
Zahlreiche preußische Beamte und Militärs kamen nun als Verwaltungsfachleute in das Land. Ihre meist korrekte Amtsführung wurde, bei allem verständlichen Ressentiment, auch polnischerseits gewürdigt. Das galt für den ersten preußischen Befehlshaber General v. Günther ebenso wie für den Gouverneur von Warschau, Köhler. Als dieser 1806 die Stadt wieder verlassen mußte, schrieb die »Gazeta Warszawska«: »Das von Güte und Milde geleitete Regiment dieses Beamten gewann ihm die allgemeine Liebe und Verehrung; er schied, begleitet von dem Segen und den guten Wünschen der Einwohner, denen er Herrscher und Freund zugleich war, um dafür ihre dauernde Dankbarkeit und Hochachtung zu finden.«

Abb. 33: E. T. A. Hoffmann

Für die Reformen, die in jener Zeit zum allgemeinen Nutzen durchgeführt wurden, kann als Beispiel das Schulwesen gelten, zu dessen Verbesserung bei Pestalozzi und Rousseau Rat erbeten wurde. In Warschau wurde 1804 von der preußischen Verwaltung ein Lyzeum für Polen und Deutsche eingerichtet, dessen Leitung dem später noch zu würdigenden Samuel Gottlieb Linde übertragen wurde.

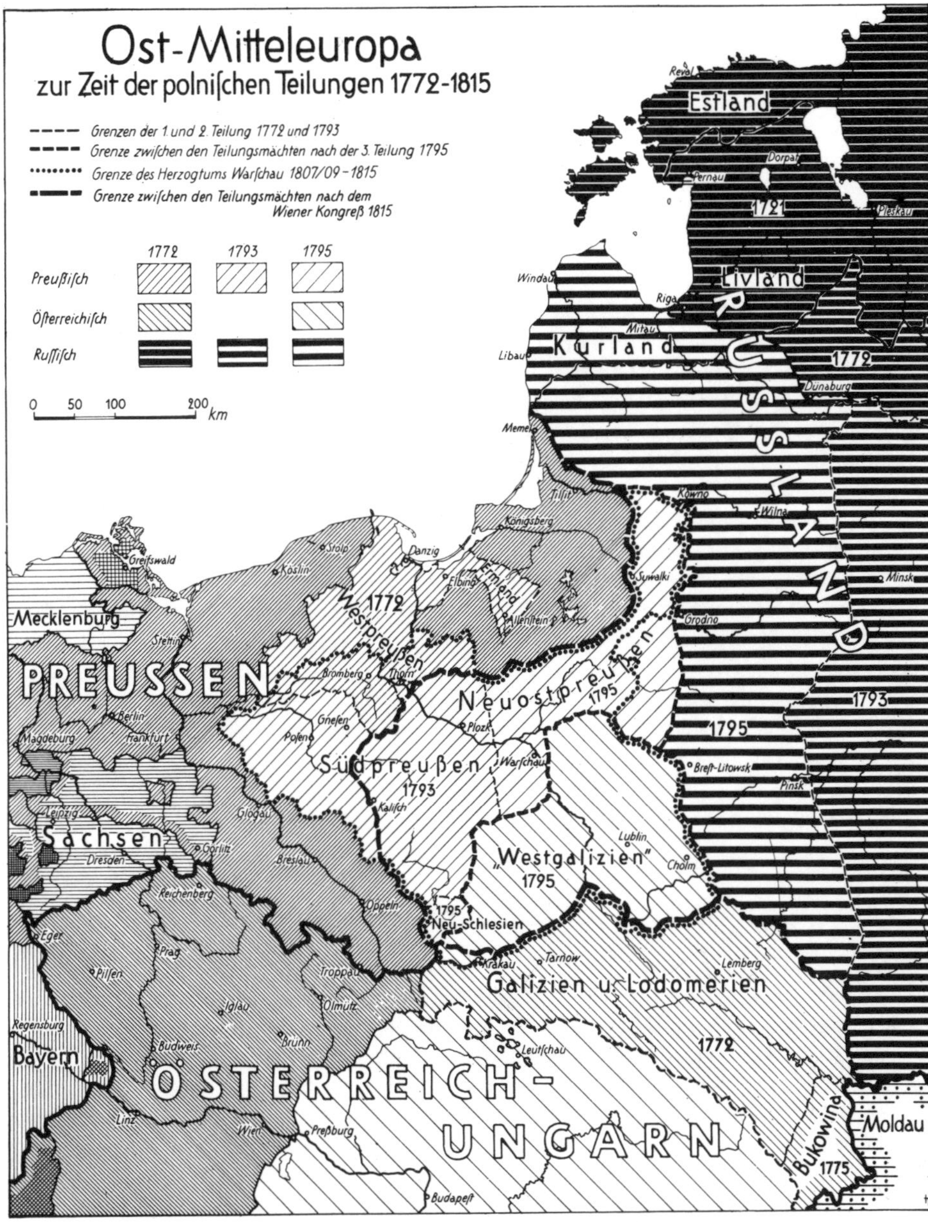

Karte 13: Ost-Mitteleuropa zur Zeit der polnischen Teilungen 1772–1815

Zu den prominentesten preußischen Beamten, welche in »Südpreußen« amtierten, gehört Ernst Theodor Amadeus (E. T. A.) Hoffmann. Er war 1800 als junger Regierungsassessor nach Posen gekommen und hatte dort eine Polin geheiratet. Sein Zeichentalent stellte er durch witzige Karikaturen des preußischen Regimentskommandeurs unter Beweis, woraufhin er 1802 nach Płock an der Weichsel strafversetzt wurde.

1804 bis 1808 kam er nach Warschau und entfaltete dort eine vielseitige, allerdings vor allem außerdienstliche Tätigkeit. So rief er eine musikalische Gesellschaft für Deutsche und Polen ins Leben, komponierte selbst zwei Opern und das Singspiel »Die lustigen Musikanten« zu einem Brentano-Text.

2. Neue Grundbesitzer

Die polnischen staatlichen und kirchlichen Ländereien wurden nach den Teilungen durch den preußischen Staat eingezogen und in Staatsdomänen umgewandelt.
Wie es häufig in Umbruchzeiten der Fall ist, versuchten auch in diesem Falle Geschäftemacher, sich zu bereichern. Dabei konnten sie durch Beziehungen zu dem einflußreichen Provinzialminister Hoym zahlreiche große Güter zu Schleuderpreisen oder als Schenkung erstehen. Der südpreußische Kriegs- und Domänenrat Zerboni di Sposetti erstattete Anzeige und ließ die Betrügereien in einem »Schwarzen Register« aufführen. Allein von 1794 bis 1798 sollen 241 Güter an 52 hochgestellte Persönlichkeiten (darunter der spätere »Marschall Vorwärts« Blücher, Minister v. Goerne und der Sohn des Großkanzlers Goldbeck) zum Preis von 3,5 Millionen Taler verteilt worden sein, wobei der tatsächliche Wert mindestens 20 Millionen Taler betrug. Diese »Gratialgüter« hatten vermutlich als Ziel, einen dem König ergebenen deutschen Großgrundbesitz zu schaffen, den es ansonsten damals nur in den Grenzgebieten des Posener Landes gab. Tatsächlich wurde der allergrößte Teil dieser Gratialgüter in der Folge aber von den Beschenkten wieder verkauft, häufig wie im Falle des genannten Generals Blücher »ohne sie je gesehen oder auch nur einen Pfennig in sie investiert zu haben«.

3. Die »Schwabensiedlungen«

Mit den polnischen Teilungen, vor allem aber mit dem Regierungsantritt des preußischen Königs Friedrich Wilhelm III. setzte eine erneute Siedlung von Deutschen in Polen ein, diesmal ausgehend vom absolutistischen Staat. Schon Friedrich der Große hatte im Netzedistrikt etwa 7000 Bauern angesiedelt. In »Südpreußen« und »Neuostpreußen« wurde nun ab 1797 eine gelenkte Kolonisation in Gang gesetzt, wobei das Ziel Hebung der einheimischen Landwirtschaft und Anlage von Mustersiedlungen war. Allerdings hatte zu diesem Zeitpunkt die Siedlung als staatliche Aufgabe bereits untergeordnete Bedeutung. Germanisatorische Absichten spielten dabei offensichtlich keine Rolle, da auch Polen unter den Kolonisten waren. Die Durchführung wurde den Provinzialministern von Voß in Südpreußen und von Schroetter in Neuostpreußen übertragen.
Da der preußische Staat nicht daran interessiert war, für diese »Peuplierung« seine eigenen, dünn besiedelten Ländereien zu entvölkern, warb er Siedler vor allem im volkreichen Südwestdeutschland, der Pfalz, Hessen, dem Elsaß, Lothringen und Württemberg an. Der preußische Hauptmann von Nothardt betrieb u. a. mit Hilfe eines »Reichs-Kolonisten-Werbungs-Bureaus« in Oehringen bei Heilbronn eine großangelegte Werbekampagne.

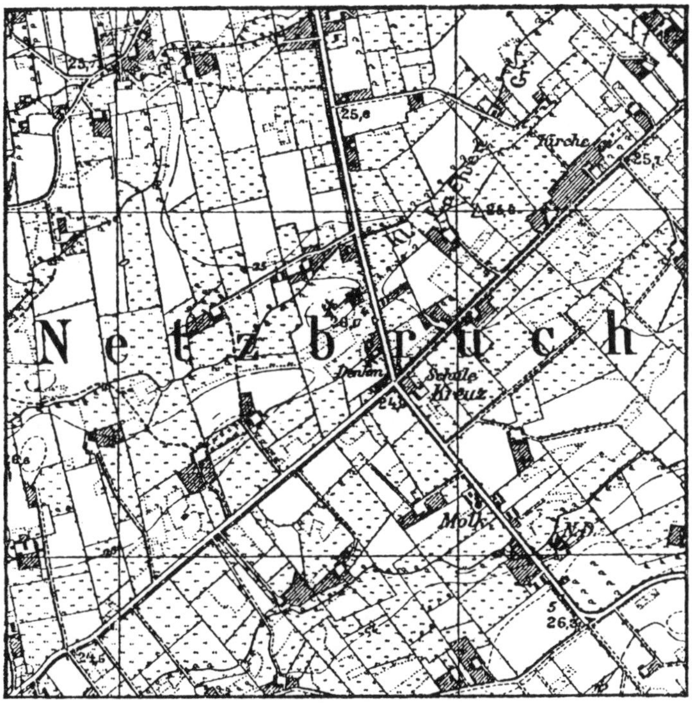

Karte 14: Streusiedlungen bei Driesen aus der Zeit Friedrichs des Großen

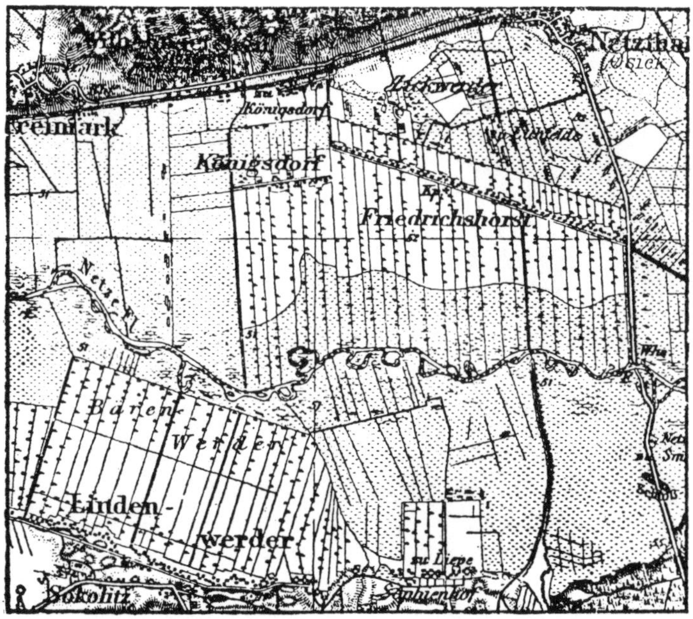

Karte 15: Das Holländerdorf Lindenwerder und die friderizianischen Siedlungen Friedrichshorst und Königsdorf bei Netztal

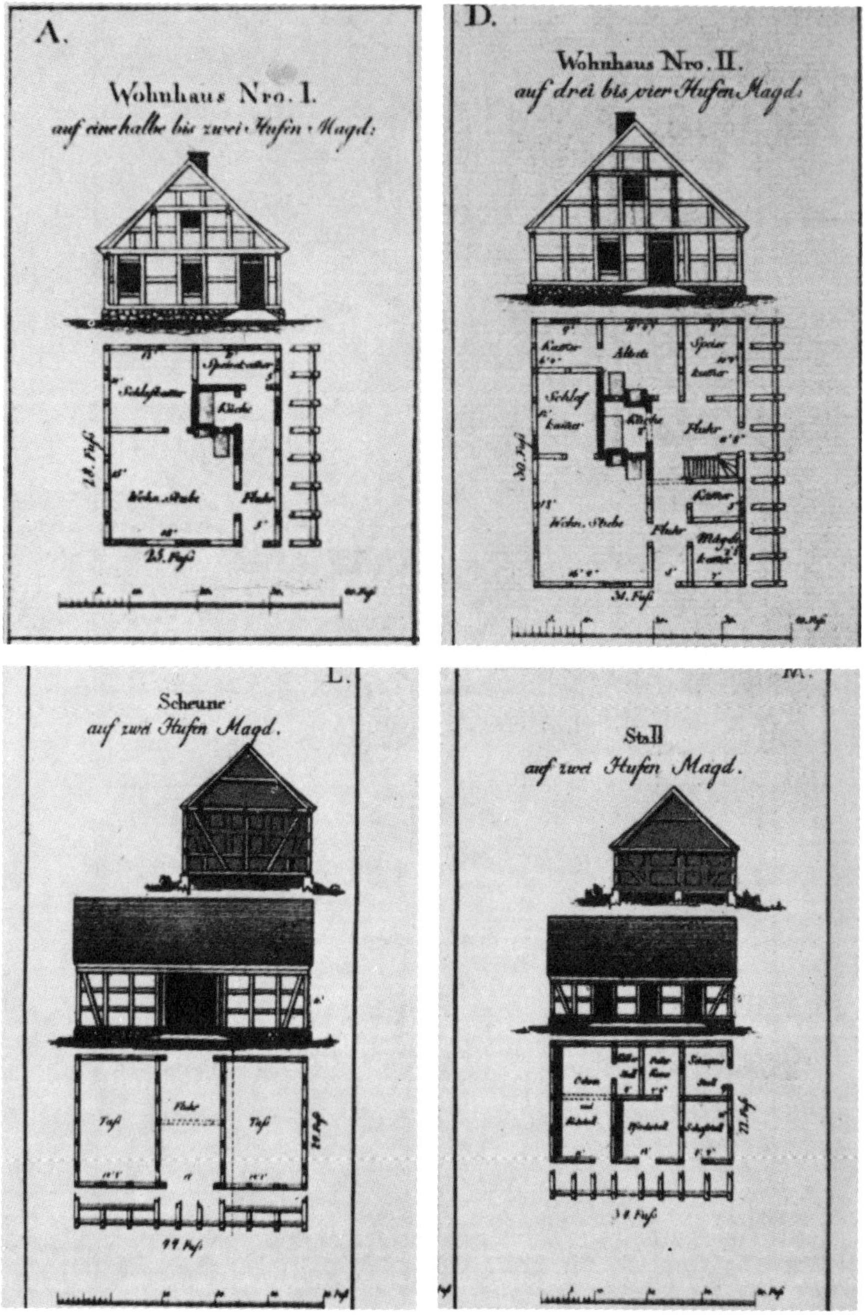

Abb. 34: Kolonistenwohnhäuser mit Scheune und Stall für 2 bzw. 3–4 Hufen

Ab dem Jahre 1800 waren es vor allem Schwaben, die den Werbeaufrufen folgten, weshalb sich für ihre Siedlungen die Bezeichnung »Schwabensiedlungen« eingebürgert hat. An den Ortsnamen ist die Herkunft der Siedler unschwer erkennbar: z. B. Neusulzfeld, Neuwürttemberg, Neu-Düttlingen, Effinghausen (< Effingen), Nagold, Leonberg, Durlach. Die Ortsnamen wurden allerdings nach 1815 polonisiert, aus Neusulzfeld wurde so Nowosolna, aus Neuwürttemberg Tkaczewska Góra und aus Leonberg Lwówek.
Ein Teil der Siedler kam aber auch aus anderen deutschen Ländern wie Mecklenburg, Sachsen und natürlich aus preußischen Provinzen wie Schlesien, Pommern und Brandenburg.

Abb. 35: Fachwerkhaus in Sompolno, Kreis Koło, aus der preußischen Zeit (1793–1806)

Die Siedlungsbedingungen waren anfangs sehr günstig. Die Regierung versprach u. a. Landzuweisungen, Reisegelder, Aufbau von Häusern bzw. Bereitstellung von Bauholz und Arbeitsgeräten sowie Freijahre, wobei anfänglich bei den Bewerbern nicht genügend auf Erfahrung und ein gewisses Eigenvermögen geachtet wurde. Diese großzügigen Bedingungen konnten in der Folge nicht eingehalten werden, da die Kolonisierung in Südpreußen allein zwischen 1798 bis 1806 die ungeheure Summe von 1841083 Reichstaler gekostet hatte, was einer Summe von 1000 Talern pro Siedlerstelle entspricht. Auch hatte man schlechte Erfahrungen mit Siedlern gemacht, die ohne finanzielle Reserven und entsprechende Erfahrungen in der Landwirtschaft die ersten Jahre nicht überstanden. Deshalb wurden ab 1801 die Vergünstigungen vom mitgebrachten Vermögen der Kolonisten abhän-

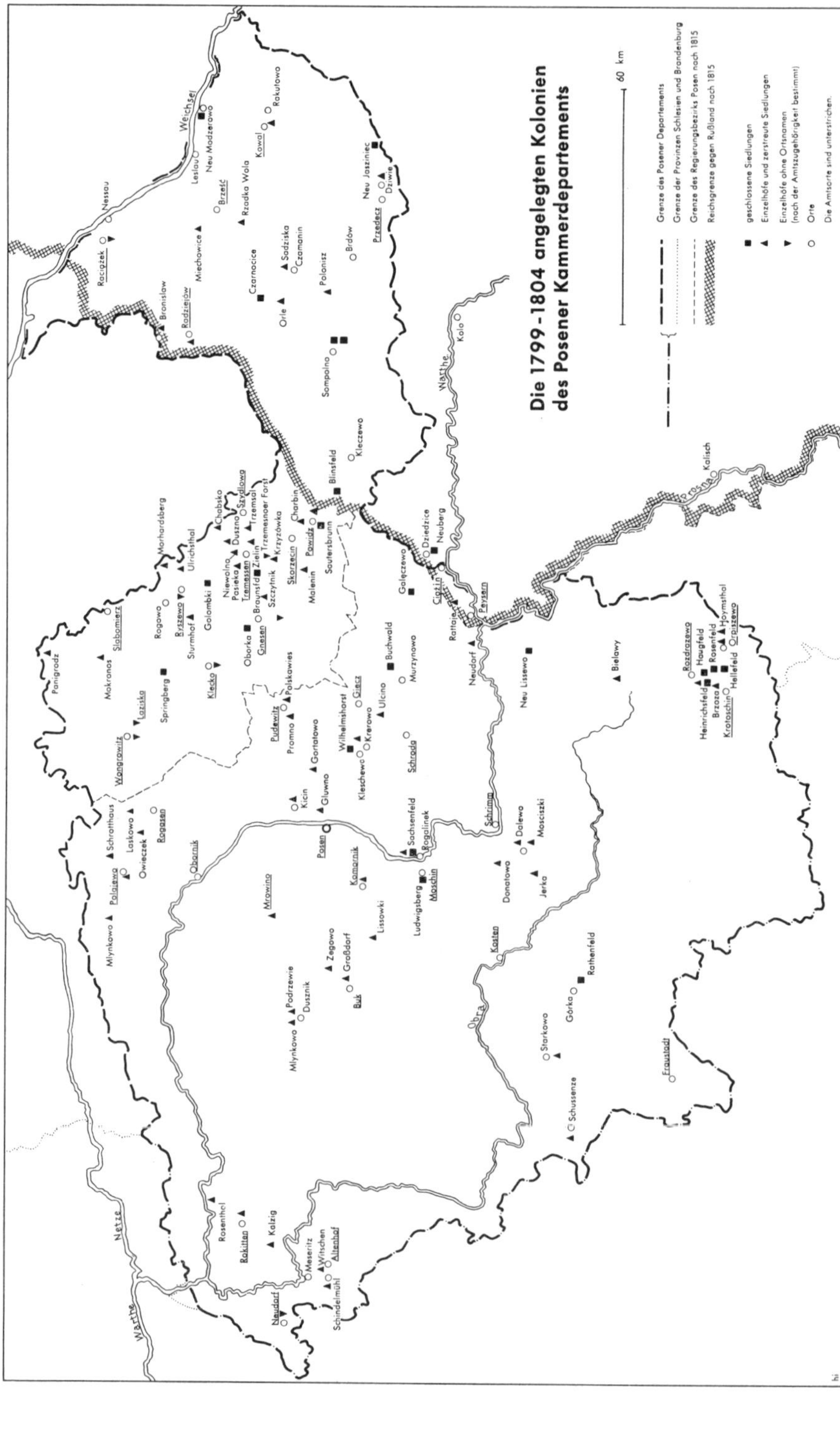

Karte 16: Die 1799–1804 angelegten Kolonien des Posener Kammerdepartements

Abb. 36: Fachwerkscheune in der Siedlung Neu-Württemberg (Tkaczewska-Góra)

gig gemacht, wodurch viele Bewerber nur eine Häuslerstelle mit 4–6 Morgen erhielten, so daß sie gezwungen waren, als Tagelöhner oder Handwerker ihren Lebensunterhalt zu bestreiten. Einige hartnäckige Siedler konnten allerdings unter Hinweis auf die ihnen zugesagten alten Bedingungen von Berlin noch Ausnahmegenehmigungen erwirken, andere mußten mittellos und enttäuscht wieder in ihre Heimat zurückkehren.

Es war ein Merkmal der preußischen Kolonisation jener Zeit, daß der kirchlichen Versorgung der Siedler praktisch keine Aufmerksamkeit gewidmet wurde. Für die rund 13000 zum größten Teil protestantischen Kolonisten wurde, vermutlich aus bürokratischen Sparsamkeitserwägungen heraus, keine einzige Kirchengemeinde gegründet, wie es bei der privaten Siedlungstätigkeit üblich war.

Die von den preußischen Behörden für alle Siedlungen vorgesehene und deshalb im gesamten mittelpolnischen Siedlungsgebiet vorherrschende Siedlungsform war das in gerader Linie hingezogene Liniendorf. Die preußische Verwaltung versuchte sogar, bereits ältere, aber noch im Aufbau begriffene Dörfer diesem Grundriß-Schema anzupassen. Insgesamt wurden unter Friedrich Wilhelm III. in Südpreußen 10293 und in Neuostpreußen 3507 Kolonisten auf zusammen 2775 Siedlerstellen angesetzt.

Mit der Niederlage Preußens 1806 endete zwar die staatliche preußische Siedlung, nicht aber die Zuwanderung von Deutschen, die auch während der Zeit des von Napoleon errichteten Herzogtums Warschau (1807–1813) von einheimischen Kräften gefördert wurde und, wenn auch deutlich schwächer, weiterging.

In den Befreiungskriegen 1813–1815 zeigte sich, daß die kurze Zugehörigkeit zu Preußen

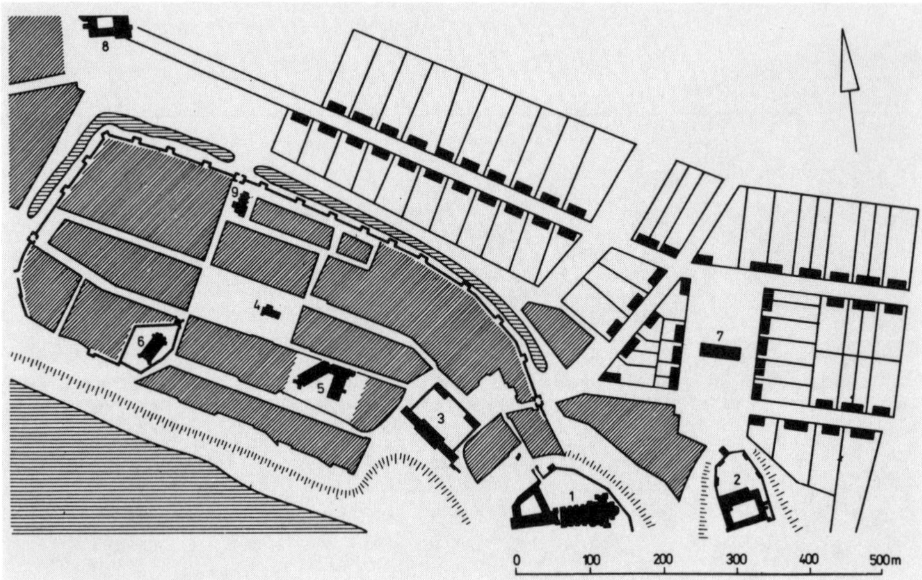

Karte 17: Plock – Siedlung für preußische Beamte

1 Dom und Burg
2 Dominikanerkloster
3 Bischöfl. Palast
4 Rathaus
5 Michaelskirche
6 Pfarrkirche
7 Preußische Kammer
8 Reformatenkloster
9 Heilig-Geist-Kirche

auch unter den Deutschen im damaligen Herzogtum Warschau nicht gänzlich folgenlos geblieben war. So meldeten sich ab 1813 aus dem Posener Land etwa 450 Freiwillige zum Kampf gegen Napoleon bei der preußischen Armee, und in den Kirchen des Landes wurden mehr als 30000 Taler für die Verwundeten der Kämpfe gesammelt.

Teil V
Die Deutschen im Lande in der Zeit des geteilten Polen (1815–1918)

Auf dem Wiener Kongreß 1815 wurde Polen erneut zwischen den drei mitteleuropäischen Großmächten aufgeteilt. Für ein Jahrhundert wurden die Flüsse Prosna und Drewenz zur Grenze zwischen dem wieder preußisch gewordenen Posener Land und dem zum Russischen Reich gehörenden Königreich Polen (Kongreßpolen). Das hier nicht mitbehandelte Galizien mit Krakau kam zu Österreich. Damit setzte eine politische und kulturelle Auseinanderentwicklung der ursprünglich zusammenhängenden und auf eine gemeinsame Wurzel zurückgehenden deutschen Siedlungsgebiete in Polen ein, deren Folgen bis heute spürbar sind.
Dagegen galt für die polnische Bevölkerung, daß das Streben nach Wiedererlangung der staatlichen Einheit die unterschiedliche Entwicklung in den Teilungsgebieten überlagerte. Die nationale Erweckung des 19. Jahrhunderts hatte, weit mehr als die religiösen Gegensätze früherer Zeiten, eine nationalpolitische Konfrontation von Deutschen und Polen zur Folge, welche durch die preußische Polenpolitik mit ihrem Wechsel zwischen versöhnlichem und hartem Kurs gegenüber den Polen noch verstärkt wurde.

1. In Posen

Die meisten Städte des Posener Landes wiesen nach dem Wiener Kongreß eine deutsche Bevölkerung auf, die im Westen und Süden in Städten wie Rawitsch/Rawicz, Zduny, Bojanowo, Lissa, Meseritz/Międzyrzecz oder Schönlanke/Trzcianka eine Mehrheit, in der Mitte und im Ostteil der Provinz dagegen eine Minderheit darstellte. Die Landeshauptstadt Posen selbst hatte eine etwa je zu einem Viertel deutsche, jüdische und zur Hälfte polnische Bevölkerung. Auf dem Land dagegen gab es nur im Westen, in den Grenzgebieten zu Schlesien und Brandenburg, und im Norden an der Netze überwiegend deutsch besiedelte Gebiete, während sich die Deutschen ansonsten in kleineren und größeren Streusiedlungen über das gesamte Land verteilten. Der Anteil der Deutschen an der Gesamtbevölkerung des damaligen Großherzogtums Posen kann mit etwa 30 Prozent angesetzt werden.
Nach 1815 erfolgte zunächst einerseits ein beträchtlicher Zuzug deutscher, fast durchwegs evangelischer Beamter, Militärs und Kaufleute, in erster Linie in die Städte, während gleichzeitig, ab 1820, eine Abwanderungsbewegung der deutschen Posener Tuchmacher nach Kongreßpolen einsetzte, welche durch die Zollgrenze zu Rußland von ihren bisherigen Absatzmärkten abgeschnitten worden waren.
Die preußische Regierung hatte es versäumt, dieser Entwicklung rechtzeitig gegenzusteuern, durch welche allerdings noch für einige Zeit die Verbindungen zwischen den Deutschen in Posen und Kongreßpolen erhalten blieben. Im Jahre 1835 machten Evangelische aus Pinne noch ihre Glaubensgenossen in Deutschland auf die Schulnot der deutschen Lu-

Karte 18: Ost-Mitteleuropa im 19. Jahrhundert (1815–1916)

theraner in Polen aufmerksam. Im weiteren Verlauf brachen jedoch die Verbindungen ab. Die lutherischen und die wenigen reformierten Unitätsgemeinden im Posenschen wurden nach 1817 unter Wahrung ihrer Eigenart in der »Kirche der Altpreußischen Union« zusammengeschlossen, nur einige, später »altlutherisch« genannten Gemeinden hielten sich davon getrennt.

a) Das Verhältnis zwischen Deutschen und Polen 1815–1848

In den Jahren bis 1848 spielten im Verhältnis zwischen Deutschen und Polen in erster Linie gesellschaftliche, wirtschaftliche und konfessionelle Unterschiede eine wichtige Rolle, während das Nationalgefühl beider Seiten sich erst allmählich zu entwickeln begann. Innerhalb der gleichen gesellschaftlichen Schichten waren die Kontakte und Verbindungen durchaus lebendig, wie nicht zuletzt eine beträchtliche Zahl von deutsch-polnischen Mischehen beweist. Auch zahlreiche Beispiele von Übergängen in das andere Volkstum beleuchten die Durchlässigkeit der nationalen Grenzen. Söhne deutscher Familien wurden so, insbesondere in Zeiten polnischer nationaler Erhebung wie dem Novemberaufstand 1831, zu begeisterten polnischen Patrioten, was sich u. a. in der freiwilligen Polonisierung ihrer Namen dokumentierte. Beispiele sind Jakob Krauthofer, der sich später Krotowski nannte, oder Aleksander Brudzewski, Sohn des Landrats Brause.
Von den nach 1815 ins Land gekommenen deutschen Grundbesitzern, welche sich im Posenschen angekauft hatten, erwiesen sich nicht alle als gute Wirtschafter und den beträchtlichen Schwierigkeiten gewachsen. Zu den ältesten, bis 1945 in deutscher Hand gebliebenen Gütern gehörten:
1828 Lubosch, Kreis Birnbaum (Carl Daniel Bardt)
1834 Tomyśl (Powalski, 1843 v. Poncet)
1836 Markowitz (Arnold v. Wilamowitz-Moellendorf)
1836 Grocholin (Carl v. Tresckow)
1839 Wierzbiczany (v. Roy)
1839 Jankowitz (Wilhelm Koerber)
1842 Pleschen und Baranowek (Benjamin Jouanne)
1843 Złotnik (Ludwig Hoffmeyer).

b) Das Jahr 1848 und die beginnende Verschärfung der nationalen Auseinandersetzung bis 1870

Der polnische Aufstand 1848 hatte in Posen Deutsche und Polen bereits in zwei Lager gespalten, deren Gegensätze in der Folge ständig größer wurden. Dennoch waren bis zur Reichsgründung konfessionelle Unterschiede noch immer wichtiger als die nationalen. Der deutsch-polnische Gegensatz war noch weitgehend auf den preußischen Staat, der das deutsche Element in der Provinz zu stärken suchte, auf der einen Seite und die polnische Intelligenz, Adel, Klerus und noch schwaches Bürgertum mit ihrer »Organischen Arbeit« auf der anderen Seite beschränkt. »Organische Arbeit« und »Arbeit an den Grundlagen« bildeten das nach dem Scheitern der Aufstände langfristig angelegte Programm zur Erhaltung der polnischen Nation und der Wiederherstellung eines polnischen Staates, u. a. durch Schaffung eines kräftigen polnischen Mittelstandes.

c) Die Assimilation der Posener Juden

Im Jahre 1816 lebten im Großherzogtum Posen 51 959 Juden, was einem Anteil von 6,4 Prozent an der Gesamtbevölkerung entsprach.
Nur rund 3 Prozent dieser Juden lebten auf dem Lande, 97 Prozent dagegen in den Städten, wobei sie in einigen kleineren Städten (bis 3000 Einwohner) sogar die Mehrheit der Bevölkerung stellten.

Abb. 37: Mit dem Ausbau der Festungswerke kamen zahlreiche deutsche Handwerker und Soldaten nach Posen

Abb. 38: Die große Synagoge in Posen

Die aufgrund des »General-Juden-Reglements für Süd- und Neu-Ostpreußen« von 1797 für sie geltenden Beschränkungen wurden 1833 durch eine »Vorläufige Verordnung wegen des Judenwesens im Großherzogtum Posen«, ein ausgesprochenes Erziehungsgesetz, geändert.
Es ermöglichte wohlhabenden und der deutschen Sprache mächtigen Juden eine Naturalisierung, d. h. weitgehende Gleichstellung mit der übrigen Bevölkerung in steuerlicher, gewerblicher und privatrechtlicher Beziehung. Aufgrund der genannten Anforderungen konnten bis 1843 aber nur rund 18 Prozent der Juden im Großherzogtum naturalisiert werden. Die Revolution von 1848 brachte den Juden schließlich insgesamt die Freizügigkeit, worauf eine starke Abwanderung in den Westen einsetzte. Diese war nicht zuletzt auf die starke Assimilierung der Posener Juden an die deutsche Seite zurückzuführen, welche durch die Verordnung von 1833 gefördert worden war und sich bei den deutsch-polnischen Konflikten 1848 in der jüdischen Unterstützung der deutschen Seite geäußert hatte. Das in der Provinz entstehende jüdische Besitz- und Bildungsbürgertum entwickelte ein ausgeprägtes preußisch-deutsches Nationalbewußtsein und stand in dem schärfer werdenden Nationalitätenkampf ganz überwiegend auf der deutschen Seite. Zu der u. a. auch daraus resultierenden Gegnerschaft der Polen kam der immer weitere Kreise erfassende und unduldsamer werdende Antisemitismus auf deutscher Seite, weshalb die Abwanderung der Juden aus der Provinz Posen im Vergleich mit anderen Ostprovinzen überproportional hoch war. Von 1861 noch 5 Prozent ging ihr Anteil an der Gesamtbevölkerung auf 3,3 Prozent 1880 und 1,3 Prozent im Jahre 1910 zurück. In der Stadt Posen selbst stellten sie 1849 noch einen Bevölkerungsanteil von 20 Prozent, 1900 dagegen nur noch von 5 Prozent.

d) Volkstumskampf und Sprachkampf 1870–1914

Die Reichsgründung 1871 und die damit verbundene Eingliederung der Provinz Posen in das Deutsche Reich brachte, weit stärker noch als die Einbeziehung Posens in den Norddeutschen Bund im Jahre 1867, grundsätzliche Veränderungen im deutsch-polnischen Verhältnis mit sich. Auf deutscher Seite führte die Übernahme des Nationalitätenprinzips zu Diskriminierungen der polnischen Bevölkerung durch gesetzliche Maßnahmen.
Auf polnischer Seite war es nicht mehr möglich, die gegenüber dem übernationalen preußischen Staat früher geübte Loyalität auf den deutschen Nationalstaat zu übertragen.
Die Folge dieses unüberbrückbaren Gegensatzes war, daß sich die in der Provinz Posen bereits vorhandenen Nationalitätengegensätze in einen Volkstumskampf umwandelten, der zunehmend alle Bevölkerungsgruppen und alle Lebensbereiche erfaßte. Der polnische Bevölkerungsanteil schloß sich eng zusammen und gleichzeitig von der deutschen Gesellschaft ab und bildete schließlich durch eigene kulturelle, politische und wirtschaftliche Organisationen ein »polnisches Gemeinwesen im preußischen Staat«.
Die preußische Polenpolitik änderte mehrmals ihre Gangart von hart auf versöhnlich. Die Maßnahmen waren teilweise brutal und dem Rechtsstaatsprinzip widersprechend. So wurden 1885/86 etwa 26 000 aus Galizien und Kongreßpolen stammende Polen und Juden des Landes verwiesen, was nicht nur unter den Polen, sondern auch international ein sehr negatives Echo fand. Hier seien von weiteren Maßnahmen nur genannt die Ansiedlungsnovelle von 1904, nach welcher einheimischen Polen eine Baugenehmigung versagt werden konnte, das Vereinsgesetz von 1908, das auch polnischen Versammlungen die Verwendung der deutschen Sprache vorschrieb, und vor allem das berüchtigte Enteignungsgesetz von 1908, das einseitig gegen den polnischen Grundbesitz gerichtet war und deshalb nicht nur von Polen, sondern aus Gerechtigkeitsgründen auch von Deutschen in und außerhalb der

Provinz abgelehnt wurde. Es wurde zwar nur in vier Fällen mit insgesamt 1655 ha im Jahre 1912 angewandt, aber der durch dieses Gesetz verursachte ideelle Schaden war sehr groß.
Dabei wurde die staatliche Polenpolitik von der deutschen Bevölkerung der Provinz keineswegs einhellig befürwortet. Das deutsche städtische Bürgertum, insbesondere auch die Juden, war aus geschäftlichen Gründen an einem guten Verhältnis zu den Polen interessiert. Die deutschen Bauern waren meist unpolitisch und lebten mit ihren polnischen Nachbarn in der Regel friedlich zusammen. Auch bei den deutschen Grundbesitzern stieß die harte Polenpolitik häufig auf Ablehnung. Größere Unterstützung fand die Regierung für ihr Vorgehen nur bei den landfremden Beamten und den Lehrern.
Der Sprachkampf wurde seit dem Kulturkampf vor allem über die Schulpolitik geführt, das Polnische schrittweise als Unterrichtssprache aus der Verwaltung und dem öffentlichen Leben verdrängt. Diese diskriminierenden Maßnahmen brachten nicht nur die bisher noch loyalen Teile der polnischen Bevölkerung in Gegnerschaft zum Staat, sie hatten auch ungünstige Folgen für die Deutschen der Provinz. Die Polen beherrschten künftig beide Sprachen und waren deshalb im Geschäftsleben den einsprachigen Deutschen überlegen.
Trotz aller staatlichen Maßnahmen zur Stärkung der deutschen Bevölkerung ging der Anteil der Deutschen seit 1871 zwar langsam, aber unaufhaltsam zurück. Das lag zum einen an der im Vergleich zu den Polen niedrigeren Geburtenrate. Auch waren die Deutschen und die seit 1848 der deutschen Seite zuzurechnenden Juden von der Abwanderung in den Westen, der sogenannten »Ostflucht«, stärker betroffen als die Polen. Im Gegensatz zu den polnischen »Sachsengängern« kehrten die Deutschen auch später nicht wieder in die Provinz zurück. Betrug der Anteil der Deutschen einschließlich der Juden 1871 noch etwa 40 Prozent der Provinzbevölkerung, so waren es 1910 nur noch rund 38 Prozent.
Der Anteil der Deutschen in einzelnen Erwerbszweigen betrug Anfang des 20. Jahrhunderts: in der Landwirtschaft rd. 30 Prozent, in Handwerk und Industrie 37 Prozent, im Handel 50 Prozent, im Verkehrswesen 61 Prozent, im Dienstleistungsgewerbe um 30 Prozent, im öffentlichen Dienst und den freien Berufen 69 Prozent. Die Deutschen waren bei mittleren und großen, die Polen bei Kleinbetrieben führend. Im Großgrundbesitz gab es ein deutsches Übergewicht, nicht zuletzt durch Besitzer wie Ferdinand Hansemann auf Pempowo mit 10000 Hektar, Hermann Kennemann auf Klenka mit über 20000 Hektar oder den Fürsten von Thurn und Taxis mit 15000 Hektar im Kreise Krotoschin. Die Polen führten dagegen bei mittleren und kleinen Höfen.
Auch in den Städten, wo die Deutschen zur Jahrhundertwende im Durchschnitt noch etwas mehr als 50 Prozent der Bevölkerung stellten, ging ihr Anteil zurück, vor allem in den Kleinstädten.
An politischen Richtungen dominierte in den Städten bei den Deutschen der Freisinn, dem das Bürgertum und die Freiberufler, darunter auch die Juden, zuneigten. Ihr Presseorgan waren die »Posener Neuesten Nachrichten«, das Blatt mit der größten Auflage der Stadt.
Die Konservativen hatten ihre Anhänger v. a. unter den höheren Beamten und den Grundbesitzern. Sie waren in »Deutsch-Konservative« und »Freikonservative« getrennt. Ihre Richtung vertrat das »Posener Tageblatt«.
Die Nationalliberale Partei stützte sich hauptsächlich auf die städtische Intelligenz mit Beamten, Lehrern, Geistlichen, Freiberuflern und einem Teil des Bürgertums. Ihr Sprachrohr war die »Posener Zeitung«.
Das Zentrum organisierte sich in Posen relativ spät, im Jahre 1908, und besaß auch kein eigenes Presseorgan. Die übergroße Mehrheit der Deutschen war ja evangelisch.
Die Sozialdemokratie war wegen des vorwiegend landwirtschaftlichen Charakters der Provinz relativ unbedeutend und beschränkte sich auf die Holzindustrie im Bereich Czarnikau-Kolmar-Filehne sowie die beiden Großstädte Posen und Bromberg. Insgesamt gab es

Abb. 39: Die Gründer des »Ostmarkenvereins«: (v. r.) Heinrich Tiedemann, Ferdinand Hansemann, Hermann Kennemann

1914 in der Provinz 1027 SPD-Mitglieder, darunter 129 Frauen sowie 86 deutsche Gewerkschaftsgruppen mit zusammen 5965 Mitgliedern.

Die preußische Polenpolitik wurde hauptsächlich von Freikonservativen und Nationalliberalen unterstützt, bei den übrigen Richtungen stieß sie mehr oder weniger stark auf Ablehnung. Ähnlich umstritten war auch der »Verein zur Förderung des Deutschtums in den Ostmarken«, seit 1899 kurz »Deutscher Ostmarkenverein« genannt. Die Polen prägten mit guter Propagandawirkung die Bezeichnung »Hakata« nach den Anfangsbuchstaben der Gründer Hansemann, Kennemann und Tiedemann.

Der Verein war 1894 nach einer Huldigungsfahrt von Posener Deutschen zu Bismarck auf dessen pommerschen Besitz Varzin auf Veranlassung der genannten drei Gutsbesitzer gegründet worden und war gegen die sogenannte »Polengefahr«, also die Organische Arbeit der Polen gerichtet. Er konnte bis 1912 allein in der Provinz ein Netz von 70 Ortsvereinen mit 12000 Mitgliedern aufbauen, die vor allem aus nur vorübergehend in der Provinz lebenden Beamten, Lehrern, Ärzten, Juristen und Angehörigen des gewerblichen Mittelstandes bestanden. Der Verein entfaltete große publizistische Tätigkeit, gab ein eigenes Organ »Die Ostmark« heraus und forderte immer schärfere Maßnahmen in der Polenpolitik. Die überzogenen nationalistischen, antisemitischen und aggressiv polenfeindlichen Forderungen und Veröffentlichungen vergifteten das politische Klima zusätzlich.

10. Jahrgang. Lesen und weitergeben! Dezember 1905. Nr. 12.

Nachdruck unserer Aufsätze erbeten!

Die Ostmark

Monatsblatt des Deutschen Ostmarken-Vereins.

(Eingetragener Verein.)

Geschäftsstellen des Vereins:

1) Berlin W 50, Augsburgerstr. 1 Tel.-A. 6a 10052; geöffnet von 8 Uhr früh bis 7 Uhr abends.
2) für Posen: Posen, Viktoriastr. 23.
3) für Westpreußen: Danzig, Brotbänkengasse 6.
4) für Schlesien: Breslau, Ohlauerstr. 42 II.

HTK

Zahlstellen des Vereins:

1) die Direktion der Diskonto-Gesellschaft zu Berlin W. 64, Unter den Linden 35; auch Zahlstelle für Posen;
2) die Hamburger Filiale der Deutschen Bank zu Hamburg, Adolfsplatz 8;
3) für Schlesien: G. von Pachaly's Enkel zu Breslau, Roßmarkt 10.

Diese Zeitschrift wird unentgeltlich geliefert: den Ortsgruppen des Vereins unter Vereinbarung der Anzahl, den Mitgliedern des Gesamtausschusses und denjenigen Mitgliedern des Vereins, welche keiner Ortsgruppe angehören, aber einen Jahresbeitrag von wenigstens 4 Mark entrichten. Die Zeitschrift kann im übrigen gegen Zahlung von 1 Mark vierteljährlich durch jede Postanstalt oder durch den Verlag von Wilhelm Ißleib, Berlin SW. 48, Wilhelmstr. 119/20, bezogen werden.

Der Ostmarken-Kalender für 1906 ist erschienen und an alle Ortsgruppen versandt worden. Im Interesse des Ostmarkenschatzes bitten wir recht viel Nachbestellungen, und zwar direkt an die Verlagsbuchhandlung von Wilhelm Ißleib, Berlin SW. 48, Wilhelmstraße 119/120, zu machen.

Inhalt.

An die deutschen Katholiken des Ostens. — Wo ist Land für deutsche Bauern. — Polonisierte Familiennamen. — Die polnische Presse und die Vorgänge in Rußland. — Polnische Geheimbund-Prozesse. — Für den Ostmarkenschatz. — Aus dem Vereinsleben. — Vermischtes. — Bücherschau. Berichtigung.

An die deutschen Katholiken des Ostens

richtet die „Katholische Rundschau", das Verbandsblatt der Vereine deutscher Katholiken in der Provinz Posen, in seiner Ausgabe vom 15. November einen „Weck- und Mahnruf", dem wir die folgenden Hauptstellen entnehmen:

„Immer offener und drohender erschallt der Kampfruf des polnischen Ostmarkenvereins „Straz" gegen alle Deutschen. Ueber alle Kreise erstreckt sich seine intensive Tätigkeit und predigt Haß gegen das Deutschtum. Seine Tätigkeit erstreckt sich aber auch weit über die Grenzen unserer Provinz hinaus. Westpreußen und Oberschlesien werden mit seinen Netzen umspannt, und selbst in Berlin hat bereits seine organisatorische Tätigkeit eingesetzt.

Der Kampf richtet sich auch namentlich gegen die deutschen Katholiken, und die Polen werden aufgefordert, die Gottesdienste für die deutschen Katholiken zu meiden. ... Der Kampf richtet sich aber auch gegen die katholische Geistlichkeit unserer Nation. Die polnische Presse scheut sich nicht, dieselbe in der unflätigsten Weise mit Kot zu bewerfen. Es scheint in den Augen unserer Gegner ein Verbrechen zu sein, wenn katholische Geistliche deutscher Abstammung sich auch als Deutsche fühlen. Die schwierigen Verhältnisse wohl erkennend, in denen sie sich befinden, müssen wir deutsche Katholiken geschlossen und einmütig hinter ihnen stehen.

Doch ist's noch mancherorts still in unserem Osten. Noch sind einem großen Teile der deutschen Katholiken die Augen verschlossen, namentlich in den mehr deutschen Gegenden. Sie erkennen nicht die Gefahr, in der sie schweben. Woher kommen die vielen Polen mit dem rein deutschen Namen? Laue Deutsche sind einst hinübergeschlummert ins andere Lager, und ihre Nachkommen sind die größten Fanatiker ...

Ein erfreuliches Zeichen erwachten Nationalbewußtseins — infolge des scharfen Vorgehens der Polen — haben wir in den letzten Tagen in Pudewitz gesehen, wo die Deutschen dem „Straz" durch Gründung eines deutschen Vereins ein starkes Gegengewicht geboten haben. Und selbst in Oppeln ist ein deutsch-national gesinnter Verein ins Leben gerufen worden, um von nun an bei jeder Wahl dem polnischen Kandidaten einen national gesinnten Deutschen gegenüberzustellen. Oberschlesien hatte man bereits für deutsch gesinnt bezeichnet. Da haben großpolnische Agitatoren die Fackel der Zwietracht und des Hasses gegen alles Deutsche in diese Gegenden hineingetragen, und selbst das deutsche Zentrum, welches stets für die Polen eingetreten ist, wird aufs heftigste befehdet.

Darum auf, Ihr deutschen Katholiken! Wälzet ab die falsche Rücksichtnahme! Weg mit der Ausrede: „Wir leben hier in Frieden!" Wer weiß, wie lange noch? Auch in Pudewitz lebten die Bürger bisher in Frieden, bis der „Straz" den Kampfruf ertönen ließ. Die Augen auf und rüstet Euch bei Zeiten! Noch ist es Zeit. Schart Euch einmütig um Eure Fahne, welche Eure Väter mit ihrem Herzblute erkauft haben, nicht zum Kampf, sondern zur rechtzeitigen Abwehr, zur Verteidigung Eures Glaubens, wenn er angegriffen werden sollte, zur Verteidigung und Stärkung Eures Deutschtums, welches mehr denn je bedroht ist. Schützet Eure heiligsten Güter: Religion und Vaterland. Ein Mann, der eins von beiden oder keins von beiden der Verteidigung für wert erachtet, dem wäre besser, daß er nicht geboren worden. ... Mit der Devise: „Für Glauben und Vaterland!" nun ans Werk; der Erfolg wird nicht ausbleiben."

Wir begrüßen diesen Weck- und Mahnruf um so freudiger, je höher der Mut anzuerkennen ist, der aus ihm spricht. Der Verband der Vereine deutscher Katholiken in der Provinz Posen erfreut sich, obgleich er der katholischen Konfession ebenso treu ist, wie seinem Deutschtum, geistlichen Schutzes nicht; der Fall Glatzel beweist das. Und seinen polnischen Gegnern steht nicht eine Autorität gegenüber, wie die des fürstbischöflichen Delegaten Probst Kleineidam in Berlin, der kürzlich die Forderung einer polnischen Abordnung nach Einführung der polnischen Sprache beim Vorbereitungsunterrichte zur Kommunion rundweg ablehnte und auf die Drohung

Deutsche, unterstützt das deutsche Handwerk und Gewerbe!

Abb. 40: Titelseite des Monatsblattes »Die Ostmark« des Deutschen Ostmarkenvereins

e) Wirtschaftskampf

Die wirtschaftliche Auseinandersetzung der beiden Nationalitäten wurde hauptsächlich über das beiderseitige Genossenschaftswesen geführt, dessen Anfänge in die sechziger Jahre zurückgingen. Die deutschen Vorschußvereine oder Volksbanken, von denen es 1910 im Posenschen 37 mit insgesamt mehr als 23000 Mitgliedern gab, machten bei der Mitgliederaufnahme und der Kreditgewährung zunächst keinen Unterschied zwischen Deutschen und Polen.

Das deutsche landwirtschaftliche Genossenschaftswesen der Provinz entwickelte sich wie im übrigen Deutschland in zwei Richtungen: die Raiffeisenschen Spar- und Darlehenskassen sowie die Landwirtschaftlichen Genossenschaften Offenbacher Richtung, wobei erstere zunächst nur die Kreditvermittlung, letztere die Vermittlung von Waren übernahmen. Seit Mitte der achtziger Jahre nahmen beide den jeweils fehlenden Bereich hinzu. Die Raiffeisenvereine waren traditionell auf dem Lande, der Offenbacher Verband mehr in den Kleinstädten vertreten.

Leiter der Posener Raiffeisenorganisation von 1900 bis 1903 war Alfred Hugenberg, der zuvor seit 1894 in der Ansiedlungskommission tätig gewesen war. Er wie auch sein Nachfolger Leo Wegener waren bestrebt, die Genossenschaften nur auf die deutsche Bevölkerung zu beschränken.

Evangelische Geistliche waren in den Genossenschaften beider Richtungen an führender Stelle tätig. Sie sahen in den Genossenschaften eine Möglichkeit, die deutsche, überwiegend evangelische Bevölkerung der Provinz wirtschaftlich zu stärken und einen Rückgang der evangelischen Gemeinden zu verhindern.

Die wirtschaftliche Bedeutung der Genossenschaften für die deutsche Bevölkerung war sehr groß. Zusammen mit den kommunalen Sparkassen und den Volksbanken verwalteten sie die gesamten deutschen Spareinlagen der Provinz. Sie waren ferner die Zentralen für den Waren-, Vieh- und Getreidehandel der deutschen Bauern.

Ein großer Nachteil des deutschen Genossenschaftswesens war seine Zersplitterung. Neben den Vorschußvereinen und den Genossenschaften Raiffeisenscher und Offenbacher Richtung gab es noch städtische Konsumvereine wie den Beamtenkonsumverein in Posen, eine Grundstückserwerbsgenossenschaft des Ostmarkenvereins, Einkaufsgenossenschaften des Bundes der Landwirte sowie eine Reihe kleinerer Handwerker-, Kleinsiedlungs- und Wohnbaugenossenschaften. Im Gegensatz dazu war das polnische Genossenschaftswesen einheitlich, vorbildlich geleitet und alle Bevölkerungsgruppen umschließend.

f) Die Ansiedlungspolitik 1886–1914

Die staatlich geförderte Ansiedlung von Deutschen in Posen und Westpreußen seit 1886 war ursprünglich Teil der Bismarckschen Polenpolitik, insbesondere seiner Maßnahmen gegen den polnischen Großgrundbesitz. Die bereits genannten Polenausweisungen von 1885/86 hatten ihren Zweck, den Anteil der deutschen Bevölkerung der Provinz zu stärken, nicht erfüllt. Nun versuchte man dies durch den Ankauf polnischer Güter und deren Besiedlung mit deutschen Bauern zu erreichen. Das Gesetz »betreffend die Beförderung deutscher Ansiedlungen in den Provinzen Westpreußen und Posen« trat am 26.04.1886 in Kraft. Zu seiner Durchführung wurde im Juni des gleichen Jahres die »Königlich Preußische Ansiedlungskommission« mit Sitz in Posen geschaffen.

Zum Ankauf der Ländereien stand ein beträchtlicher Fonds mit anfänglich 100 Millionen Mark (heutige Kaufkraft: über 1 Milliarde DM) zur Verfügung, der bis 1914 mehrmals aufgefüllt wurde. Insgesamt wurden 1886 bis 1914 etwa 480 Millionen Mark für Landkäufe

Abb. 41: Gebäude der Königlichen Ansiedlungskommission in Posen (heute Medizinische Fakultät der Universität)

Abb. 42: Ansiedlungsdorf Golenhofen

ausgegeben. In den ersten Jahren konnten auch zahlreiche verschuldete polnische Güter aufgekauft werden. Dann aber wurde das Angebot an polnischen Gütern geringer, da die Polen ihre Landsleute, die an Deutsche verkauften, öffentlich anprangerten und selbst daran gingen, mit Hilfe von Parzellierungsgenossenschaften eine polnische Siedlungstätigkeit zu entwickeln. Seit 1897 kaufte die Ansiedlungskommission bereits mehr Land von Deutschen als von Polen. Die Bodenpreise stiegen von anfänglich 500–600 Mark je Hektar auf 1800 Mark je Hektar im Jahre 1913. Die polnischen Genossenschaftsbanken konnten die Preise der Ansiedlungskommission überbieten, so daß viele Deutsche an Polen verkauften. Hatte die Ansiedlungskommission von 1903 bis 1906 noch jährlich 1800 Siedlerstellen errichten können, so sank diese Zahl bis 1914 um mehr als die Hälfte. Dazu kam die Forderung der Konservativen, bei der Aufteilung Restgüter zu bewahren. Denn das kommunale Stimmrecht ging nach der Zahl der Rittergüter, und durch die Aufteilung vor allem deutschen Grundbesitzes drohten sich die Mehrheitsverhältnisse zugunsten der Polen zu verschieben. Diesen Schwierigkeiten beim Landerwerb konnte die Regierung auch durch Ausnahmegesetze wie dem Enteignungsgesetz nicht abhelfen.

Bis 1914 konnte die Ansiedlungskommission Güter mit insgesamt 461000 ha kaufen, davon 334000 aus deutscher und 127000 aus polnischer Hand. Bei der Aufteilung der Güter wurden in der Regel 25–40 Bauernhöfe sowie ein Ortskern mit Kirche, Schule, Gasthof, Gemeindehaus und Handwerkerstellen geschaffen.

Die Siedler hoffte man vor allem aus Westdeutschland zu bekommen. Jeder Interessent mußte ein Vermögen von 4000–6000 Mark (heutiger Wert: mindestens 50000 DM) nachweisen. Dazu konnten tilgbare Ergänzungsdarlehen aufgenommen werden. Die Siedler sollten ihren Hof selbst aufbauen, dazu gab die Kommission Hilfestellung und Beratung sowie meist auch das Material.

In Posen und Westpreußen wurden rund 360000 ha mit 22517 Familien besiedelt. Etwa 300 deutsche Dörfer waren neu gegründet oder an alte Dörfer angelehnt worden, dazu eine größere Zahl Restgüter, auf denen weitere 1000 deutsche Arbeiter- und Handwerkerfamilien angesetzt wurden.

Der Schwerpunkt der Ansiedlungen lag im mittleren und östlichen Teil der Provinz, vor allem in den Kreisen Obornik/Oborniki, Wongrowitz/Wągrowiec, Znin/Żnin, Gnesen/Gniezno, Mogilno, Strelno und Hohensalza/Inowrocław. Hier war der Anteil der Deutschen besonders niedrig gewesen.

Entgegen der ursprünglichen Absicht lag der Anteil der Siedler aus Posen und Westpreußen insgesamt bei mehr als 25 Prozent, daneben stellten Westfalen, die Provinz Sachsen und Pommern, also preußische Provinzen, die Masse der Ansiedler. Seit 1904 kam eine größere Zahl von Umsiedlern, d. h. Deutsche aus Galizien, Kongreßpolen und Wolhynien hinzu, die aus wirtschaftlichen oder nationalen Gründen ihre Heimat verlassen mußten. So entstand eine Reihe von Siedlungen vorwiegend mit Deutschen aus Kongreßpolen. Da man Katholiken für national weniger zuverlässig hielt (die »Bamberger« bei Posen hatten sich ja gerade erst polonisiert), wurden insgesamt nur 669 katholische Westfalen, vor allem um Wreschen/Września und Pleschen/Pleszew, angesiedelt.

Bis 1900 hatte man neben kleineren Familienbetrieben mit 10 bis 20 ha auch etwa gleich viele großbäuerliche Betriebe von 20 bis 120 ha geschaffen. Nach 1900 ging deren Anteil stark zurück, da sie nicht ohne Arbeiter auskamen und dafür meist nur Polen zur Verfügung standen. Versuche, deutsche Landarbeiter seßhaft zu machen, blieben ohne Erfolg.

Insgesamt setzte die Ansiedlungskommission etwa 154000 Personen (einschließlich 15 Prozent polnischer Bevölkerung) auf ihren Ländereien an, davon kamen rund 115000 von außerhalb der Provinz. Dennoch konnte sie letztendlich nur einen Stillstand des relativen Rückgangs der deutschen Bevölkerung erreichen.

g) Kirchliches Leben

Das kirchliche Leben nach 1871 stand zunächst ganz im Zeichen des Kulturkampfes, d. h. der Versuche des preußischen Staates, den Einfluß der katholischen Kirche im öffentlichen Leben zu vermindern, insbesondere auch denjenigen des national gesinnten polnischen katholischen Klerus. Die Deutschen der Provinz waren zu etwa 90 Prozent evangelisch, also von den Maßnahmen des Kulturkampfes nur indirekt betroffen, etwa durch Einführung der Standesämter 1874, welche auch der Evangelischen Kirche einen wesentlichen Teil ihrer bisherigen öffentlich-rechtlichen Aufgaben nahmen. Der Kulturkampf führte auch zu einer Verschärfung des konfessionellen Gegensatzes, da in der Provinz Posen »deutsch« und »evangelisch« weitgehend gleichgesetzt wurden.

Abb. 43: Erzbischof Julius Dinder

Dies mußte auch der einzige deutsche Erzbischof von Gnesen-Posen erfahren, der polnischsprachige Ostpreuße Julius Dinder, der 1886 auf Drängen Bismarcks vom Papst ernannt worden war. Trotz seines guten Willens wurde er von den polnischen Gläubigen als Werkzeug der preußischen Regierung abgelehnt, von dieser wiederum ob seiner versöhnlichen Haltung gegenüber den Polen beargwöhnt und starb krank und enttäuscht im Jahre 1890.

Die katholische Kirche ging insgesamt gestärkt aus dem Kulturkampf hervor, was die Stellung der deutschen Protestanten, die in der Provinz in der Minderheit waren und teilweise in sehr großer Diaspora lebten, nicht leichter machte.

Abb. 44: Generalsuperintendent Johannes Hesekiel

Das evangelische kirchliche Leben nahm erst einen Aufschwung, als mit Johannes Hesekiel 1886 ein Mann der Inneren Mission zum Generalsuperintendenten in Posen berufen wurde. Zahlreiche caritative Einrichtungen wie Waisenhäuser, Anstalten für Behinderte und Fürsorgezöglinge entstanden in seiner Amtszeit und unter seinem Nachfolger Paul Blau (seit 1910). Vor 1914 arbeiteten 282 Diakonissen auf 188 über die gesamte Provinz verteilten Stationen,weitere 114 Schwestern an 32 Krankenhäusern, wovon das 1911 erbaute Diakonissen-Mutterhaus in Posen mit 410 Betten und 12 Ärzten das modernste Krankenhaus der Provinz war.
Die Tätigkeit der Ansiedlungskommission führte zur Gründung neuer Gemeinden und zur Stärkung der bereits bestehenden. Von 181 Gemeinden 1871 war die Zahl bis 1914 auf 275 gewachsen. Das evangelische Vereinswesen nahm einen großen Aufschwung, neben Jünglings- und Jungmädchenvereinen entstanden u. a. ein Frauenhilfeverband, ein Evangelischer Erziehungsverband, Blaukreuzvereine zur Bekämpfung der Trunkenheit und ein Evangelischer Preßverband. Evangelische Arbeitervereine gab es 1914 im Regierungsbezirk Posen 13, im Reg. Bezirk Bromberg 22.
Der Ausbau Posens zur Residenzstadt nach 1902 ermöglichte der Provinzialkirche die Errichtung repräsentativer Bauten, so des Evangelischen Vereinshauses an der Schloßbrücke, des Diakonissen-Mutterhauses und der Vorortkirchen von Jersitz/Jerzyce, Wilda und Lazarus/Łazarz. Zusammen mit den älteren evangelischen Kirchen (Kreuzkirche,

Petrikirche, Paulikirche) führten sie die Präsenz des evangelischen Bekenntnisses in der Provinzhauptstadt eindrucksvoll vor Augen. Die Zahl der Evangelischen in der Provinz Posen betrug 1914 rund 647000, dazu kamen noch ca. 8000 »Altlutheraner« sowie einige tausend Baptisten und Methodisten.

h) Kulturelles Leben

Das kulturelle Leben der deutschen Bevölkerung der Provinz war naturgemäß besonders rege in den Städten und in den Gebieten mit deutscher Mehrheit. Bromberg mit rd. 80 Prozent deutscher Bevölkerung machte dabei Posen, das trotz seiner starken Beamtenschaft nur etwa zu knapp 40 Prozent deutsch war, ernsthaft Konkurrenz.
Das Posener Stadttheater, das 1879 ein wenig geeignetes Gebäude am Wilhelmsplatz erhalten hatte, konnte 1910 an den Königsring in ein neues Gebäude mit 1000 Plätzen umziehen.

Abb. 45: Das neue Stadttheater in Posen (eingeweiht 1910)

Sein Erbauer war Prof. Max Littmann, der u. a. auch das Weimarer Hoftheater, das Berliner Schillertheater und das Münchner Prinzregententheater geschaffen hat.
Erwähnt werden muß auch das Bromberger Stadttheater, an dem zeitweilig so bekannte Künstler wie Luzie Höflich, Ida Wüst, Adele Sandrock, Paul Wegener, der Komponist und Dirigent Richard Strauss und der berühmte Geiger Pablo de Sarastre gastierten.
Der bekannte Maler Walter Leistikow wurde 1865 in Bromberg geboren, verbrachte aber den größten Teil seines Lebens in Berlin.
Das Musikleben der Provinz wurde von zahlreichen deutsche Chören und Gesangvereinen,

Abb. 46: Alte Posener Theaterplakate

Abb. 47: Das Stadttheater in Bromberg

in Posen vor allem dem Hennigschen Gesangverein und dem Bachverein, aber auch von den teilweise auf hohem Niveau stehenden Militärorchestern getragen.
Seit 1884 bestand in Posen ein Kunstverein, der regelmäßig Ausstellungen veranstaltete, ferner gab es einen Verein deutscher bildender Künstler und Künstlerinnen, einen Photographischen Verein, einen Kaufmännischen Verein, einen Deutschen Sprachverein, diverse Sportvereine, Lesezirkel u. a. m.
Eine Vereinigung besonderer Art war der »Posener Verein Junger Kaufleute«, 1843 als »Israelitisches Handlungsdiener-Institut« gegründet. Er hatte sich im Laufe der Jahre zu einem überkonfessionellen Bildungsverein entwickelt, der sehr anspruchsvolle Vorträge und Konzerte unter Hinzuziehung namhafter Wissenschaftler und Künstler organisierte.
Insgesamt war das kulturelle und organisatorische Leben der Deutschen in der Provinz Posen recht vielgestaltig und lebendig, wovon die große Zahl von Vereinigungen (allein in der Stadt Posen gab es 1912 mehr als 120 deutsche Vereine) zeugt.

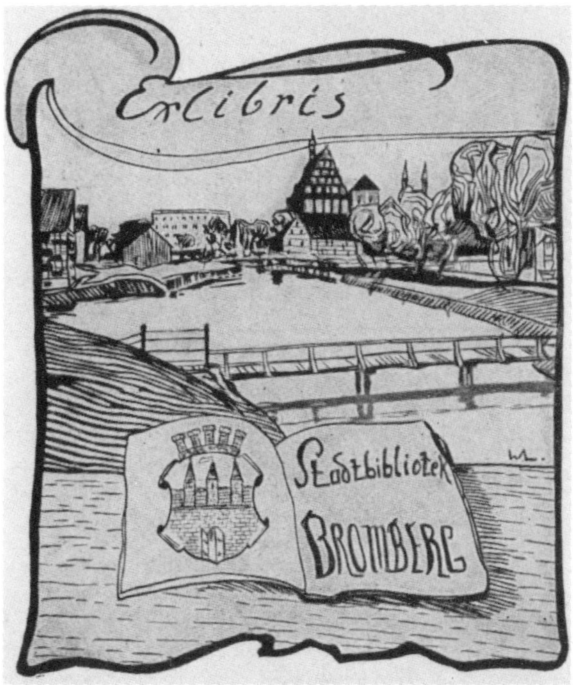

Abb. 48: Bromberger Exlibris, gemalt von Walter Leistikow

i) Wissenschaftlicher Bereich

Im wissenschaftlichen Bereich dauerte es lange, bis die deutsche Bevölkerung mit dem auf diesem Gebiet sehr rührigen polnischen Teil gleichzog. Zwar gab es bereits seit 1837 einen Naturwissenschaftlichen Verein und seit 1867 einen Polytechnischen Verein, in welche auch Polen aufgenommen wurden.
Ein Gegenstück zum 1857 in Posen gegründeten polnischen »Verein der Freunde der Wissenschaften« aber entstand erst 1885 mit der »Historischen Gesellschaft für die Provinz

Posen«. Im Jahre 1895 hatte sie bereits 1137 Mitglieder, stand mit mehr als 200 Akademien und wissenschaftlichen Vereinen im Schriftwechsel, gab eine eigene Zeitschrift heraus und besaß eine Reihe wertvoller Sammlungen, die den Grundstock für das 1894 gegründete Provinzialmuseum und die Landesbibliothek bildeten. In Bromberg bestand schon seit 1883 eine »Historische Gesellschaft für den Netzedistrikt«, die auch nach 1885 selbständig blieb. Ihr langjähriger Leiter war der Bromberger Gymnasialprofessor Erich Schmidt, Verfasser einer »Geschichte des Deutschtums im Lande Posen unter polnischer Herrschaft«.
Außer der »Zeitschrift der Historischen Gesellschaft für die Provinz Posen« erschienen seit 1900 die »Historischen Monatsblätter für die Provinz Posen« sowie seit 1906 die Monatsschrift »Aus dem Posener Lande«, die sich ebenfalls mit historischen und landeskundlichen Themen, allerdings in populärwissenschaftlicher Form, befaßten.

Abb. 49: Adolf Warschauer

Schriftleiter der Historischen Gesellschaft war von 1888 bis 1912 Adolf Warschauer, Beamter des Posener Staatsarchivs und bedeutendster Erforscher und Kenner der Posener Stadt- und Landesgeschichte. Warschauer ist ein gutes Beispiel für die assimilierten preußisch-deutschen Juden. Seine Lebenserinnerungen tragen bezeichnenderweise den Titel: »Deutsche Kulturarbeit in der Ostmark«. Neben Warschauer zählten weitere Archivbeamte wie Kurt Schottmüller und Rodgero Prümers, seit 1886 Direktor des Archivs, Historiker wie Manfred Laubert oder die Kirchenhistoriker Theodor Wotschke und Wilhelm Bickerich sowie nicht zuletzt Amateurhistoriker wie Moritz Jaffe oder Arthur Kronthal zu den aktivsten Mitgliedern der Gesellschaft.
Der Posener Oberpräsident Bitter veranlaßte im Jahre 1901 die Schaffung einer »Deutschen Gesellschaft für Kunst und Wissenschaft«, der sämtliche bereits genannten Posener wissenschaftlichen Vereine als Sektionen eingegliedert wurden. Im folgenden Jahr wurde eine gleiche Gesellschaft in Bromberg gegründet. Im Jahre 1911 betrug die Mitgliederzahl 955 in der Stadt Posen und weitere 4300 in 8 Provinzialgesellschaften.

Abb. 50: Der Wilhelmsplatz in Posen um die Jahrhundertwende

XVI. Jahrgang Nr. 4 April 1915

Historische Monatsblätter

für die Provinz Posen.

Preis des Jahrganges (12 Nummern) 4 Mark.
Mit der Beilage: Zeitschrift der Historischen Gesellschaft für die Provinz Posen 10 Mark.

Preis der Einzelnummer 50 Pfg.

Bekanntmachungen für die Mitglieder der Historischen Gesellschaft.

Abb. 51: Titelblatt der Historischen Monatsblätter für die Provinz Posen

Abb. 52: Die Königliche Akademie in Posen (heute Hauptgebäude der Universität)

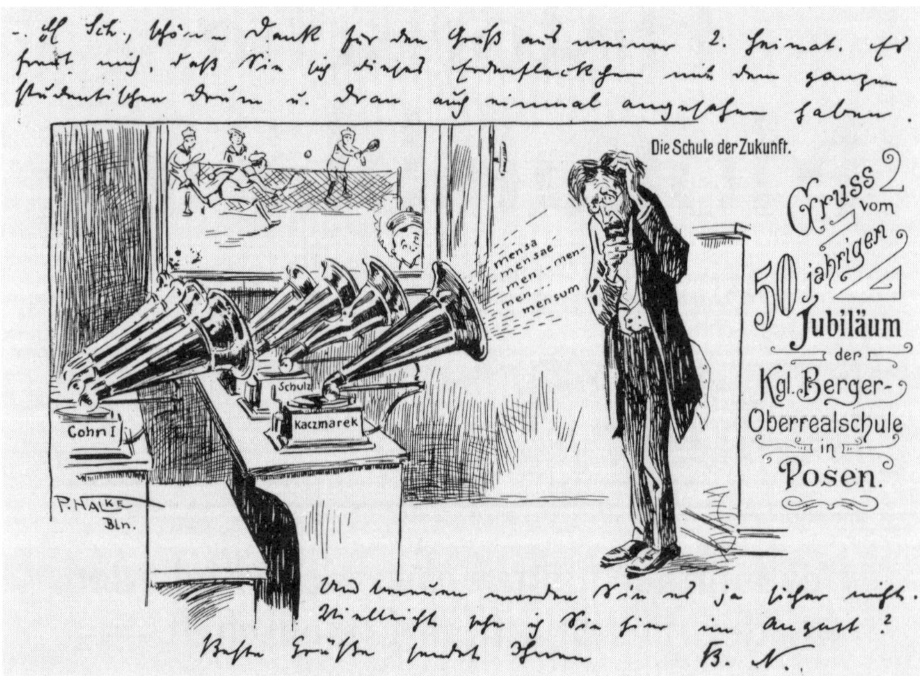

Abb. 53 u. 54 (rechts): zeitgenössische Posener Ansichtskarten

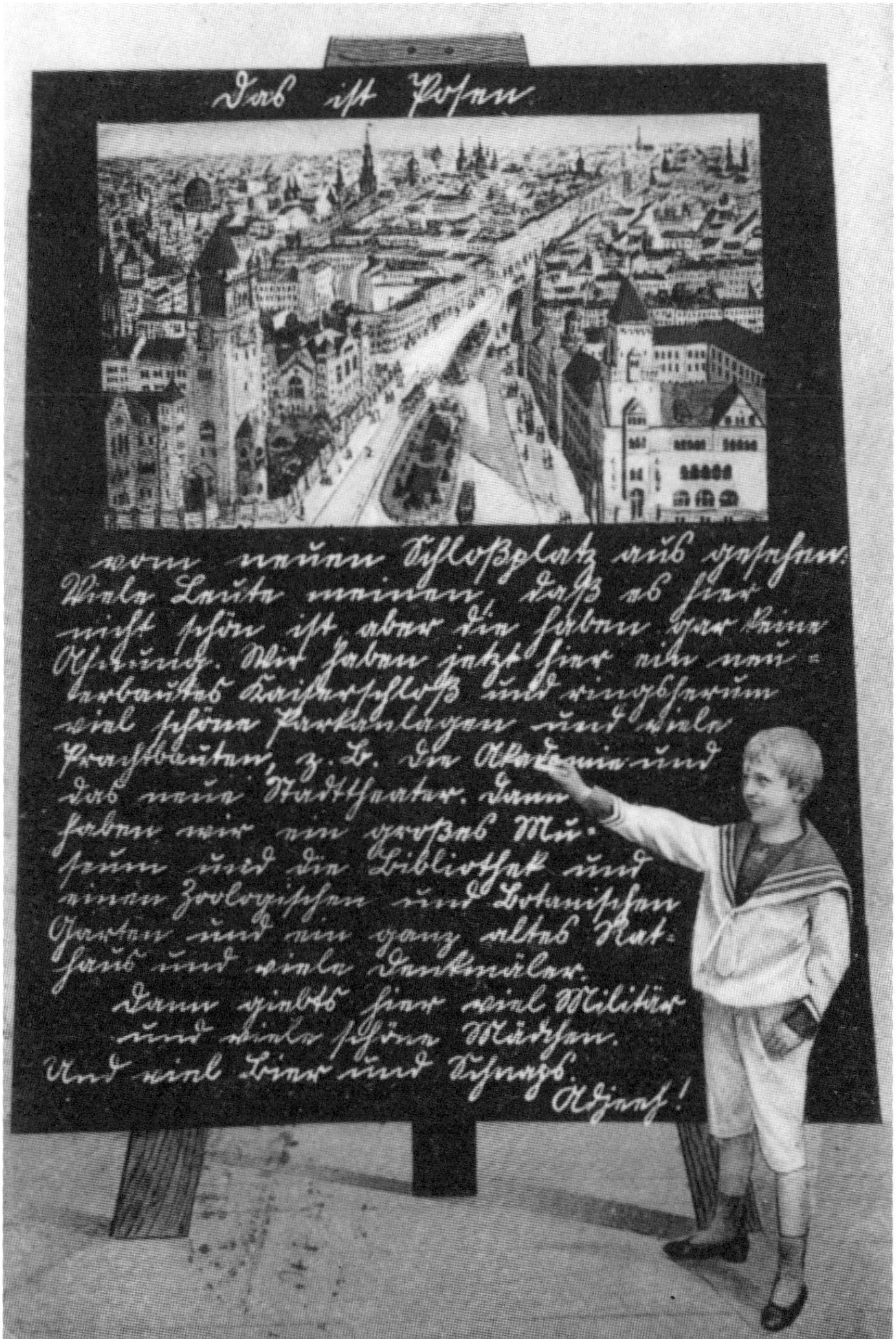
Das ist Posen
vom neuen Schloßplatz aus gesehen.
Viele Leute meinen, daß es hier
nicht schön ist aber die haben gar keine
Ahnung. Wir haben jetzt hier ein neu-
erbautes Kaiserschloß und ringsherum
viel schöne Parkanlagen und viele
Prachtbauten, z.B. die Akademie und
das neue Stadttheater. Dann
haben wir ein großes Mu-
seum und die Bibliothek und
einen Zoologischen und Botanischen
Garten und ein ganz altes Rat-
haus und viele Denkmäler.
Dann giebts hier viel Militär
und viele schöne Mädchen.
Und viel Bier und Schnaps.
Adjeu!

Abb. 55: Das Schloß in Posen

Abb. 56: Robert-Koch-Haus in Wollstein, wo er als Kreisphysikus wirkte

Abb. 57: Plakat zur Ostdeutschen Ausstellung 1911 in Posen

Die Arbeit der genannten wissenschaftlichen Vereinigungen bildete die Grundlage für die Errichtung wissenschaftlicher Forschungsstätten zu Beginn unseres Jahrhunderts.
Ein Hygienisches Institut wurde 1899 eingerichtet. Im Jahre 1902 folgte die Erweiterung der Landesbibliothek zur Kaiser-Wilhelm-Bibliothek, 1904 die Umwandlung des Provinzialmuseums in ein Kaiser-Friedrich-Museum, die beide in großzügige Neubauten einziehen konnten. Für das kulturelle Leben der Provinz wirkte sich das Fehlen einer eigenen Universität sehr nachteilig aus. Entsprechende Pläne waren von der Regierung aus Angst vor einer Stärkung des politischen Elements stets abgelehnt worden. Immerhin gelang 1903 die Gründung einer Königlichen Akademie zur Erwachsenenbildung, der ersten derartigen Einrichtung in Preußen. Erster Rektor war der Philosoph Eugen Kühnemann, zu den Professoren gehörte u. a. der Historiker Otto Hoetzsch, der auch im Ostmarkenverein tätig war, sowie der Volkswirt Ludwig Bernhard, Autor einer vielbeachteten Untersuchung über »Das polnische Gemeinwesen im preußischen Staat«, in welchem er die »Organische Arbeit« der Polen in Posen und Westpreußen beschrieb. Posener Landesgeschichte lehrte Adolf Warschauer.
Trotz aller genannten Bemühungen und der Unterstützung der Behörden konnte Posen sich dennoch nicht zu einem deutschen geistigen Zentrum im Osten des Reiches entwickeln. Die deutsche Bevölkerung war dafür zu wenig homogen, das geistige Klima von Verwaltungs- und Wirtschaftsinteressen beherrscht und den Schönen Künsten nicht förderlich. Posen galt bei den Deutschen in und außerhalb der Provinz immer als etwas provinziell und konnte mit der Anziehungskraft des nahen Berlin nicht ernsthaft konkurrieren.

2. Im Königreich Polen (Kongreßpolen)

a) Die Siedlung in den zwanziger Jahren, der Vertrag von Zgierz

In der Zeit bis 1820 wurde die deutsche Einwanderung in das durch Personalunion mit Rußland verbundene Königreich Polen (Kongreßpolen) vor allem von polnischen Grundherren gefördert, die durch Gewährung immer besserer Ansiedlungsbedingungen miteinander wetteiferten, möglichst viele Tuchmacher und Handwerker in ihre neuen privaten, großzügig angelegten Stadtgründungen zu bekommen.
Das Beispiel der 1817 von Gutsbesitzer Rafael von Bratuszewski angelegten Stadt Alexandrów zeigt die überaus günstigen Bedingungen für die Ansiedler: Der Grundherr errichtete selbst um den geräumigen Marktplatz Häuser, welche er den Zuwanderern gegen Zins überließ bzw. stellte ihnen Bauplätze, Gartenland und Wiesen, lieferte Bauholz und Ziegelsteine und gab beträchtliche Zuschüsse. Den einwandernden Tuchmachern wurde vollständige Erwerbsfreiheit zugesichert, ferner verpflichtete sich der (katholische) Grundherr zum Bau einer evangelischen Kirche, eines Rathauses und zur Zahlung eines Unterhaltes für den Bürgermeister von 2400 polnischen Gulden (Złoty) jährlich. Die Einwohnerzahl der Stadt betrug 1820 bereits 1083, darunter 15 jüdische Familien. Als die Stadt 1822 Stadtrechte erhielt, hatten sich nach dem Stammbuch der Tuchmacherinnung bereits 119 Meister angesiedelt.
Auf ähnliche Weise wuchsen zahlreiche weitere Tuchmacherstädte heran wie Ozorków, Konstantynów, Zduńska Wola oder Tomaszów.

Abb. 58: Das Rathaus von Pabianice

Gubernia

URZĄD STARSZYCH

Zgromadzenia w Mieście

Z mocy postanowienia JO. Księcia Namiestnika Królewskiego z dnia 31 Grudnia 1816 r., a mianowicie Art. Urząd Starszych Zgromadzenia zaświadcza niniejszém, jako rodem liczący lat odowodniwszy przeto tenże dziś jako uznany i do osobnéj Listy zapisanym został; co przy wyciśnięciu pieczęci Urzędowéj podpisami stwierdza.

w dnia

Komissarz Magistratu — Starszy

Podstarszy

Gubernium

WIR ALT-UND INNUNGS-MEISTER

der Weber- Zunft, in der Stadt Pabianice

Zufolge des Dekrets des Königlichen Statthalters vom 31 December 1816 namentlich Artikel [illegible] Wir Altmeister der [illegible] Zunft bescheinigen hiermit, da der Martin [illegible] gebürtig aus [illegible] alt [illegible] nachgewiesen hat, mithin selbiger am heutigen Tage, als [illegible] anerkannt und in ein besonderes Buch der [illegible] eingetragen worden ist, welches bei Beidrückung des Gewerks-Siegels bescheiniget wird.

Gegeben [illegible] den [illegible]

Commissarius des Magistrats — Ober Aeltester

August [illegible]

Neben-Aeltester

Abb. 59: Zweisprachige Urkunde der Weberzunft in Pabianice

Die Einwanderung in diese privaten Industriesiedlungen, vor allem aus den benachbarten preußischen Tuchindustriezentren, hielt noch bis 1830 an, um dann langsam zu verebben. Durch die günstigeren Bedingungen in den Regierungsstädten wanderten viele Handwerker aus den privaten Gründungen ab, der Aufschwung der ersteren zog somit den Niedergang der letzteren nach sich (Abb. 62 u. 63).

Abb. 60: Sogenanntes Umgebindehaus in Pabianice

Im Gegensatz zu den privaten Grundherren wurden von der kongreßpolnischen Regierung keine neuen Städte gegründet, sondern neue Siedlungen neben bestehenden Altstädten angelegt, wie in Dombie/Dąbie, Gostynin, Gombin/Gąbin, Zgierz, Pabianice, Turek oder Przedecz. Die industrielle Einwanderung in die Regierungsstädte begünstigte ein Gesetz vom 18. September 1820, das auf den Wojewodschaftspräsidenten von Masowien Romuald Rembieliński zurückging. Die darin bereits gewährten großzügigen Privilegien für einwandernde »Fabrikanten und Handwerker« wurden in dem am 30. März 1821 geschlossenen Vertrag von Zgierz zwischen drei deutschen Tuchindustriellen aus dem Großherzogtum Posen, Karl Gottlieb Sänger aus Colmar/Chodzież, J. H. Teske aus Samotschin/Samocin und I. G. Viertel aus Rogasen/Rogoźno und dem kongreßpolnischen Staatskommissar Witkowski nochmals erweitert. Der Zgierzer Vertrag ist mit Recht als die »Magna Charta« der deutschen Industrieentwicklung in Mittelpolen bezeichnet worden. Seine Bestimmungen waren: Jeder einwandernde Tuchmacher erhielt 1½ Morgen Land, das innerhalb von zwei Jahren zu bebauen war. Die ersten sechs Jahre waren zinsfrei, danach mußten je

Abb. 61: Weberhaus in Zdunska Wola

Morgen 10 polnische Gulden gezahlt werden. Aus den nächstliegenden Staatswäldern wurde den »ausländischen Fabrikanten« unentgeltlich Bauholz geliefert, Ziegelsteine zu niedrigsten Preisen abgegeben. Die angesiedelten Handwerker und ihre im Ausland geborenen Kinder waren vom Militärdienst befreit. Im Inland geborene Kinder sollten auch als Inländer betrachtet, aber als einzige Söhne oder bei Erlernen eines »nützlichen Handwerks« ebenfalls vom Militärdienst befreit werden.

Später kamen noch weitere Vorteile wie 3 bis 6 Jahre Freiheit von Einquartierungen und Befreiung von Einfuhrzöllen für Maschinen und Farben hinzu.

Die günstigen Einwanderungsbedingungen, welche durch die Regierung des Königreichs Polen im Ausland bekannt gemacht wurden (bei der russischen Botschaft in Dresden gab es z. B. ein eigenes Büro für Auswanderungswillige), veranlaßten in den Jahren nach 1815 viele Tuchmacher aus dem Posener Land, Schlesien, Pommern und Brandenburg, die durch die Grenzziehung von 1815 und das russische Tucheinfuhrverbot ihre bisherigen Absatzmärkte verloren hatten, nach Kongreßpolen zu ziehen. Die ersten Tuchmacher ließen sich noch unmittelbar hinter der preußischen Grenze, in Kalisch, Konin, Koło oder Peisern nieder. Die weitere Einwanderung erfolgte analog zur gleichzeitig noch anhaltenden bäuerlichen Siedlung: aus Brandenburg, Pommern und dem Netzedistrikt in südöstlicher Richtung nach Ozorków, Zgierz, Przedecz, Sompolno, Gostynin und Brzeziny, aus Schlesien ostwärts über Kalisch in Fabrikstädte wie Rosterschütz/Władysławów, Alexandrów und Lodz (Abb. 64 u. 65).

In Zgierz, das zwischen 1821 und 1830 das Zentrum des Tuchmacherhandwerks war, stellten um 1825 bereits 500 Tuchmachermeister jährlich 700000 Ellen Tuch her, das über Rußland bis nach China exportiert wurde.

Als letzte größere Einwanderungsgruppe kamen teilweise katholische Leine- und Baumwollweber aus Böhmen, Sachsen und Schlesien nach Mittelpolen; die früheren Einwanderer waren fast alle Lutheraner gewesen. Um 1830 war der letzte große deutsche Einwanderungsstrom, der etwa 10000 Tuchmacherfamilien nach Polen geführt hatte, versiegt.

Deutsche Fabrikunternehmer beschleunigten durch ihr unternehmerisches Geschick den Aufbau der polnischen Industriestädte.

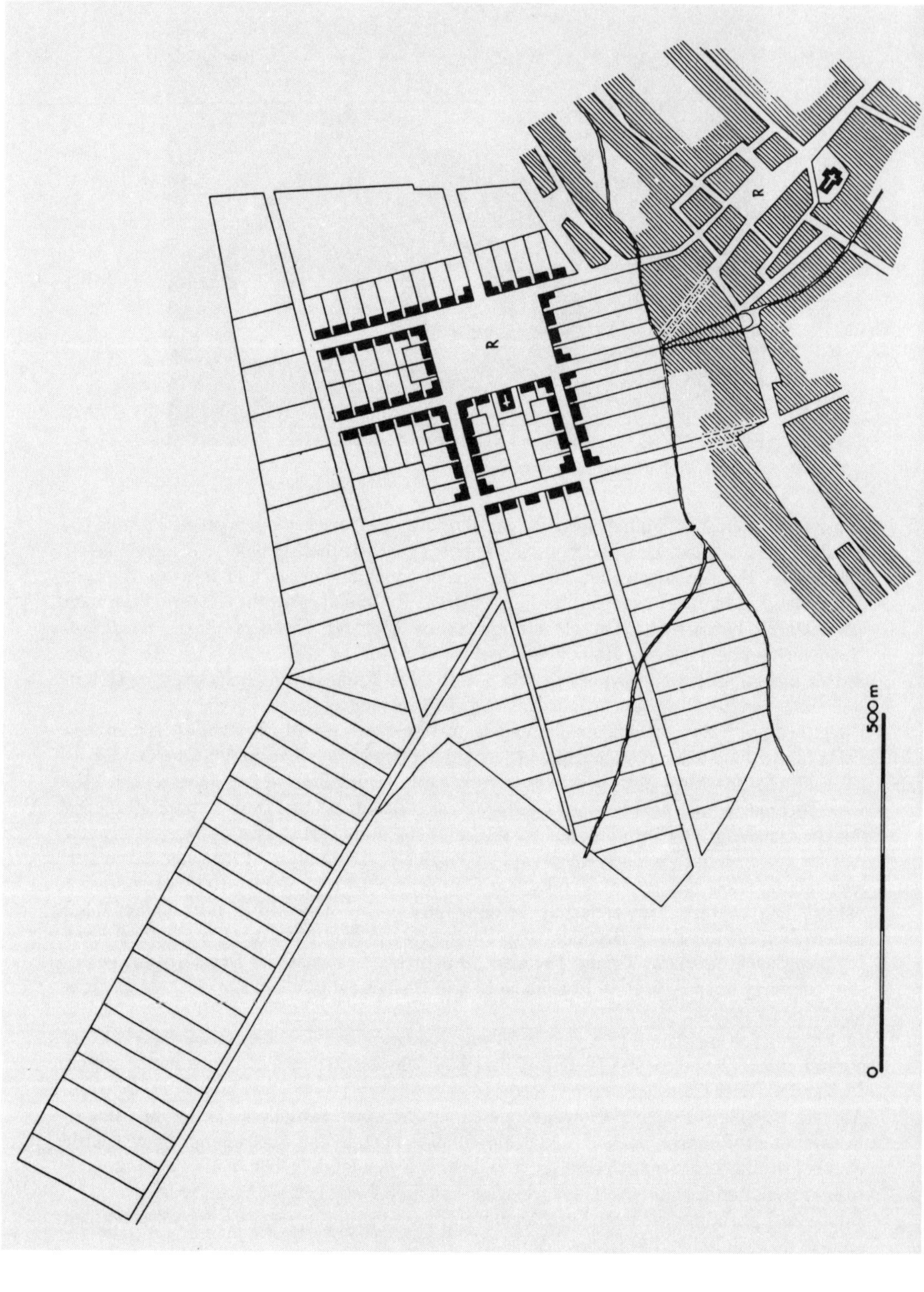
R
R
500 m
0

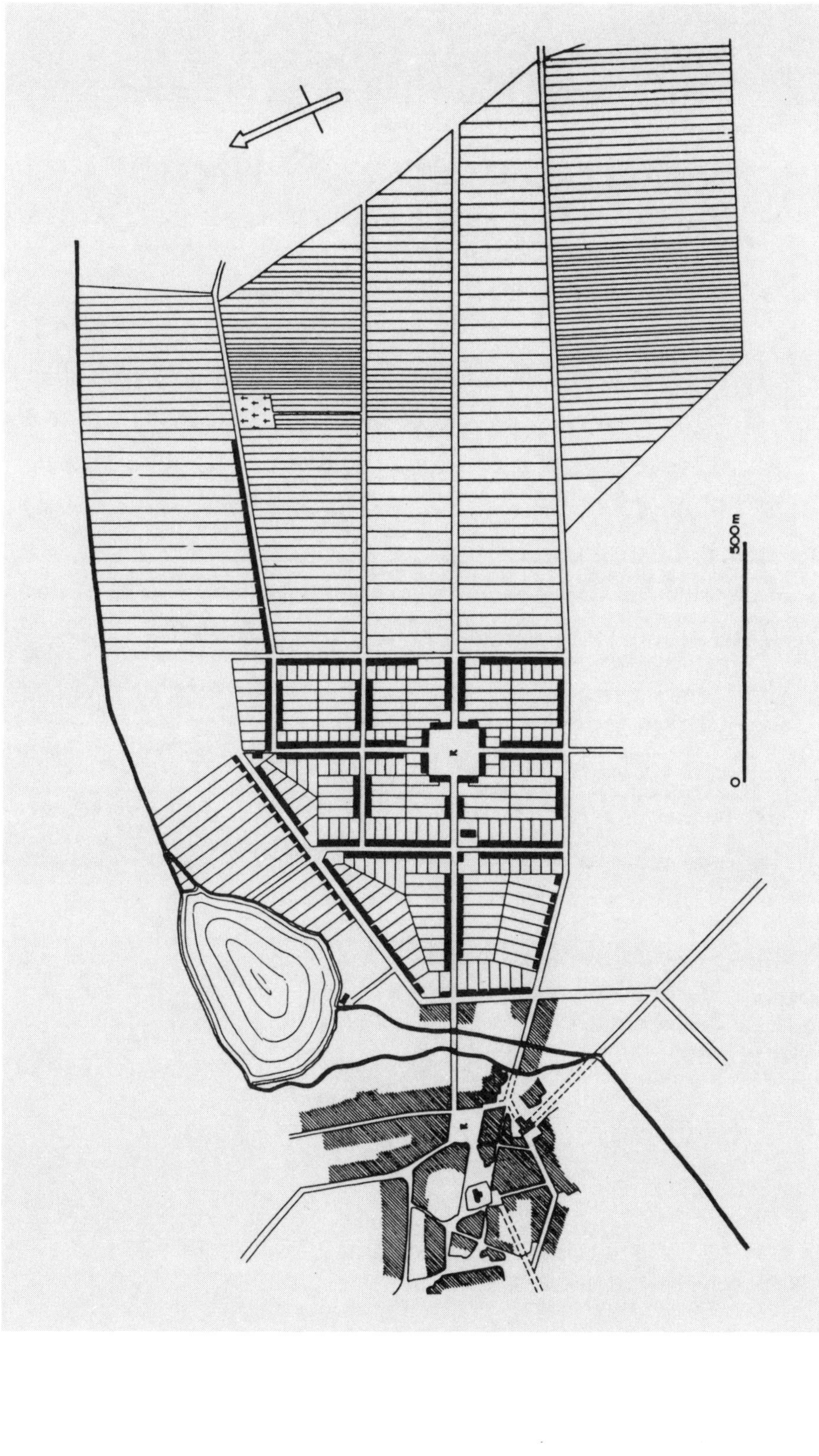

Karte 20: Zgierz – Plan der Stadt und der 1821 angelegten Tuchmachersiedlung

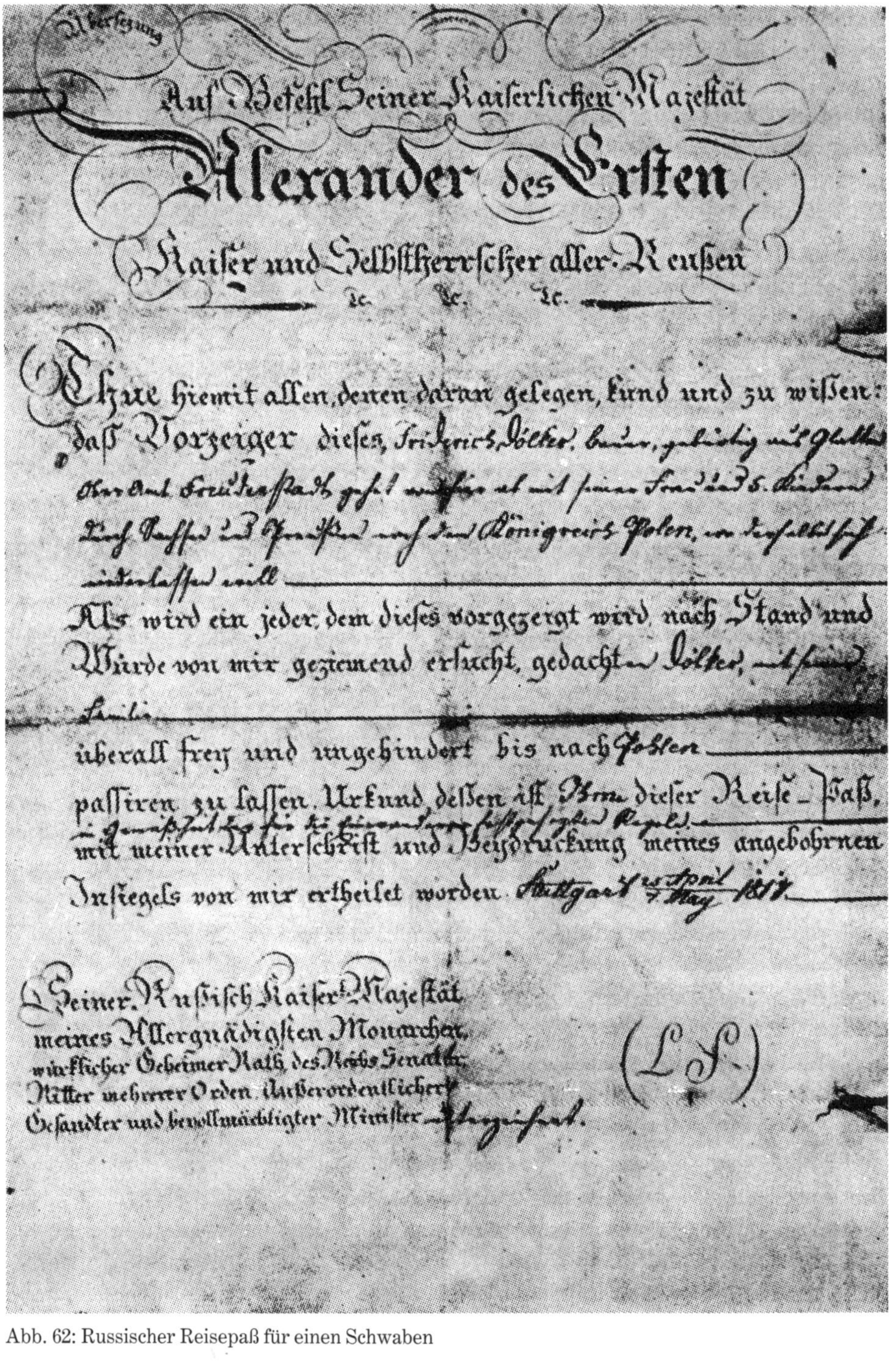
Übersetzung

Auf Befehl Seiner Kaiserlichen Majestät

Alexander des Ersten

Kaiser und Selbstherrscher aller Reußen

ꝛc. ꝛc. ꝛc.

Thue hiemit allen, denen daran gelegen, kund und zu wissen: daß Vorzeiger dieses, Friedrich Völker, bauer, gebürtig aus [illegible] Ober Amt Freudenstadt, [illegible] mit seiner Frau und 5. Kindern [illegible] nach dem Königreich Polen, um [illegible] niederlassen will

Als wird ein jeder, dem dieses vorgezeigt wird, nach Stand und Würde von mir geziemend ersucht, gedachten Völker, mit seiner Familie überall frey und ungehindert bis nach Polen passiren zu lassen. Urkund dessen ist Ihm dieser Reise-Paß, [illegible] mit meiner Unterschrift und Beydruckung meines angebohrnen Insiegels von mir ertheilet worden. Stuttgart 25 April / 7. May 1817.

Seiner Russisch Kaiserl. Majestät meines Allergnädigsten Monarchen, wirklicher Geheimer Rath, des Reichs Senator, Ritter mehrerer Orden, außerordentlicher Gesandter und bevollmächtigter Minister [illegible]

(L. S.)

Abb. 62: Russischer Reisepaß für einen Schwaben

Verordnung

wegen Einwanderung von Ausländern in das Königreich Pohlen.

Im Namen Sr. Majestät, Alexanders I., Kaysers aller Reußen, Königs von Pohlen ꝛc.

Der Lieutenant im Staatsrath.

Da die Verfassungs-Urkunde des Königreichs Pohlen den Ausländern (sobald sie sich legitimirt haben) den Schutz der Gesetze und die Theilnahme an eben den Vortheilen zusichert, welche die andern Einwohner des Königsreichs genießen; da überdies die Ansiedelung von Ausländern in dem Königreich Pohlen zur Vervollkommnung des Ackerbaues, der Fabriken, der Manufacturen und aller Art von Erwerbfleiß sehr beytragen könnte, und da Wir mithin die Ausländer zur Ansiedelung in diesem Lande ermuntern, und die Schwierigkeiten, die sie auf der Reise an der Gränze oder in der Wahl des Orts ihrer Niederlassung antreffen möchten, aus dem Wege räumen wollen: so haben Wir auf den Bericht der Commißion des Innern und der Polizey beschlossen, und beschließen, wie folgt:

Art. 1. Jeder fremde Künstler, der sich in dem Königreich Pohlen niederläßt, oder jeder Landmann, der sich auf unbebaueten Ländereyen dieses Königreichs ansiedelt, soll 6 Jahre lang von allen Lasten und öffentlichen Abgaben, sie mögen seyn welche sie wollen, befreyet seyn.

2. Die Fremden, die ins Land kommen, sind, so wie ihre Söhne, dem Militair-Dienst nicht unterworfen.

3. Damit die auswärtigen Landleute, die sich auf den unbebaueten Ländereyen der Nationalgüter ansiedeln, zu den im 1sten Artikel erwähnten Vortheilen berechtigt sind, müssen sie sich anheischig machen, diese Ländereyen nach den Grundsätzen einer guten Wirthschaft zu bearbeiten, und nach Ablauf der sechs ersten Freyheitsjahre noch wenigstens sechs Jahre auf denselben zu verbleiben, indem sie eine gewisse Pacht bezahlen.

4. Im Fall die fremden Landleute, welche sich auf den unbebaueten Ländereyen der Nationalgüter niedergelassen haben und die in dem 1sten Artikel erwähnten Wohlthaten genießen, ihre neue Wohnstatt in dem Laufe der sechs Freyheitsjahre oder nach deren Ablauf verlassen wollten, so sind sie verpflichtet, für die ganze Zeit ihres Aufenthalts eine Pacht zu bezahlen, die im Verhältniß mit den erworbenen Vortheilen steht.

5. Die in dem Königreich Pohlen angekommenen Fremden können zu jeder Zeit Pässe verlangen, um nach ihrer Heymath zurückzukehren. Diese Pässe können ihnen in keinem Fall verweigert werden, sobald sie die Verpflichtung erfüllt haben, die sie mit den Grund-Eigenthümern eingegangen sind, oder die von einem freywilligen, ächten Vertrage herrühren.

6. Ein jeder Künstler, Fabrikant oder Landmann, der die Gränze paßirt, um sich in dem Königreich Pohlen niederzulassen, ist von allen Zoll-Abgaben sowol für das Vieh als für seine andern Effecten frey.

7. Die in dem Königreich Pohlen ankommenden Fremden können durch alle Zollstätten ohne Ausnahme in dasselbe einpaßiren; indeß müssen sie sich bey ihrer Ankunft in dem Königreiche bey dem nächsten Gränz-Polizeyamte einfinden, um daselbst zu beweisen, daß sie keines Verbrechens verdächtig sind.

8. Alle Ausländer, die, um sich im Lande niederzulassen, sich auf oben angezeigte Art legitimirt haben, stehen unter dem besondern Schutz der Commißion des Innern und der Polizey, welche beauftragt ist, ihre Ansiedelung zu erleichtern und ihnen den ruhigen Genuß der ihnen bewilligten Rechte und Vortheile zu sichern.

9. Was die Juden betrifft, die aus der Fremde kommen, um sich in dem Königreiche Pohlen niederzulassen, so wird eine weitere besondere Verordnung in dieser Hinsicht erfolgen; bis selbige nicht erschienen ist, bleibt es den fremden Juden verboten, sich in dem Königreiche Pohlen niederzulassen.

10. Jedoch ist es den auswärtigen Juden nicht verboten, durch das Gebiet des Königreichs Pohlen zu paßiren, oder sich darin wegen erlaubter Handels-Angelegenheiten aufzuhalten, wofern sie mit officiellen Päßen versehen sind, und bey der Ankunft den sogenannten Geleitszoll, zufolge des XI. Capitels der Zoll-Verordnung, entrichtet haben.

11. In diesem Fall werden die Gränzzoll-Beamten den aus der Fremde kommenden Juden die Erlaubniß ertheilen, die Gränze des Königreichs Pohlen zu paßiren.

12. Ein jeder Jude, der sich auf Umwegen in das Königreich Pohlen einschleicht, um daselbst ein Landstreicherleben zu führen, soll von der Polizey über die Gränze gebracht werden.

Die Commißionen des Innern und der Polizey, des Kriegs und der Finanzen sind, so weit es eine jede derselben angeht, mit der Bekanntmachung und Vollziehung des gegenwärtigen Beschlusses beauftragt.

Gegeben zu Warschau, den 2ten März 1816.

(Unterz.) Zaionczek.

Der Minister des Innern und der Polizey,

(Unterz.) Mostowski.

Der Rath Staats-Secretair, Brigade-General

(Unterz.) Kossecki.

Dem Original gleichlautend:

Thomas Grabowski.

Abb. 63: Warschauer Einwanderungsverordnung von 1816

Skassowany Papier Stęplowy Ceny Groszy 10 dołącza się.

Geschehen in der Stadt Łodź den 2. Januar Jahr 1827.

Działo się w Mieście Łodzi dnia 2. Mca Styczni roku 1827.

DEKLARATIONS PROTOKOL.

Vor dem Bürgemeister der Stat Łodź Stelte sich persöhnlich Wentzel Ritter gebürtig aus Böhmen letztens in Dorf Ritzechen bewohnter Offenbarte seinen wunsch, eine fon den, bey der Stadt Łodź errichteten Spinn Kolonien zu erchalten, welchem in dieser hinsicht folgende von der Masovieschen Woiewodschaft Kommission angewilligte Bedingungen vorgelesen würden.

1. Wer nur Flachs zu spinnen versteht, und dieses gehörig dem Bürgemeister der Stadt Łodź, mit passenden Attesten oder auf eine andere Art beweisen wird, der kann einen drey Morgen grossen Platz in der neüen Spinn Kolonie dieser Stadt, ohne Rüksicht ob er gerade vom Ausland komt, oder einheimisch ist, auf eigenthum erhalten.

2. Wer auf seinen Nahmne einen Platz in der neüen Spinn Kolonie zu erhalten wunscht, der soll wie es oben gesagt wurde, persöhnlich die Flachs spinnerey verstehen; Solte aber der Fall eintreffen das dieser Liebhaber kein Spinner wäre, jedoch an seiner stelle seine Frau, seine Tochter, oder pflegetochter, mit einem Worte, eine stetts zu seiner familie gehörige Person, im gutem Falchsspinnen sich auszeichnete; So kann er als ein sich zum spinn Kolonie qualificirter Ansiedler angesehen werden.

3. Wittwen die kinder haben, und sammt ihnen mit Flachs spinnen sich beschäftigen, qualificiren sich gleichfals zur Ansiedlung in der besagten Kolonien.

PROTOKUŁ DEKLARACYINY.

Przed Burmistrzem miasta Łodzi stanąwszy osobiście Wentzel Rytter rodem z Czech w ostatniem czasie w Wsi Rytczechen w Rzechach zamieszkały Oświadczył chęć objęcia iedney z osad prządniczych pod miastem Łodzią urządzonych, któremu następuiące w téy mierze przez Kommissyą Woiewództwa Mazowieckiego zastrzężone kondycye i warunki odczytanemi zostały

1. Ktokolwiek len prząść umie i toż przed Burmistrzem miasta Łodzi przynależnie za złożeniem stosownych w tém świadectw, lub innych dowodów, usprawiedliwi, otrzymać może na własność plać trzy morgowy w nowéy Osadzie prządniczéy miasta tegoż, a to bez względnie, czyli iest Cudzoziemcem wprost z Zagranicy przybywaiącym, alboli też Krajowcem.

2. Ten, który na swoie imie plac w nowéy osadzie prządniczéy nadanym sobie mieć pragnie, powinien iak się powyżéy rzekło, osobiście znaiomość przędzenia lnu posiadać; na przypadek wszakże gdyby ochotnik takowy niebył wcale prządkiem, ale natomiast żona iego, córka lub wychowanica, iednem słowem stale do iego familii należąca osoba, w dokładnem Lnu przędzeniu celowała, w takim razie za kwalifikuiącego się do osiedlenia się w osadzie prządniczéy uważanym bydź może.

3. Wdowy dzieci maiące, z onemi razem przędzeniem lnu trudniące się, podobnież kwalifikuią się do osiedlenia się w rzeczonéy osadzie.

Abb. 64: Ansiedlungsprotokoll aus Lodz 1827

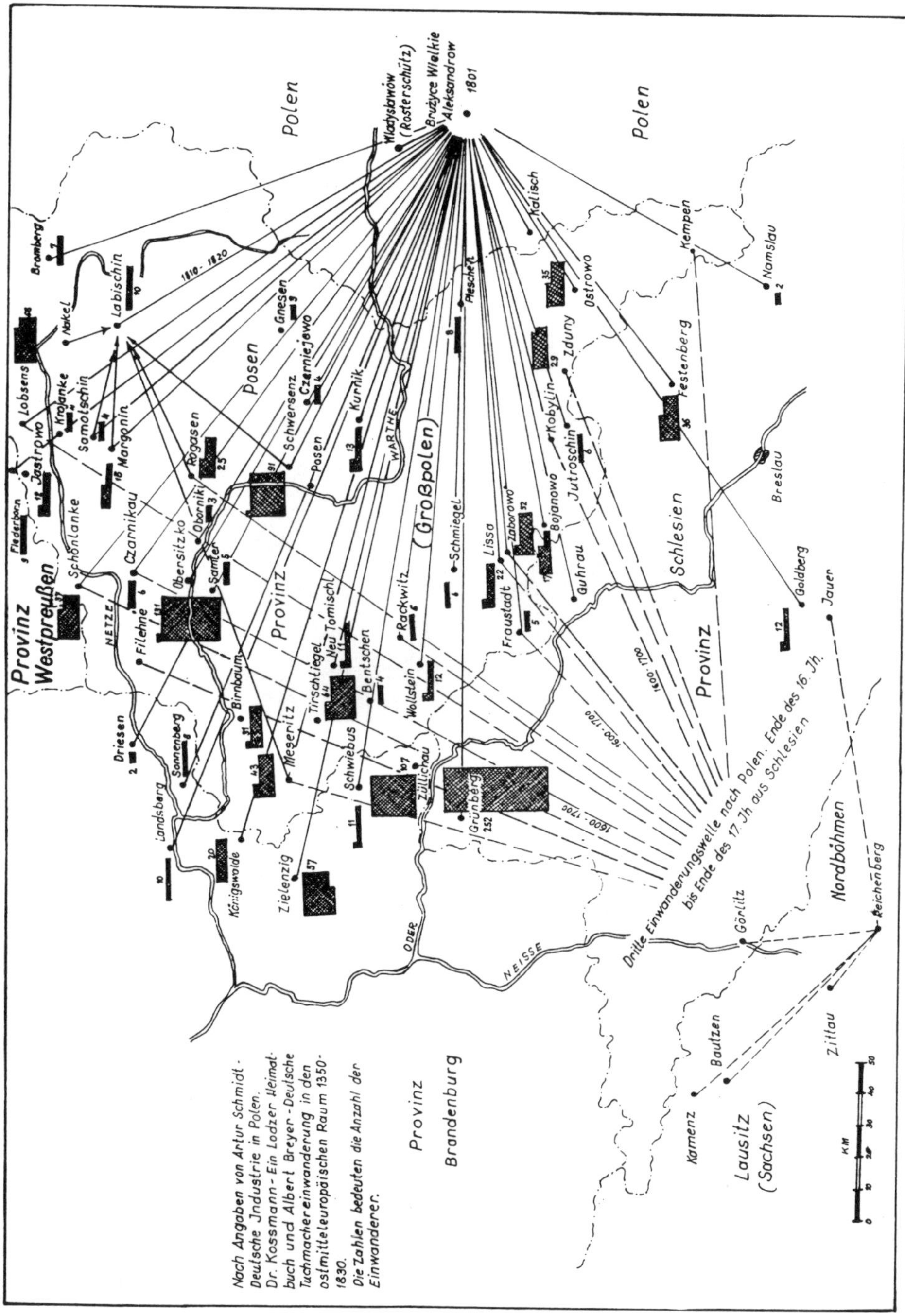

Karte 21: Einwanderung und Herkunftsorte der Deutschen aus Aleksandrow

So baute der aus Reichenau in Sachsen 1825 nach Pabianice gekommene Benjamin Krusche dort aus kleinen Anfängen die Firma »Krusche und Ender« mit zuletzt 5000 Arbeitern auf. Bei dem deutschen Unternehmer Harrer in Sieradz waren bereits 1823 mehr als 1000 Arbeiter beschäftigt.

Abb. 65: Der Sachse Benjamin Krusche, Industriepionier in Pabianice

Den größten Aufschwung aller polnischen Industriestädte nahm aber nach 1820 die Stadt Lodz, das später sogenannte »polnische Manchester«. Die aus dem vierzehnten Jahrhundert stammende Stadt war noch Anfang des 19. Jahrhunderts ein völlig unbedeutender Flecken mit 72 Häusern und 361 Einwohnern.
Der bereits genannte Wojewodschaftspräsident Rembieliński nutzte die günstige Lage des Ortes in einem wasser- und waldreichen Gebiet, das zum großen Teil Staatsbesitz war, zur Industrieansiedlung. Der erste Großunternehmer, der sich 1823 in Lodz niederließ, war einer der Unterzeichner des Vertrages von Zgierz, Karl Gottlieb Sänger.
In den folgenden Jahren war es vor allem die Baumwollweberei, der Lodz seinen großen Aufschwung verdankte. Zu den ersten deutschen Industriepionieren von Lodz gehörten die Baumwollfabrikanten Karl Gottfried May und Christian Friedrich Wendisch, beide aus Chemnitz, Ludwig Geyer aus Görzdorf in Sachsen, der 1837 die erste Dampfmaschine aus Belgien einführte, und der Leinwandfabrikant Titus Kopisch aus Schmiedeberg in Schlesien.
Die deutschen Handwerker schlossen sich wie in der alten Heimat zu Innungen mit Meistern und Gesellen zusammen. Deutsche Tuchmacherzünfte entstanden bereits 1798 in Dombie, 1814 in Ozorków, 1817 in Przedecz, 1818 in Kalisch, Konstantynów und Brzeziny, 1821 in Zgierz und Zduńska Wola, 1822 in Alexandrów und Lodz. Webermeister-Innungen wurden 1824 in Lodz, 1827 in Zduńska Wola gegründet. Nach deutschem Vorbild entstanden auch z. B. Bürgerschützengilden.

Abb. 66: Bürgerschützengilde der Stadt Lodz um 1836

Abb. 67: Innungssiegel deutscher Tuchmacher und Weber in Mittelpolen

b) Der polnische Novemberaufstand

Der polnische Novemberaufstand 1830/31 gegen die russische Herrschaft brachte der mittelpolnischen Textilindustrie einen großen Rückschlag. Der Tuchabsatz nach Rußland stockte, was viele Tuchmacher zur Weiterwanderung nach Wolhynien veranlaßte. Zu Ausschreitungen gegen Deutsche kam es während des Aufstandes allerdings nur in wenigen Fällen. Die polnische Aufstandsregierung bescheinigte den deutschen Kolonisten ausdrücklich ihre Loyalität und bat sie, im Lande zu bleiben.

Abb. 68: General Hans Moritz Hauke (1775–1830)

An dem polnischen Aufstand 1830/31 haben auch zahlreiche polonisierte Deutsche teilgenommen. Einer der hohen polnischen Offiziere, die bei dem Versuch, sich den Aufständischen entgegenzustellen, von diesen ermordet wurden, war der einer Mainzer Bürgerfamilie entstammende General Hauke.

Gerade in Warschau hatten sich die zahlreichen deutschen Einwanderer, die im 19. Jahrhundert erneut Zuzug aus den ländlichen deutschen Siedlungsgebieten erhielten, zumeist recht schnell polonisiert. Das galt ebenso für einen Teil der in den polnischen Kleinstädten isoliert lebenden deutschen evangelischen Geistlichen und die in absoluter Diaspora liegenden deutschen Streusiedlungen. Der aus Lissa gebürtige reformierte Leiter des Warschauer Generalkonsistoriums Karl Gottlieb Diehl und der aus Brandenburg stammende lutherische Superintendent der Warschauer Diözese Karl Benjamin Lauber riefen die evangelische Geistlichkeit zur Unterstützung des Aufstandes auf. Ein Teil der Pfarrer leistete auch der polnischen Aufstandsregierung gegenüber den Treueeid.

c) *Deutsche und deutschstämmige Kulturschaffende in Polen*

Besonders reich ist der Beitrag von Deutschen bzw. Polen deutscher Herkunft zur polnischen Nationalkultur im 19. Jahrhundert gewesen. Angesichts der Unmöglichkeit einer vollständigen Aufzählung sollen nur einige Vertreter verschiedener Bereiche stellvertretend genannt werden, so für das Militär der Artilleriegeneral Józef Bem (Böhm).

Für den Bereich der Musik der Lehrer Chopins, der aus Grottkau in Schlesien stammende Joseph Xaver Elsner. Er war 1799 nach Warschau gekommen, wurde Direktor der dortigen Oper, gründete 1821 das Warschauer Konservatorium, komponierte Opern, Klavier- und Orgelwerke. Er hatte großen Einfluß auf die Entwicklung des polnischen Musikwesens.

Ein bedeutender Städtemaler, dem wir zahlreiche Ansichten polnischer Städte der ersten Hälfte des 19. Jahrhunderts verdanken, war Siegmund (Zygmunt) Vogel, seit 1817 Professor an der Warschauer Universität.

Unter den deutschen Ärzten, die in Polen wirkten, ist besonders der aus Lissa stammende August Ferdinand Wolff zu nennen, der zu den Gründern der Warschauer Ärzteschule und des Ärzteverbandes gehört.

Der Philosoph und Mathematiker Joseph Hoene-Wronski (1778–1833) gilt als größter Denker Polens im 19. Jahrhundert. Sein Vater Anton Hoene war ein Deutscher aus Böhmen, seine Mutter Gertrud, geb. Gruber, ebenfalls eine Deutsche.

Der Vater des Volksdichters Wincenty (Vinzenz) Pol war als Beamter in Lublin vom österreichischen Kaiser in den Adelsstand erhoben worden und schrieb sich Pohl von Pollenburg. Der Sohn fühlte sich ganz als Pole, ebenso wie Heinrich Oskar Kolberg (1814–1890), der bedeutendste polnische Volkskundler, dessen Vater aus Mecklenburg-Strehlitz stammte und als preußischer Beamter vor 1807 nach Neuostpreußen gekommen war.

Ebenfalls Sohn eines preußischen Beamten in Südpreußen war Romuald Hube (1803–1890), Professor der Rechtswissenschaften in Warschau.

Rechtswissenschaftler und Historiker war Johann Vinzenz Bandtke, der einer Kaufmannsfamilie aus dem Fraustadter Ländchen entstammte.

Einer der bedeutendsten polnischen Geschichtsforscher war Joachim Lelewel (1786–1861), dessen Familienname ursprünglich Loelhöffel lautete. Sein Großvater stammte aus Königsberg, aber bereits sein in Warschau geborener Vater Karl hatte sich polonisiert.

Schließlich muß auch Samuel Gottlieb Linde (1771–1847) nochmals genannt werden. Er wurde als Übersetzer aus dem Polnischen, aber vor allem durch sein sechsbändiges Wörterbuch der polnischen Sprache bekannt.

Die Genannten gelten trotz ihrer deutschen Herkunft zu Recht als große Söhne des polnischen Volkes. Sie sind eindrucksvolle Beispiele für das fruchtbare Zusammenleben und die gegenseitige Bereicherung im deutsch-polnischen Bereich. Wenn hier auf ihre deutschen Wurzeln hingewiesen wird, so nicht wegen eines deutschen Überlegenheits- oder Kulturbringerbewußtseins. Gerade ihre völlige Assimilation im polnischen Volk zeigt ja dessen große kulturelle Attraktivität. Ebenso unsinnig und schädlich wie die Überhöhung des deutschen kulturellen Beitrags zur gesamtpolnischen Kultur ist aber auch seine Negierung, wie sie teilweise in Polen und auch in Deutschland anzutreffen ist. Der sich hier zeigende und bis heute nachwirkende Nationalismus des 19. Jahrhunderts ist blind für den Reichtum, den erst das Zusammenleben verschiedener Völker und Kulturen in einem Raum hervorbringt und sehnt sich nach einer »reinrassigen« Nationalkultur, wie es sie in dieser Form in Mitteleuropa nirgendwo und niemals gegeben hat.

Abb. 69 (links): Der aus Thorn gebürtige Samuel Gottlieb Linde erarbeitete das erste Wörterbuch der polnischen Sprache; Abb. 70 (rechts): Der Philosoph Joseph Hoene-Wronski

Abb. 71 (links): Der Dichter Wincenty Pol; Abb. 72 (rechts): Der Volkskundler Heinrich Oskar Kolberg

Abb. 73 (links): General Józef Bem (Böhm); Abb. 74 (rechts): Der Warschauer Universitätsprofessor Johann Vinzenz Bandtke

Abb. 75 (links): Der aus Schlesien gebürtige Musiker Josef Elsner, Lehrer Chopins; Abb. 76 (rechts): Joachim Lelewel (Loelhöffel), der »Vater der polnischen Geschichtsschreibung«

d) Die industrielle Entwicklung

Nach der Krise des Novemberaufstandes nahm vor allem die Großindustrie Mittelpolens einen bedeutenden Aufschwung, der durch die Aufhebung der Zollgrenze zwischen Polen und Rußland 1851 noch verstärkt wurde. Die Heimindustrie dagegen begann mehr und mehr zu verfallen. Der Handel mit geschmuggelten ausländischen Baumwollwaren trug seinen Teil zum Niedergang der einheimischen Weber bei. Vor allem aber das Fortschreiten der Mechanisierung hatte das Absinken der Handwerker zunächst in Lohnweberei, schließlich in die Industriearbeiterschaft zur Folge. Ein letztes verzweifeltes Aufbäumen war der Aufstand der Lodzer Webergesellen im April 1861, als 500 Webergesellen die mechanischen Webstühle in einigen Lodzer Fabriken zertrümmerten.

Abb. 77: Karl Scheibler

Abb. 78: Carl Gottlieb Steinert

Eine dieser Fabriken gehörte dem wohl bedeutendsten Unternehmer von Lodz, dem aus Monschau in der Eifel stammenden Karl Scheibler. Dieser war leitender Direktor der Schlösserschen Baumwollfabrik in Ozorków gewesen und kam 1854 nach Lodz, wo er das größte Unternehmen der Stadt aufbaute (vor 1914 mehr als 10000 Arbeiter). Zu den Verdiensten Scheiblers, den man den »Baumwollkönig des Ostens« und den »Vater der Stadt Lodz« genannt hat, gehörten neben vorbildlichen Fürsorgeeinrichtungen für seine Arbeiter u. a. auch seine Beteiligung an der Gründung der Fabrikbahn, die Lodz mit der Strecke Warschau-Wien verband, der Lodzer Handelsbank und dem städtischen Kreditverein. Daneben stiftete er beträchtliche Summen für kirchliche und gemeinnützige Zwecke.

Neben Scheibler waren viele weitere deutsche Industrielle wie Traugott Grohmann, Jakob Peters, Carl Gottlieb Steinert, Karl Eisert und Friedrich Wilhelm Schweikert am Aufbau der Lodzer Industrie maßgeblich beteiligt.

In den Nachbarstädten müssen zumindest Heinrich Schlösser für Ozorków, Gottlieb Krusche und Karl Endler für Pabianice sowie Karl August Dittrich und Eduard Hille für Żyrardów als Industriepioniere genannt werden.

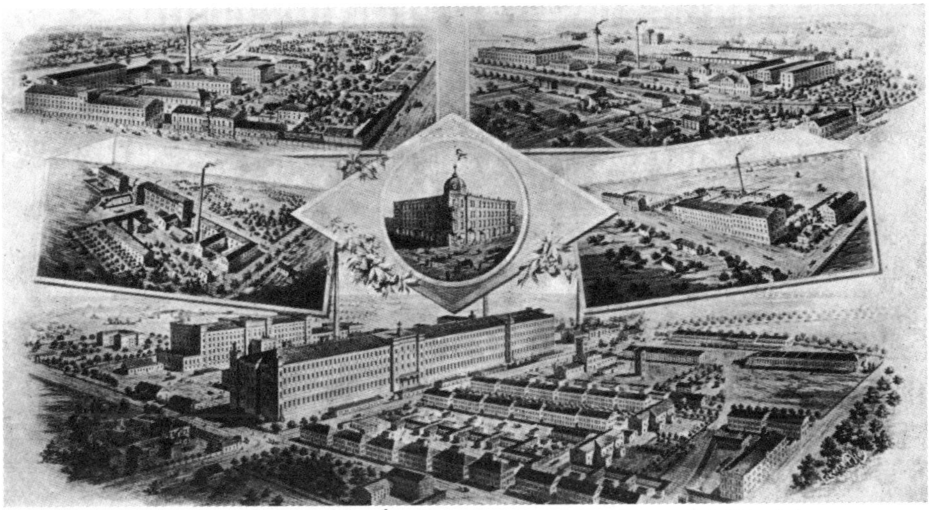

Abb. 79: Die Scheiblerschen Fabrikanlagen in Lodz

Der stets wachsende Bedarf an Arbeitskräften in den Großbetrieben ließ zunehmend mehr polnische und jüdische Bevölkerung in die von deutschen Webern und Tuchmachern begründeten Industriestädte einwandern, vor allem nach der 1864 in Kongreßpolen durchgeführten Bauernbefreiung. Der Anteil der Deutschen, der in Lodz im Jahre 1839 mit rd. 78 Prozent seinen höchsten Stand gehabt hatte, sank in den folgenden Jahrzehnten kontinuierlich ab, während die Stadt sich in geradezu amerikanischem Tempo vergrößerte:

Nationalitäten in Lodz 1820–1911

Jahr	Gesamtbevölkerung	in % Deutsche	Polen	Juden
1820	767	–	66	34
1831	4717	74	17	9
1836	5909	75	14	11
1839	8559	78	13	9
1864	33533	67	13	20
1884	107000	38	33	29
1894	168512	34	39	25
1911	522518	18	50	32

e) Die bäuerliche Siedlung

Neben dem Aufbau der mittelpolnischen Industrie ging aber auch die deutsche bäuerliche Siedlung nach 1815 weiter, wenn auch deutlich schwächer als zuvor. Ein Grund dafür war die Streichung zahlreicher bisheriger Einwanderungsprivilegien durch die kongreßpolnische Regierung bzw. den russischen Statthalter. Ab 1833 wurden die Einwanderungsbedingungen wieder verbessert und es kamen nach den Einwanderungslisten in diesem Jahr 97 Familien aus Württemberg, von 1832 bis 1838 insgesamt 295 aus Baden und 105 Familien aus Hessen-Kassel und Hessen-Darmstadt nach Polen.

Gefördert wurde die Einwanderung nach wie vor von polnischen Grundherren. Bis 1860 wurden zwischen Lodz und Warschau neue deutsche Dörfer angelegt, ferner durch Tochtersiedlungen der früheren Gründungen das Siedlungsgebiet ausgebaut. Der gesamte Weichselbogen ist in diesen Jahren mit einem Netz deutscher Dörfer überzogen worden. Die Siedlung griff auch auf das rechte Weichselufer über, wo 1849 die Kolonien Podole, Platkownica und Sadolesie angelegt wurden, in Ausläufern sogar bis Wolhynien, Polesien und das Cholmer Land (Abb. 80–82).

f) Das Bild der Deutschen in der polnischen Literatur

Die größere deutsche Einwanderung in das Cholmer Land, Wolhynien und Polesien setzte aber erst nach dem polnischen Januaraufstand 1863 ein. Da die deutsche Einwanderung inzwischen gänzlich versiegt war, handelte es sich ausschließlich um den Bevölkerungsüberschuß aus den mittelpolnischen Kolonien, der in neue ländliche Tochtersiedlungen oder städtische Gemeinden abfloß. Einer der Gründe dafür waren die Ausschreitungen gegen Deutsche, die während dieses Aufstandes in größerer Zahl vorgekommen waren. Hier wirkte sich das Erstarken des polnischen Nationalgefühls aus. Bei der Entwicklung dieses polnischen Nationalgefühls spielten die Deutschen im Lande, wie bereits im Mittelalter, eine wichtige Rolle.

Dies hat im Bild des Deutschen in der polnischen Literatur des 19. Jahrhunderts seinen Niederschlag gefunden. Die während der Teilungszeit entstandene polnische Literatur hatte für das nationale Überleben des polnischen Volkes unschätzbare Bedeutung. Durch die Erinnerung an glanzvolle polnische Vergangenheit und eigene Stärke wurden die Polen an die »Arbeit an den Grundlagen« (praca u podstaw) der künftigen polnischen Staatlichkeit herangeführt.

In der polnischen Literatur dienten die Deutschen im Lande, vor allem Kaufleute, Bauern, Industrielle oder Geistliche in bezug auf Fleiß, Ordnungsliebe, Organisation, Zuverlässigkeit und Sparsamkeit als Vorbild für die Arbeit an den Grundlagen. Die Deutschen wirken in dieser Darstellung im ganzen sympathisch, häufiger aber bereits in ihrer zweiten Funktion als Gegenbild zu den Polen auch langweilig, pedantisch oder lächerlich. Der Deutsche wird als phantasieloser und obrigkeitshöriger Klein- bzw. Spießbürger dem begeisterungsfähigen, unbändigen und urwüchsigen polnischen Weltmenschen gegenübergestellt. Beispiele für diese beiden Funktionen finden sich u. a. in den Werken von Bolesław Prus oder Władysław Reymont.

Am häufigsten allerdings wurden die Deutschen, sowohl die Deutschordens (»Kreuz«)ritter wie die preußisch-deutschen Beamten bzw. die Regierung, aber auch deutsche Kolonisten, deutsche Ehefrauen polnischer Herrscher oder das deutsche Stadtbürgertum des Mittelalters als unversöhnliche nationale Gegner geschildert, wobei der Eindruck einer deutsch-polnischen Erbfeindschaft seit dem Mittelalter entstehen mußte. Als Beispiele können die Werke von Józef Ignacy Kraszewski oder von Henryk Sieńkiewicz genannt werden.

Da ein großer Teil der genannten polnischen Literatur im russischen Teilgebiet entstand, wurden dort Anklagen gegen die russische Unterdrückungspolitik mit Rücksicht auf die Zensur in Kritik an Deutsche gekleidet, so daß diese hier auch noch stellvertretend für die Russen als Gegner dargestellt werden. Ein Beispiel hierfür ist Sieńkiewiczs Novelle »Aus dem Notizbuch eines Posener Lehrers«, die eigentlich die Russifizierungsmaßnahmen in Kongreßpolen anprangert.

Unter Zar Alexander III. (1881–1894) setzte eine verstärkte Russifizierungspolitik ein, die auch die Eindämmung der deutschen Siedlungstätigkeit zum Ziel hatte.

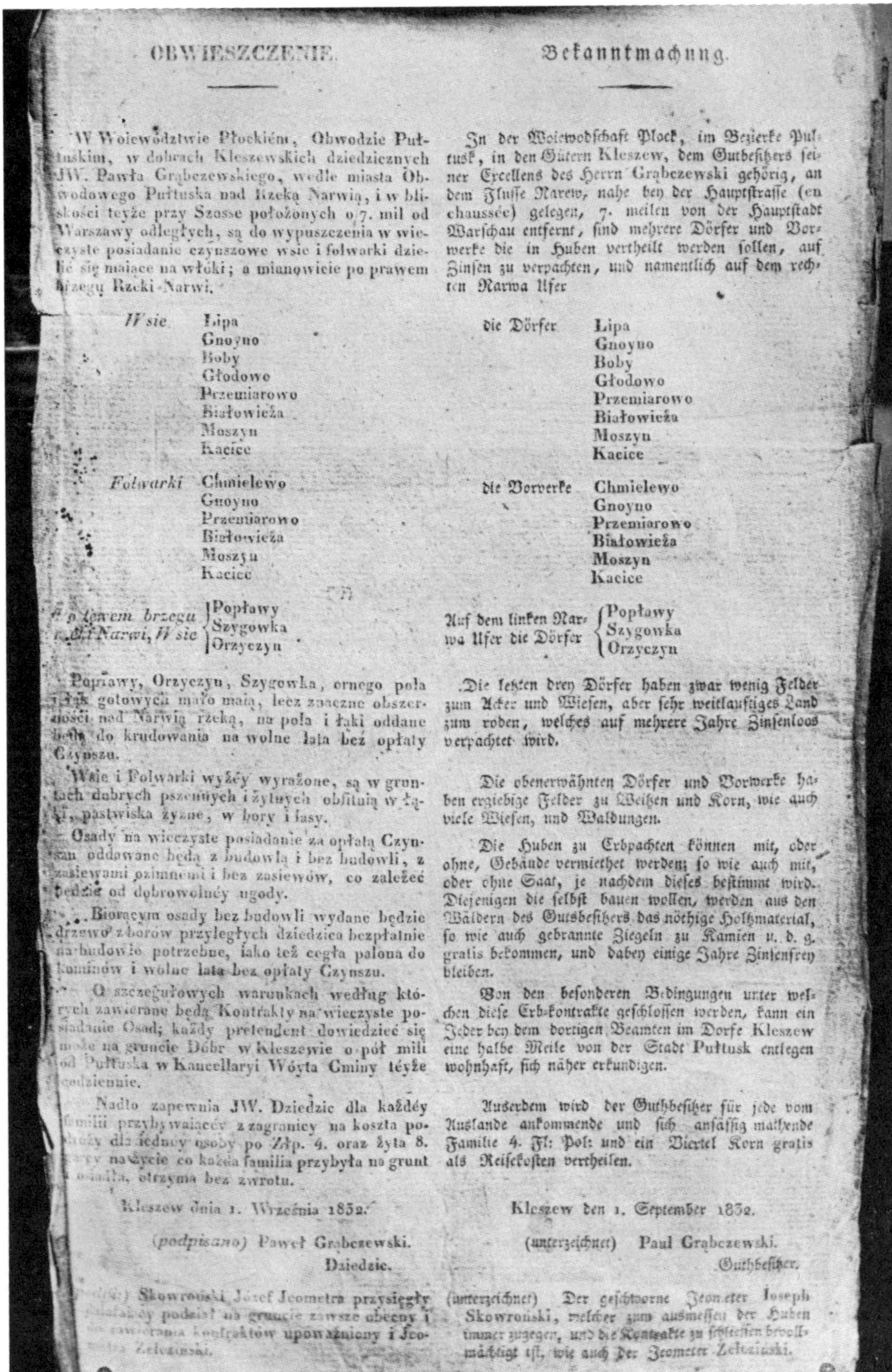

OBWIESZCZENIE.

W Woiewództwie Płockiém, Obwodzie Pułtuskim, w dobrach Kleszewskich dziedzicznych JW. Pawła Grąbczewskiego, wedle miasta Obwodowego Pułtuska nad Rzeką Narwią, i w bliskości teyże przy Szossie położonych o 7. mil od Warszawy odległych, są do wypuszczenia w wieczyste posiadanie czynszowe wsie i folwarki dzielić się maiące na włóki; a mianowicie po prawem brzegu Rzeki Narwi.

Wsie Lipa, Gnoyno, Boby, Głodowo, Przemiarowo, Białowieża, Moszyn, Kacice

Folwarki Chmielewo, Gnoyno, Przemiarowo, Białowieża, Moszyn, Kacice

Po lewem brzegu rzeki Narwi, Wsie Popławy, Szygowka, Orzyczyn

Popławy, Orzyczyn, Szygowka, ornego pola i łąk gotowych mało maią, lecz znaczne obszerności nad Narwią rzeką, na pola i łaki oddane będą do krudowania na wolne lata bez opłaty Czynszu.

Wsie i Folwarki wyżey wyrażone, są w gruntach dobrych pszennych i żytnych obfituią w łąki, pastwiska żyzne, w bory i lasy.

Osady na wieczyste posiadanie za opłatą Czynszu oddawane będą z budowlą i bez budowli, z zasiewami ozimnemi i bez zasiewów, co zależeć będzie od dobrowolney ugody.

Biorącym osady bez budowli wydane będzie drzewo z borów przyległych dziedzica bezpłatnie na budowle potrzebne, iako też cegła palona do kominów i wolne lata bez opłaty Czynszu.

O szczegułowych warunkach według których zawierane będą Kontrakty na wieczyste posiadanie Osad; każdy pretendent dowiedzieć się może na gruncie Dóbr w Kleszewie o pół mili od Pułtuska w Kancellaryi Wóyta Gminy téyże codziennie.

Nadto zapewnia JW. Dziedzic dla każdéy familii przybywaiącéy z zagranicy na koszta podróży dla iedney osoby po Złp. 4. oraz żyta 8. [illegible] na życie co każda familia przybyła na grunt [illegible], otrzyma bez zwrotu.

Kleszew dnia 1. Września 1832.

(podpisano) Paweł Grąbczewski.
Dziedzic.

[illegible] Skowroński Józef Jeometra przysięgły [illegible] podział na gruncie zawsze obecny i [illegible] kontraktów upoważniony i Jeo[illegible] Zelazinski.

Bekanntmachung.

In der Woiewodschaft Plock, im Bezirke Pultusk, in den Gütern Kleszew, dem Gutbesitzers seiner Excellens des Herrn Grąbczewski gehörig, an dem Flusse Narew, nahe bey der Hauptstrasse (en chaussée) gelegen, 7. meilen von der Hauptstadt Warschau entfernt, sind mehrere Dörfer und Vorwerke die in Huben vertheilt werden sollen, auf Zinsen zu verpachten, und namentlich auf dem rechten Narwa Ufer

die Dörfer Lipa, Gnoyno, Boby, Głodowo, Przemiarowo, Białowieża, Moszyn, Kacice

die Vorwerke Chmielewo, Gnoyno, Przemiarowo, Białowieża, Moszyn, Kacice

Auf dem linken Narwa Ufer die Dörfer Popławy, Szygowka, Orzyczyn

Die letzten drey Dörfer haben zwar wenig Felder zum Acker und Wiesen, aber sehr weitlaufstiges Land zum roden, welches auf mehrere Jahre Zinsenloos verpachtet wird.

Die obenerwähnten Dörfer und Vorwerke haben ergiebige Felder zu Weitzen und Korn, wie auch viele Wiesen, und Waldungen.

Die Huben zu Erbpachten können mit, oder ohne, Gebäude vermiethet werden; so wie auch mit, oder ohne Saat, je nachdem dieses bestimmt wird. Diejenigen die selbst bauen wollen, werden aus den Wäldern des Gutsbesitzers das nöthige Holtzmaterial, so wie auch gebrannte Ziegeln zu Kamien u. d. g. gratis bekommen, und dabey einige Jahre Zinsenfrey bleiben.

Von den besonderen Bedingungen unter welchen diese Erb-kontrakte geschlossen werden, kann ein Jeder bey dem dortigen Beamten im Dorfe Kleszew eine halbe Meile von der Stadt Pułtusk entlegen wohnhaft, sich näher erkundigen.

Ausserdem wird der Guthbesitzer für jede vom Auslande ankommende und sich ansässig machende Familie 4. Fl: Pol: und ein Viertel Korn gratis als Reisekosten vertheilen.

Kleszew den 1. September 1832.

(unterzeichnet) Paul Grąbczewski.
Guthbesitzer.

(unterzeichnet) Der geschworne Jeometer Joseph Skowronski, welcher zum ausmessen der Huben immer zugegen, und die Kontrakte zu schließen bevollmächtigt ist, wie auch der Jeometer Zelazinski.

Abb. 80: Werbebrief eines polnischen Gutsbesitzers von 1832 zur Ansiedlung deutscher Kolonisten

Abb. 81: Niederunger Haus mit geschnitzter Dachfahne in Swiniary. Haus und Stall waren unter einem Dach

Abb. 82: Schlafstubenmöbel eines deutschen Bauernhofs in der Weichselniederung mit bemalten Truhen und geflochtenen Stühlen

g) Deutsche Arbeiterbewegung in Polen

Bei der Entwicklung des polnischen Sozialismus spielte die deutsche Arbeiterschaft im Lodzer Raum eine gewichtige Rolle. Erste Versuche von Lodzer Webern, eine deutsche Arbeiterorganisation zu gründen, waren 1864 noch gescheitert.
Sozialdemokratische Ideen wirkten jedoch aus Deutschland auch nach Kongreßpolen hinein, und 1879 wurde eine von der SPD gegründete deutsche Gewerkschaft in Warschau von der russischen Polizei aufgedeckt.
Im Rahmen der polnischen sozialistischen Bewegung arbeiteten dann seit Ende der siebziger Jahre deutsche und polnische Arbeiter in Kongreßpolen zusammen. Dabei entsprach den Interessen der deutschen Arbeiter eher die internationalistische Richtung der späteren »Sozialdemokratie des Königreichs Polen und Litauen« (SDKPiL), in welcher Rosa Luxemburg eine führende Rolle spielte, als die der betont nationalen »Polnischen Sozialistischen Partei« (PPS) Józef Piłsudskis. In Lodz lag sogar die Führung der Arbeiterorganisation bei den Deutschen.
Das Gewicht des deutschen Anteils an der polnischen sozialistischen Bewegung zeigte sich beispielsweise darin, daß von 14000 Flugschriften der SDKPiL vom 1. Mai 1901 in Kongreßpolen 2000 in deutscher Sprache gedruckt waren.

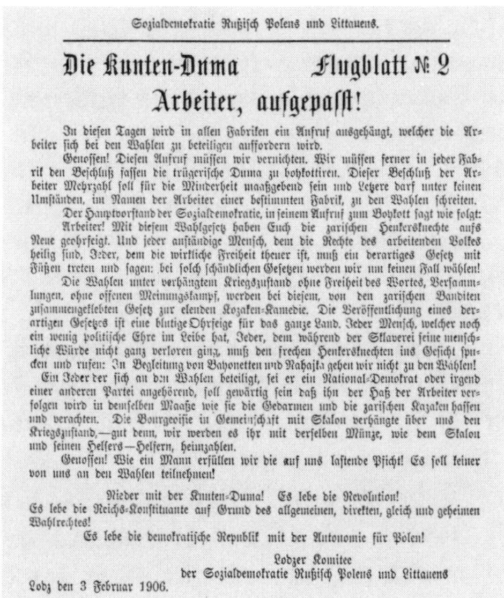
Sozialdemokratie Rußisch Polens und Littauens.

Die Kunten-Duma Flugblatt № 2

Arbeiter, aufgepaßt!

In diesen Tagen wird in allen Fabriken ein Aufruf ausgehängt, welcher die Arbeiter sich bei den Wahlen zu beteiligen auffordern wird.

Genossen! Diesen Aufruf müssen wir vernichten. Wir müssen ferner in jeder Fabrik den Beschluß fassen die trügerische Duma zu boykottiren. Dieser Beschluß der Arbeiter Mehrzahl soll für die Minderheit maaßgebend sein und Letzere darf unter keinen Umständen, im Namen der Arbeiter einer bestimmten Fabrik, zu den Wahlen schreiten.

Der Hauptvorstand der Sozialdemokratie, in seinem Aufruf zum Boykott sagt wie folgt:

Arbeiter! Mit diesem Wahlgesetz haben Euch die zarischen Henkersknechte aufs Neue geohrfeigt. Und jeder anständige Mensch, dem die Rechte des arbeitenden Volkes heilig sind, Jeder, dem die wirkliche Freiheit theuer ist, muß ein derartiges Gesetz mit Füßen treten und sagen: bei solch schändlichen Gesetzen werden wir um keinen Fall wählen!

Die Wahlen unter verhängtem Kriegszustand ohne Freiheit des Wortes, Versammlungen, ohne offenen Meinungskampf, werden bei diesem, von den zarischen Banditen zusammengeklebten Gesetz zur elenden Kozaken-Kamedie. Die Veröffentlichung eines derartigen Gesetzes ist eine blutige Ohrfeige für das ganze Land. Jeder Mensch, welcher noch ein wenig politische Ehre im Leibe hat, Jeder, dem während der Sklaverei seine menschliche Würde nicht ganz verloren ging, muß den frechen Henkersknechten ins Gesicht spucken und rufen: In Begleitung von Bayonetten und Nahajka gehen wir nicht zu den Wählen!

Ein Jeder der sich an den Wahlen beteiligt, sei er ein National-Demokrat oder irgend einer anderen Partei angehörend, soll gewärtig sein daß ihn der Haß der Arbeiter verfolgen wird in demselben Maaße wie sie die Gedarmen und die zarischen Kazaken hassen und verachten. Die Bourgeoisie in Gemeinschaft mit Skalon verhängte über uns den Kriegszustand,—gut denn, wir werden es ihr mit derselben Münze, wie dem Skalon und seinen Helfers—Helfern, heimzahlen.

Genossen! Wie ein Mann erfüllen wir die auf uns lastende Pficht! Es soll keiner von uns an den Wahlen teilnehmen!

Nieder mit der Knuten-Duma! Es lebe die Revolution!
Es lebe die Reichs-Konstituante auf Grund des allgemeinen, direkten, gleich und geheimen Wahlrechtes!
Es lebe die demokratische Republik mit der Autonomie für Polen!

Lodzer Komitee
der Sozialdemokratie Rußisch Polens und Littauens

Lodz den 3 Februar 1906.

Abb. 83: Lodzer deutsches Flugblatt von 1906

Während der Revolution von 1905 kämpften deutsche und polnische Arbeiter in Kongreßpolen Seite an Seite. Auch von der deutschen Sozialdemokratie waren die deutschen Arbeiter in Polen in einem »Offenen Brief« August Bebels zum gemeinsamen Kampf aufgerufen worden.
1907 kam es zur Gründung einer christlichen deutschen Gewerkschaft und die Lodzer Angestellten schufen sich in einem »Commisverein« eine Interessenvertretung.

August Bebel

an die deutschen Arbeiter u. Arbeiterinnen in Russisch-Polen und Littauen.

Offener Brief

(Herausgegeben vom Vorstand der Sozialdemokratie Russisch-Polens und Littauens).

Deutsche Arbeiter und Arbeiterinnen! Euere Kameraden und Kameradinnen, die russisch-polnischen Arbeiter und Arbeiterinnen, befinden sich in einem schweren Kampfe gegen die Regierung ihres Landes und die Unternehmerklasse um die Eroberung ihrer Bürger- und Menschenrechte!

Arm, rechtlos, der Willkür der Behörden und Unternehmer preisgegeben, werden Männer, Frauen und Kinder gezwungen, für elenden Lohn schwere Arbeit zu verrichten. Gepeinigt und bedrückt von allen Seiten, haben sie keine Macht und kein Mittel, sich des auf ihnen lastenden Druckes zu entziehen. So bleibt ihnen nur die Aussicht auf ein Leben voller Not und Entbehrungen, die sich mit dem Alter steigern, ohne Aussicht auf Hilfe und Rettung, wenn sie sich nicht selber helfen, indem sie einmüthig und geschlossen zu gemeinsamem Kampfe zusammentreten.

Deutsche Arbeiter und Arbeiterinnen! Wie es Euren Kameraden, den russisch-polnischen Arbeitern und Arbeiterinnen ergeht, genau so ergeht es Euch, die Ihr durch das Schicksal nach Russisch Polen und Littauen verschlagen seid.

Ob polnischer, russischer oder deutscher Arbeiter und Arbeiterin, Eure Lebenslage ist dieselbe. Ihr leidet allesammt unter dem gleichen Druck, dem gleichen Elend, der gleichen Schmach. Wie jene rechtlos und jeder Willkür unterworfen sind, so auch Ihr.

Abb. 84: Offener Brief August Bebels »an die deutschen Arbeiter und Arbeiterinnen in Russisch-Polen und Litauen« (Auszug)

h) Kirchliches Leben

Im Königreich Polen war 1828 eine Union der reformierten und lutherischen Gemeinden durch den Zaren erfolgt und ein »Generalkonsistorium für evangelische Bekenntnisse in Warschau« gebildet worden. Sie war allerdings nicht von langer Dauer und wurde schon bald nach dem Novemberaufstand 1830/31 wieder aufgehoben. Die weit überwiegenden Lutheraner (1838: 199958 Seelen) hatten in der Verwaltungsunion vor allem eine Bevorzugung der kleinen reformierten Kirche (1838: 7886 Seelen) gesehen. Auch waren die reformierten Gemeinden durchweg polnisch, die lutherischen dagegen überwiegend deutsch geprägt.

Im Jahre 1849 wurden durch Zarenerlaß zwei getrennte Konsistorien geschaffen und gleichzeitig die Verfassung beider Kirchen entsprechend den russischen Verhältnissen durch »Vorschriften für die Verwaltung der Evangelisch-Reformierten Kirche im Königreich Polen« sowie das »Kirchengesetz für die Evangelisch-Augsburgische Kirche im Königreich Polen« festgelegt. Als Folge des polnischen Januaraufstandes 1863/64 wurde 1874 zunächst die bisherige polnische Amtssprache der Kirche durch das Deutsche, 1889 durch das Russische ersetzt.

Von den rund 450000 Deutschen in Kongreßpolen waren etwa 25000 katholisch.

Im Vergleich mit dem im 19. Jahrhundert gewaltigen Aufschwung der evangelischen Kirche im Posener Gebiet stagnierte die Gemeindebildung der evangelischen Kirche in Kongreßpolen. Von 1849 bis 1914 waren nur vier neue Gemeinden entstanden. Die Zahl der Gemeindeglieder von lutherischer und reformierter Kirche betrug 1897 425216 Seelen, davon sollen rund 407400 Deutsche gewesen sein. Der Anteil der evangelischen Polen in der Evangelisch-Augsburgischen Kirche lag 1914 bei etwa 10 Prozent.

1914 gab es in der Evangelisch-Augsburgischen Kirche Kongreßpolens 66 Pfarrgemeinden mit 35 Filialen, 90 Kirchen, 18 Kapellen, 369 Bethäuser und 324 Kantorate.

Ein besonderes Problem innerhalb der Evangelisch-Augsburgischen Kirche stellte die nationale Frage dar. Die bereits angesprochene Polonisierung der Warschauer Protestanten und eines Teils des evangelischen Bürgertums in den Städten, aus dem der Pfarrernachwuchs stammte, hatte zur Folge, daß die von ihren Gliedern zu 90 Prozent deutsche Evangelisch-Augsburgische Kirche Polens eine teilweise bewußt nationalpolnisch ausgerichtete Leitung hatte. Innerhalb dieser polnischen Führungsschicht entwickelte sich die Idee des Polnischen Evangelizismus, d. h. die Vorstellung, daß der Protestantismus in Polen eine Missionsaufgabe an den katholischen Bevölkerungsteilen habe, die er nur unter Aufgabe seines »deutschen Gewandes« erfüllen könne.

Die führenden deutschstämmigen Vertreter dieses Programms, zunächst der 1848 nach Warschau berufene Pfarrer Leopold von Otto (1819–1882), später die Generalsuperintendenten Gustav Manitius und vor allem Julius Bursche (1862–1942) hatten als Ziel die Polonisierung der deutschen Gemeinden und die Schaffung einer polnischen evangelischen Nationalkirche.

Auf einer Pastorensynode 1911 erklärte Bischof Bursche:

»[...] Zu den Evangelischen polnischer Zunge müssen diejenigen hinzugerechnet werden, die, von Deutschen abstammend, aber seit Generationen in unserem Lande wohnend, sich mit der Zeit polonisiert haben und des Deutschen nicht mehr mächtig sind. Die Zahl dieser ist groß und wächst mit jedem Jahre. Man kann darüber verschiedener Meinung sein, ob dieser Prozeß bedauerlich oder wünschenswert sei, das Faktum bleibt jedoch bestehen, daß die Zahl der Evangelischen, denen wir das Wort Gottes in polnischer Sprache bringen müssen, immer größer wird, und es gibt nur wenige Gemeinden in unserem Lande, in welchen der Pastor weder polnisch zu predigen, noch Amtshandlungen in polnischer

Sprache zu verrichten hat. Dort, wo unsere Glaubensgenossen in größerer Zahl beieinander wohnen, in den Städten des Lodzer Fabrikbezirks und in den Kolonien, bewahrt der Deutsche seine Nationalität und spricht auch nach Generationen oft nur deutsch; in der Zerstreuung jedoch und mitten unter einer polnischen Bevölkerung verlernt er ja bald seine Sprache und assimiliert sich seiner Umgebung. Daß dieser Umstand eine große Gefahr für unsere Kirche in sich birgt, unterliegt keinem Zweifel, und es ist ein Körnlein Wahrheit in der Behauptung, das Deutschtum sei ein Bollwerk des Evangeliums hierzulande. Ja, ein Bollwerk ist es, aber leider auch eine chinesische Mauer, welche den Zutritt des Evangeliums zur einheimischen Bevölkerung hindert und ihr dasselbe vorenthält. Unsere Kirche hätte einen weit größeren Einfluß hierzulande und wäre ein Salz und ein Licht für dasselbe, wenn sie das Evangelium auch in polnischer Sprache brächte.«
Seit Beginn des 20. Jahrhunderts begannen einige Pastoren, vor allem aber Vertreter des deutschen evangelischen Lodzer Bürgertums, sich diesen Bestrebungen zu widersetzen.

i) Schulwesen

Die Entwicklung des ländlichen deutschen Schulwesens in Mittelpolen geht bis in die Zeit vor den polnischen Teilungen zurück. Bereits die deutschen Einwanderer jener Zeit richteten in ihren Ortschaften Bethäuser ein, die gleichzeitig dem Schulunterricht dienten. Der Lehrer und Kantor, ein Bauer oder Handwerker, der bei dem zuständigen Pastor eine Prüfung in Deutsch, Religion und Rechnen, später auch in Russisch abgelegt hatte, mußte alle kirchlichen Handlungen vollziehen, sonntags Lesegottesdienste halten und die Kinder unterrichten. Die Schulaufsicht lag bei den Pastoren, für den Unterhalt sorgte die Gemeinde. Anfang des 19. Jahrhunderts betrug die Zahl dieser Kantoratsschulen in Mittelpolen etwa 125 (Abb. 85–87).
Durch die erneute deutsche Siedlungstätigkeit stieg diese Zahl bis zur Jahrhundertmitte auf mehr als 300.
In den mittelpolnischen Städten entstanden im Zuge der deutschen Einwanderung evangelische deutsche Schulen, die von der Kirchengemeinde bzw. der Stadt getragen wurden, sowie deutsche Privatschulen.
In Lodz wurde 1843 eine vierklassige deutsch-russische Realschule gegründet, die 1866 in ein siebenklassiges deutsches Realgymnasium umgewandelt wurde.
Eine »Deutsche Evangelische Hauptschule« entstand 1866 als deutsches Gymnasium in Warschau. Dort gab es ferner eine deutsche Höhere Töchterschule sowie ein deutsch-evangelisches Lehrerseminar für die künftigen Volksschullehrer, die allmählich die Kantoratslehrer ersetzen sollten.
Seit Ende der sechziger Jahre und insbesondere nach der Gründung des Deutschen Reiches 1871 verstärkten sich in Kongreßpolen die staatlichen Russifizierungsmaßnahmen, die nun auch bewußt gegen die Deutschen gerichtet waren.
1869 wurde die Lodzer deutsch-russische Realschule geschlossen, 1871 in der Warschauer Deutsch-Evangelischen Hauptschule in allen Fächern die russische Unterrichtssprache eingeführt. Ebenfalls 1871 verfügte ein Ukas (Dekret) des Zaren, daß alle Kantoratsschulen, die nicht direkt dem Warschauer Kirchenkonsistorium unterstanden, in staatliche Elementarschulen umgewandelt wurden. In allen staatlichen Schulen wurde das Russische als Unterrichtssprache durchgesetzt.
Die Revolution von 1905 hatte zur Folge, daß die russische Regierung den Gebrauch der Muttersprache im Schulunterricht für die ethnischen Gruppen wieder gestattete. In Lodz

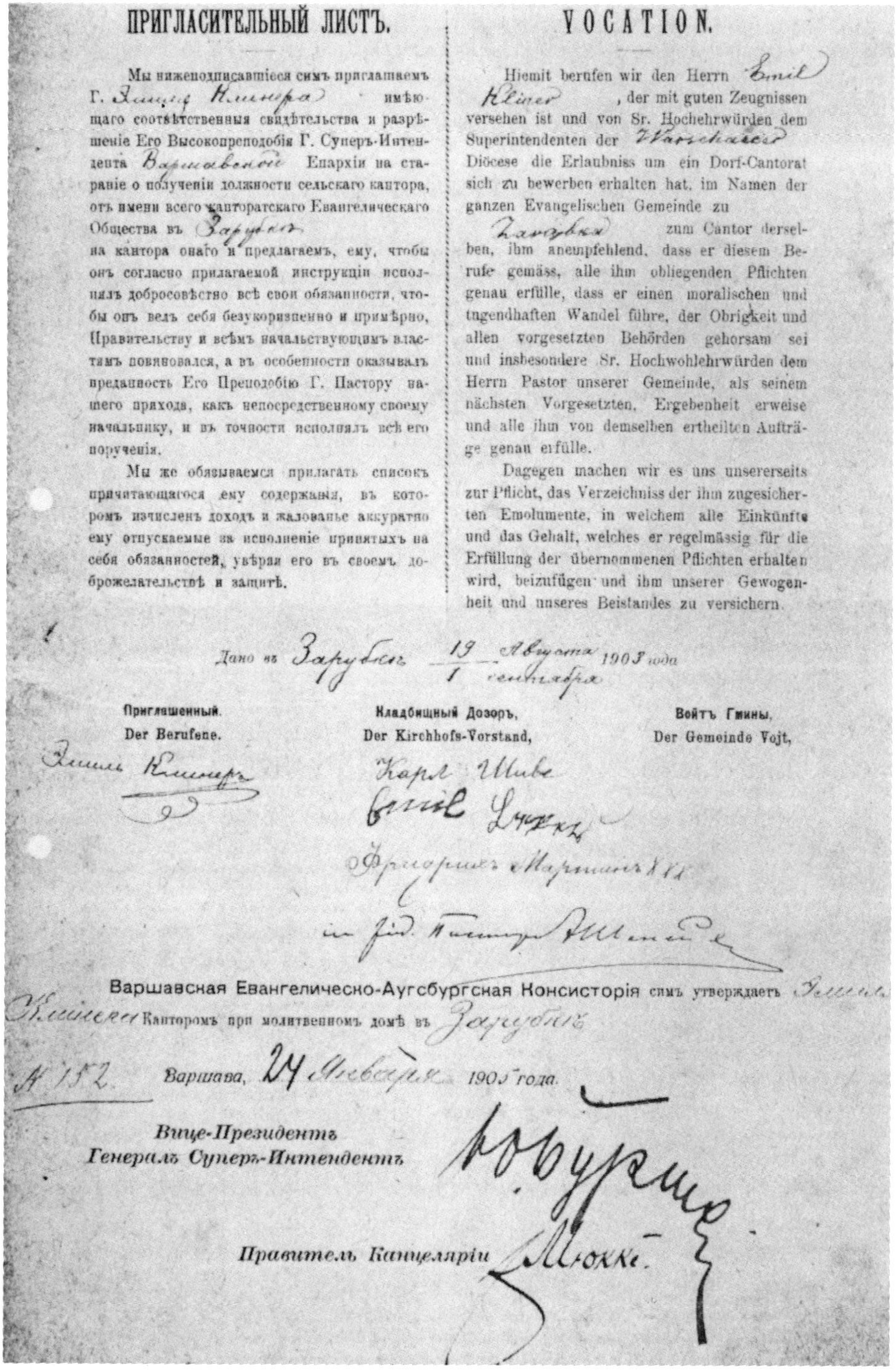

ПРИГЛАСИТЕЛЬНЫЙ ЛИСТЪ.

Мы нижеподписавшіеся симъ приглашаемъ Г. Эмиля Клинера имѣющаго соотвѣтственныя свидѣтельства и разрѣшеніе Его Высокопреподобія Г. Суперъ-Интендента Варшавской Епархіи на старапіе о полученіи должности сельскаго кантора, отъ имени всего канторатскаго Евангелическаго Общества въ Зарубкахъ на кантора онаго и предлагаемъ, ему, чтобы онъ согласно прилагаемой инструкціи исполнялъ добросовѣстно всѣ свои обязанности, чтобы онъ велъ себя безукоризненно и примѣрно, Правительству и всѣмъ начальствующимъ властямъ повиновался, а въ особенности оказывалъ преданность Его Преподобію Г. Пастору нашего прихода, какъ непосредственному своему начальнику, и въ точности исполнялъ всѣ его порученія.

Мы же обязываемся прилагать списокъ причитающагося ему содержанія, въ которомъ исчисленъ доходъ и жалованье аккуратно ему отпускаемые за исполненіе принятыхъ на себя обязанностей, увѣряя его въ своемъ доброжелательствѣ и защитѣ.

VOCATION.

Hiemit berufen wir den Herrn Emil Kliner, der mit guten Zeugnissen versehen ist und von Sr. Hochehrwürden dem Superintendenten der Warschauer Diöcese die Erlaubniss um ein Dorf-Cantorat sich zu bewerben erhalten hat, im Namen der ganzen Evangelischen Gemeinde zu Zarubka zum Cantor derselben, ihm anempfehlend, dass er diesem Berufe gemäss, alle ihm obliegenden Pflichten genau erfülle, dass er einen moralischen und tugendhaften Wandel führe, der Obrigkeit und allen vorgesetzten Behörden gehorsam sei und insbesondere Sr. Hochwohlehrwürden dem Herrn Pastor unserer Gemeinde, als seinem nächsten Vorgesetzten, Ergebenheit erweise und alle ihm von demselben ertheilten Aufträge genau erfülle.

Dagegen machen wir es uns unsererseits zur Pflicht, das Verzeichniss der ihm zugesicherten Emolumente, in welchem alle Einkünfte und das Gehalt, welches er regelmässig für die Erfüllung der übernommenen Pflichten erhalten wird, beizufügen und ihm unserer Gewogenheit und unseres Beistandes zu versichern.

Дано въ Зарубкахъ 19 Августа / 1 сентября 1903 года

Приглашенный. Der Berufene.	Кладбищный Дозоръ, Der Kirchhofs-Vorstand,	Войтъ Гмины, Der Gemeinde Vojt,
Эмиль Клинеръ	Карл Шив Emil [illegible] Фридрихъ Мартинъ [illegible]	

Варшавская Евангелическо-Аугсбургская Консисторія симъ утверждаетъ Эмиля Клинера Канторомъ при молитвенномъ домѣ въ Зарубкахъ

№ 152. Варшава, 24 Января 1905 года.

Вице-Президентъ Генералъ Суперъ-Интендентъ [signature]

Правитель Канцеляріи Мюкке.

Abb. 85: Zweisprachige Berufung zum Kantor 1905

entstand daraufhin 1907 ein Deutscher Schul- und Bildungsverein, der sich neben der Kulturförderung durch wissenschaftliche, literarische und künstlerische Veranstaltungen vor allem die Gründung deutscher Schulen aller Ebenen zum Ziele setzte. 1907 kam es zur Gründung eines Deutschen Gymnasial- und Realschulvereins. Nicht zuletzt dank seiner Tätigkeit nahm das deutsche Schulwesen in Lodz bis zum Ersten Weltkrieg wieder einen beachtlichen Aufschwung. Es gab zuletzt an privaten Schulen das vierklassige Jungengymnasium von Karl Weigelt, das Mädchengymnasium von A. Rothert, das 1897 ein neues Gebäude mit Aula und Turnsaal bezog und die Benndorfsche Volksschule. Dazu waren sechs Kantoratsschulen gegründet und die Zahl der städtischen Volksschulen auf 23 erhöht worden. Das Lodzer Deutsche Gymnasium war 1906 dank der Unterstützung deutscher Fabrikanten gegründet worden. 1911 konnte das Warschauer Lehrerseminar nach Lodz verlegt werden, wo die deutsche Umgebung die Nachteile der russischen Unterrichtssprache aufwog.

In Żyrardów entstand eine Koedukationsschule mit sechs Abteilungen, in Włocławek eine dreiklassige Kaufmannsschule.

Um 1914 gab es in Mittelpolen 564 deutsche Staats- und Privatschulen, ein Lehrerseminar sowie je ein Mädchen- und Knabengymnasium.

k) Kulturelles Leben, Vereine, Presse •

Das kulturelle Leben der Deutschen im ländlichen Bereich wurde durch Kirche und Schule geprägt und getragen. Das Schul- und Bethaus war das geistliche, kulturelle und geistige Zentrum der Dörfer. Der Kantor leitete außerdem den Posaunen- oder Kirchenchor.

Die Kinder wuchsen mehrsprachig auf, denn die Haussprache war Mundart wie plattdeutsch oder schwäbisch, je nach Herkunft der Siedler. In der Schule wurde dazu Hochdeutsch nach dem Katechismus, der Bibel oder dem Gesangbuch gelernt. Nach 1815 kam dazu die russische Staatssprache und Polnisch als Verständigungssprache mit den Angehörigen der Mehrheitsnation, die mehr oder weniger gut erlernt werden mußten.

Das deutsche städtische kulturelle Leben konzentrierte sich vor allem im Raume Lodz. In Warschau erfolgte zwar in der 2. Hälfte des 19. Jahrhunderts eine stärkere Zuwanderung von Deutschen aus den ländlichen Gebieten Mittelpolens, sie unterlagen aber zumeist rasch der Polonisierung. Eine deutschsprachige »Warschauer Zeitung« war bereits in den vierziger Jahren eingegangen. Gab es 1860 in der evangelischen Gemeinde Warschau noch 177 deutsche gegenüber 60 polnischen Konfirmanden, so waren es 1905 bereits 100 deutsche und 235 polnische Konfirmanden, und dies trotz einer Zunahme der Evangelischen in Warschau von 11000 auf 19000.

In Lodz entstand seit der Mitte des 19. Jahrhunderts ein vielgestaltiges deutsches Vereinsleben, das zuletzt 85 Vereine umfaßte. Auf Initiative des Industriellen Louis Geyer wurde 1846 der Lodzer Männergesangsverein gegründet, der ein eigenes Vereinshaus mit einem Vortragssaal für 700 Personen besaß. In späteren Jahren kamen noch weitere 24 deutsche kirchliche und weltliche Gesangsvereine hinzu, so daß die Stadt Lodz hierin sicherlich ohne Beispiel steht. Im Jahre 1908 schlossen sich 13 dieser Vereine in einer »Vereinigung deutschsingender Gesangvereine in Polen« zusammen. Das erste Konzert dieser Vereinigung am 22. August 1909 hatte beachtliche 10000 Besucher. Daneben gab es in Lodz zahlreiche deutsche Turnvereine, freiwillige Feuerwehren und die bereits genannten Schützenvereine.

1863 erschien der »Lodzer Anzeiger« zunächst zweimal die Woche als Amtsblatt in deutscher und polnischer Sprache. Seit 1865 hieß das Blatt »Lodzer Zeitung« und erschien

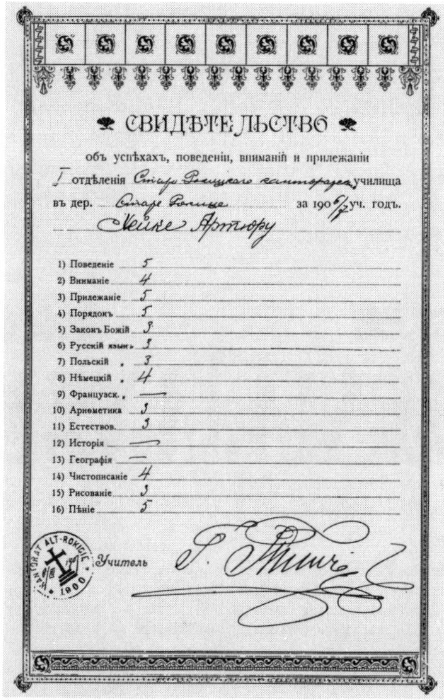

СВИДѢТЕЛЬСТВО

объ успѣхахъ, поведеніи, вниманіи и прилежаніи

I отдѣленія Старо-Рокицкого канторатского училища

въ дер. Старе Рокице за 190 6/7 уч. годъ.

Нейке Артуру

1) Поведеніе 5
2) Вниманіе 4
3) Прилежаніе 5
4) Порядокъ 5
5) Законъ Божій 3
6) Русскій языкъ 3
7) Польскій „ 3
8) Нѣмецкій „ 4
9) Французск. „ —
10) Ариѳметика 3
11) Естествов. 3
12) Исторія —
13) Географія —
14) Чистописаніе 4
15) Рисованіе 3
16) Пѣніе 5

KANTORAT ALT-ROKICIE 1900

Учитель

Abb. 86: Zeugnis einer Kantoratsschule in russischer Sprache

Abb. 87: Schul- und Bethaus in Wyszogrod

seit 1881 täglich und nur noch in deutscher Sprache. Die zweite Lodzer deutsche Zeitung war das 1881 gegründete »Lodzer Tageblatt«. Die Bevölkerungsentwicklung der Stadt ließ 1902 die Gründung einer »Neuen Lodzer Zeitung« zu. Während die »Lodzer Zeitung« seit ihrer Gründung ein Sprachrohr der russischen Regierung war, stand die »Neue Lodzer Zeitung« der polnischen Bewegung nahe. Erst 1911 wurde von Adolf Eichler und anderen die »Lodzer Rundschau« gegründet, die nicht nur in deutscher Sprache erschien, »sondern auch ihrem Geist nach deutsch und der bewußte Anwalt der mannigfachen Interessen der Mitbürger deutscher Zunge sein« wollte.

ŁÓDZKIE OGŁOSZENIA. | LODZER ANZEIGER.

Sroda dnia 2 Grudnia (20 Listopada) 1863. | № 1. | Mittwoch, den 2. Dezember (20. November) 1863.

Redakcya i Expedycya przy ulicy Piotrkowskiéj pod Nr. 279 — Abonnament w Łodzi: rocznie Złp. 20, półrocznie Złp. 10, kwartalnie Złp. 5. — Inserata: od wiersza groszy 10.

Ogłoszenia policyjne.

Policmajster Miasta Łodzi podaje do publicznéj wiadomości:

Pragnąc zasłonić Mieszkańców tutajszych od odpowiedzialności za przekroczenia przepisom Stanu Wojennego, — w ponowieniu tylokrotnie oznajmianych Rozporządzeń ogłaszam co następuje:

1) Utrzymujący Hotele i Domy Zajezdne, obowiązani są zaprowadzić u siebie książki meldunkowe Osób podróżujących, i takowe zdniem 1 Grudnia r. b. przedstawić do poświadczenia i opieczętowania Inspektorom Właściwych Cyrkułów, a ci następnie do Zarządu Policyi.

2) W książki takowe Właściciele Hoteli i Zajazdów mają zapisywać wszystkie Osoby zatrzymujące się u Nich, nietylko na dłuższy, ale i chwilowy pobyt, z wymienieniem Nazwisk i Imion, Zatrudnienia, zkąd każda Osoba przybywa, i w jakim interesie, oraz gdzie wyjeżdża.

3) Każdego dnia wieczorem, książki te produkowane być winny z pasportami Inspektorom Cyrkułowym, a następnego dnia zrana w Zarządzie mojem, gdzie jednocześnie i Osoby podróżujące meldować się zostają w obowiązku.

4) Gdyby jednak okazało się, że Osoba podróżująca, bawi w złym zamiarze, to pomimo meldunku, Właściciel Hotelu lub Zajazdu podlegnie karze pieniężnéj 15procent od Rubla jednego, licząc od wartości jego Zakładu.

5) Utrzymujący Cukiernie, Traktyernie, Kawiarnie, Handle Win i t. p. Zakłady, oraz Szynkarze

Redaction und Expedition Petrikauer Straße Nro. 279. — Abonnement in Lodz: jährlich 20 fl., halbjährlich 10 fl., vierteljährlich 5 fl. — Inserate: die Zeile 10 Groschen.

Polizeiliche Bekanntmachungen.

Der Polizeimeister der Stadt Lodz macht öffentlich bekannt:

Indem ich wünsche, die hiesigen Einwohner vor der Verantwortlichkeit wegen Uebertretung der Vorschriften des Kriegszustandes zu beschützen, mache ich — als Wiederholung der so oft angezeigten Verordnungen — Folgendes bekannt:

1. Die Besitzer von Hotels und Gasthäusern sind verpflichtet Meldungsbücher über die reisenden Personen bei sich einzuführen, und dieselben mit dem 1. Dezember d. J. den Inspektoren der betreffenden Zirkel zur Bestätigung und Siegelung vorzulegen, und diese dann der Polizeiverwaltung.

2) In diese Bücher haben die Besitzer der Hotels und Gasthäuser alle Personen, welche bei ihnen nicht nur für längeren, sondern auch für ganz kurzen Aufenthalt anhalten, einzuschreiben, mit Angabe der Zu- und Vornamen, der Beschäftigung, woher jede Person kommt, und in welcher Angelegenheit, wie auch, wohin sie fährt.

3) Jeden Tag Abends sollen diese Bücher mit den Pässen den Zirkelinspektoren vorgelegt werden, und den folgenden Tag Morgens in meiner Verwaltung, wo gleichzeitig auch die reisenden Personen sich zu melden verpflichtet sind.

4) Wenn es sich jedoch herausstellen sollte, daß eine reisende Person in böser Absicht verweilt, so unterliegt der [illegible] des Hotels oder Gasthauses, trotz der [illegible]dung, einer Geldstrafe von 15 Prozent von jedem Rubel, vom Werthe seiner Anstalt gerechnet.

5) Die Besitzer von Konditoreien, Speisehäusern, Kaffehäusern, Weinhandlungen und ähnlicher Anstal

Abb. 88: Erstausgabe des »Lodzer Anzeigers« vom 20. 11. 1863

Abb. 89: Jubiläumsausgabe der »Lodzer Zeitung« zum 25jährigen Bestehen

Teil VI
Im Ersten Weltkrieg

1. Kriegsdienst und Verschleppung

Der Kriegsausbruch 1914 kam für die Deutschen in Kongreßpolen völlig überraschend. Die Gegnerschaft des Deutschen Reiches brachte die große Mehrheit der Deutschen des Landes zunächst nicht in einen Gewissenskonflikt, vielmehr kamen sie als loyale russische Staatsbürger selbstverständlich ihrer Verpflichtung zum Kriegsdienst in der russischen Armee nach. Auch die nach Ausbruch des Krieges ergangenen staatlichen Verbote des Gebrauchs der deutschen Sprache in der Öffentlichkeit, der deutschen Presse, die Liquidierung des deutschen Vereinswesens und die Russifizierung der deutschen Privatschulen wurden als kriegsbedingt hingenommen. Dies vermochte jedoch das Mißtrauen der russischen Behörden gegenüber den Deutschen im Lande, auf deren angebliche Konspiration mit dem Feind man die russischen Niederlagen zurückführte, nicht zu mildern. Am 2. Februar 1915 wurde ein Liquidationsgesetz für die deutschen Kolonien in Kongreßpolen und Wolhynien erlassen, nach welchem die Deutschen im Laufe eines Jahres ihr unbewegliches Eigentum aufzulösen und ihre Wohngebiete zu verlassen hatten. Durch das rasche Vordringen deutscher Truppen blieben die westlichen Teile Kongreßpolens verschont, dafür wurden etwa 120000 Deutsche aus dem mittleren und östlichen Kongreßpolen aber bereits im Frühjahr 1915 in das Innere Rußlands und nach Sibirien zwangsverschleppt, nachdem sie gezwungen worden waren, ihren Besitz in letzter Minute buchstäblich zu verschleudern. Es waren dies die ersten großen Massenvertreibungen des 20. Jahrhunderts, das in der Rückschau geradezu das Jahrhundert der Massenvertreibungen genannt werden kann.

2. Deutsche Polenpolitik 1914–1918

Das Gebiet Kongreßpolens war bis 1915 vollständig von deutschen bzw. österreichischen Truppen besetzt worden (Warschau fiel am 5. August 1915). Das nördliche Kongreßpolen wurde dem deutschen Generalgouverneur Hans von Beseler unterstellt, der seinen Sitz in Warschau hatte. Das südliche Kongreßpolen unterstand als k. u. k. Militärgouvernement Lublin zunächst dem österreichischen Feldzeugmeister von Kuk, dann General Baron von Diller.

Die deutsche Polenpolitik zeichnete sich durch das Fehlen eines klaren Konzepts und das Schwanken zwischen verschiedenen Optionen aus, so anfänglich der Möglichkeit eines Separatfriedens mit Rußland auf Kosten Polens und der Angliederung eines deutsch zu besiedelnden »Grenzstreifens« an das Deutsche Reich, der Schaffung eines abhängigen polnischen Pufferstaats zwischen Rußland und Deutschland oder der Errichtung eines

Abb. 90: Deutsche Truppen in Warschau vor dem Nationaltheater (August 1915)

weitgehend unabhängigen, aber mit Deutschland und Österreich verbündeten polnischen Staates, wie er schließlich am 5. November 1916 von den Mittelmächten proklamiert wurde. Während des Krieges wurde seitens der Besatzungsmächte darauf geachtet, nichts zu unternehmen, was zu Schwierigkeiten mit der polnischen Bevölkerung hätte führen können. Vor diesem Hintergrund ist auch das Verhältnis deutsche Besatzungsmacht – einheimische Deutsche in Polen zu sehen.

a) Die Deutschen in Kongreßpolen und die deutsche Besatzungsmacht

Die Deutschen im Lande blieben während des Krieges mehrheitlich passiv, sowohl die in nationaler Beziehung weitgehend noch indifferenten deutschen Bauern in den ländlichen Siedlungen wie auch der größte Teil der Deutschen in den Städten, vor allem im Lodzer Industriebezirk. Die begüterten deutschen Lodzer Industriellen waren aus wirtschaftlichen Gründen sogar prorussisch eingestellt und verhielten sich angesichts des ungewissen Kriegsausgangs abwartend. Dazu kam, daß durch die deutsche Besatzungsmacht die Waren und Rohstoffe der Fabriken beschlagnahmt, Maschinenteile demontiert und nach Deutschland gebracht wurden. Der bisherige russische Absatzmarkt war verloren, die Fabriken standen still, die Arbeiter, auch die deutschen, wurden arbeitslos.
Die Lodzer Industrie stand vor dem Ruin, was die Sympathien für die deutsche Besatzung natürlich nicht vermehrte.
Es war eine zunächst kleine Gruppe sogenannter »Lodzer Aktivisten« um Adolf Eichler, welche den Versuch einer nationalen Bewußtseinsbildung unter ihren deutschen Landsleuten in Kongreßpolen unternahmen. Der Kriegsverlauf mit der deutschen Besatzung und

Verwaltung des Landes, die vorangegangenen russischen Maßnahmen und der während des Krieges ständig wachsende Nationalismus des polnischen Bevölkerungsteils kamen diesen Bestrebungen entgegen und führten bei vielen Deutschen in Mittelpolen zu einer Art nationalen Erwachens.
Gefördert wurde dies von den Lodzer Aktivisten über die deutsche Presse, vor allem die von Adolf Eichler herausgegebene »Deutsche Post« und die »Deutsche Lodzer Zeitung«, die von 1915 bis 1918 erschienen.
Die offizielle Haltung der Besatzungsbehörden gegenüber den Lodzer Aktivisten war, aus Rücksichten auf die Polen, sehr zurückhaltend. Generalgouverneur von Beseler untersagte ihnen u. a. die Bildung eines alle Deutschen des Besatzungsgebietes umfassenden Verbandes sowie Überlegungen zur künftigen Entwicklung Polens.
Dennoch darf der durch die Besatzung möglich gewordene reichsdeutsche Einfluß auf das Entstehen eines Nationalgefühls unter den Deutschen in Mittelpolen nicht gering angesetzt werden.
So wirkte sich u. a. die Tätigkeit des reichsdeutschen Begründers der »Deutschen Lodzer Zeitung« Georg Cleinow, des Divisionspfarrers Hermann Willigmann und des Gouvernementspfarrers Paul Althaus dahingehend aus, daß die deutschen Pastoren und Gemeindeglieder der Evangelisch-Augsburgischen Kirche der Polonisierungspolitik der Vertreter des polnischen Evangelizismus im Warschauer Konsitorium unter Generalsuperintendent Bursche zunehmend stärkeren Widerstand entgegensetzten. Auf einer Pastoralkonferenz

Abb. 91: Evangelische Kirche in Königsbach bei Lodz. Mit Unterstützung der deutschen Besatzungsbehörde 1917 an Stelle der von den abziehenden Russen niedergebrannten Holzkirche errichtet.

im Oktober 1917 in Lodz kam es darüber fast zu einem Bruch zwischen dem deutschen und dem polnischen Teil der evangelischen Geistlichkeit.

Abb. 92: Adolf Eichler

Am 5. März 1916 wurde in Lodz von der Gruppe um Adolf Eichler ein »Deutscher Verein« gegründet, der sich bald über das gesamte Besatzungsgebiet ausdehnen konnte und schließlich in 230 Ortsgruppen mehr als 30000 Mitglieder zählte. Er entfaltete eine weitgespannte kulturelle und organisatorische Tätigkeit, rief Büchereien, Weiterbildungsveranstaltungen und Rechtsauskunftsstellen ins Leben und kümmerte sich um den Ausbau des deutschen Schulwesens.

Die Wiederherstellung eines polnischen Staates 1916 wurde von den Deutschen in Kongreßpolen zwar grundsätzlich akzeptiert, allerdings fühlten sie sich wegen mangelnder Sicherung ihrer kulturellen Interessen von der deutschen Besatzungsmacht im Stich gelassen. In Lodz kam es zu Demonstrationen von Deutschen und Forderungen nach Minderheitenrechten, die immerhin erreichten, daß auf Druck der Besatzungsbehörden ein deutscher Vertreter in den polnischen Regentschaftsrat entsandt und bei der Ausarbeitung des Wahlgesetzes der deutsche Wähleranteil berücksichtigt wurde.

Vom Entstehen eines gesamtdeutschen Zusammengehörigkeitsgefühls über die Teilungsgrenzen hinweg kann zu diesem Zeitpunkt aber nur mit großen Einschränkungen und nur in bezug auf die Aktivisten gesprochen werden. Zu groß waren noch die Unterschiede aufgrund der getrennten Entwicklung seit 1815. In dieser Zeit hatten die Deutschen im Posener Land die Entwicklung zum deutschen Nationalstaat mitgemacht. Die Deutschen in Kongreßpolen waren von dieser Entwicklung abgeschnitten gewesen und besaßen als russische Staatsbürger in mehrheitlich polnischer Umgebung ein völlig anderes Selbstverständnis.

b) Die Posener Deutschen – Hoffnungen und Befürchtungen

Die Posener Deutschen lebten in den ersten Monaten des Krieges in der Angst, auch ihre Provinz könnte, ebenso wie Ostpreußen, zum Kriegsschauplatz werden. Als nach der Schlacht bei Iwangorod im Oktober 1915 eine Umgruppierung der deutschen Kräfte vorgenommen werden mußte, führten diese Ängste sogar zu einer teilweisen Fluchtbewegung deutscher Zivilisten und Behörden aus den grenznahen Gebieten. Nach dem Sieg Hindenburgs in der Winterschlacht in Masuren im Februar 1915 legten sich diese Befürchtungen allerdings rasch. Die deutsche Regierung war auch im Posener Gebiet während des Krieges nicht an einer Beunruhigung der polnischen Bevölkerung interessiert.

Abb. 93: Kaiser Wilhelm II. und Generalfeldmarschall Paul v. Hindenburg (geb. 1847 in Posen) auf einer Ansichtskarte von 1915 mit dem Posener Schloß im Hintergrund

Die deutsche Bevölkerung hätte nach der Wiedererrichtung eines polnischen Staates 1916 zwar damit rechnen müssen, daß dieser bald auch auf große Teile der Provinz Posen, die mehrheitlich von Polen bewohnt waren, Anspruch erheben würde. Die deutsche Position schien aber so gefestigt, daß nur wenige Deutsche sich die Konsequenzen klar gemacht zu haben scheinen. Deshalb wurde die deutsche Bevölkerung der Provinz von den Ereignissen Ende 1918 größtenteils völlig überrascht.
Anfang November 1918 entstanden in den Posener Städten Arbeiter- und Soldatenräte, die bereits mehrheitlich mit Polen besetzt waren. Die hohen deutschen Beamten wie der Oberpräsident von Eisenhart-Rothe, der Oberbürgermeister Wilms und der Kommandierende General von Bock setzten sich nach Berlin ab, die deutsche Verwaltung löste sich damit bereits langsam auf.

c) Der Posener Aufstand

Am 27. Dezember 1918 brach nach einem Besuch des polnischen Pianisten und Politikers Ignacy Paderewski in Posen ein bereits länger vorbereiteter polnischer Aufstand aus, der innerhalb weniger Tage den größten Teil der Provinz unter polnische Kontrolle brachte. Nach hartnäckigen Kämpfen zwischen deutschen und polnischen Grenzschutzeinheiten

blieben zwar die mehrheitlich deutsch besiedelten Randgebiete zu Westpreußen, Pommern, Brandenburg und Schlesien mit den Städten Bromberg/Bydgoszcz, Nakel/Nakło, Kolmar/Chodzież, Bentschen/Zbążyn, Lissa/Leszno, Rawitsch/Rawicz und Zduny zunächst in deutscher Hand, mußten aber nach Inkrafttreten des Versailler Vertrages an Polen abgetreten werden.
Seitens der neuen polnischen Verwaltung wurden Teile der deutschen Bevölkerung, in erster Linie politische Führungskräfte, interniert. Die beiden größten Lager waren Szczypiorno und Stralkowo, in denen jeweils etwa 8000 Deutsche bis zum Juli 1919 festgehalten wurden.

Teil VII
Die Deutschen im wiedererstandenen Polen 1918–1939

1. Die Deutschen im neuen polnischen Staat

Der Versailler Vertrag vom 28. Juni 1919 verfügte u. a. die Abtretung von neun Zehnteln der preußischen Provinz Posen mit einer deutschen Bevölkerung von 679039 Personen an den neuen polnischen Staat. Dabei waren auch Kreise, die nach der Volkszählung von 1910 eine deutsche Bevölkerungsmehrheit hatten, – wie Birnbaum/Międzychód (55% deutsche Bevölkerung) und Lissa/Leszno (57%) – zu Polen gekommen.
Gleichzeitig mit dem Versailler Friedensvertrag am 28. Juni 1919 war zwischen Polen und den Ententemächten ein Minderheitenschutzvertrag unterzeichnet worden, welcher den nationalen Minderheiten in Polen, darunter den Deutschen, das Recht auf freie nationale, kulturelle und religiöse Betätigung zusicherte und, allerdings nur für das ehemalige preußische Teilgebiet, auch staatlichen Grundschulunterricht in der Muttersprache, sofern eine »beträchtliche Anzahl polnischer Bürger anderer als polnischer Sprache in einer Stadt oder einem Bezirk« existiere. Dieser Minderheitenschutzvertrag, auch als »kleiner Versailler Vertrag« bezeichnet, wurde von polnischer Seite als unerträgliche Einschränkung der Souveränität betrachtet und seine Revision angestrebt. Polen hatte seine Bestimmungen als Staatsgrundgesetz anerkennen müssen, weshalb auch die polnische Verfassung vom 17. März 1921 entsprechende Bestimmungen enthielt, so Artikel 109: »Jeder Staatsbürger hat das Recht auf Erhaltung seiner Nationalität und Pflege seiner Sprache sowie der nationalen Eigenheiten. Besondere Staatsgesetze sichern den Minderheiten im polnischen Staat die volle und freie Entwicklung ihrer nationalen Eigenart, mit Hilfe autonomer Minderheitenverbände, die öffentlich-rechtlichen Charakter haben.«
Tatsächlich wurden in der Folge solche besonderen Gesetze nicht erlassen, es gab auch keine autonomen Minderheitenverbände öffentlich-rechtlichen Charakters. Es wurde polnischerseits kein Versuch gemacht, die Deutschen (und die anderen nationalen Minderheiten) in den Aufbau des Staates mit einzubeziehen. Vielmehr sah man (nach dem Scheitern der Pläne Piłsudskis, eine ostmitteleuropäische Föderation Polens, Litauens, Weißrußlands und der Ukraine unter polnischer Führung zu bilden) das Ideal in einem geschlossenen polnischen Nationalstaat, was angesichts eines Anteils von mehr als 30 Prozent Minderheiten an der Gesamtbevölkerung zwar unerreichbar blieb, aber eine restriktive Minderheitenpolitik zur Folge hatte. So gab es von 1918–1939 beispielsweise keinen einzigen nichtpolnischen Minister, Wojewoden (Oberpräsidenten), Starosten (Landrat) oder Leiter einer Staatsbehörde.

a) Die Posener Deutschen

Die Deutschen im Posener Land traf der Umbruch, verglichen mit den anderen deutschen Bevölkerungsgruppen im neuen polnischen Staatsgebiet, am härtesten. Gewissermaßen

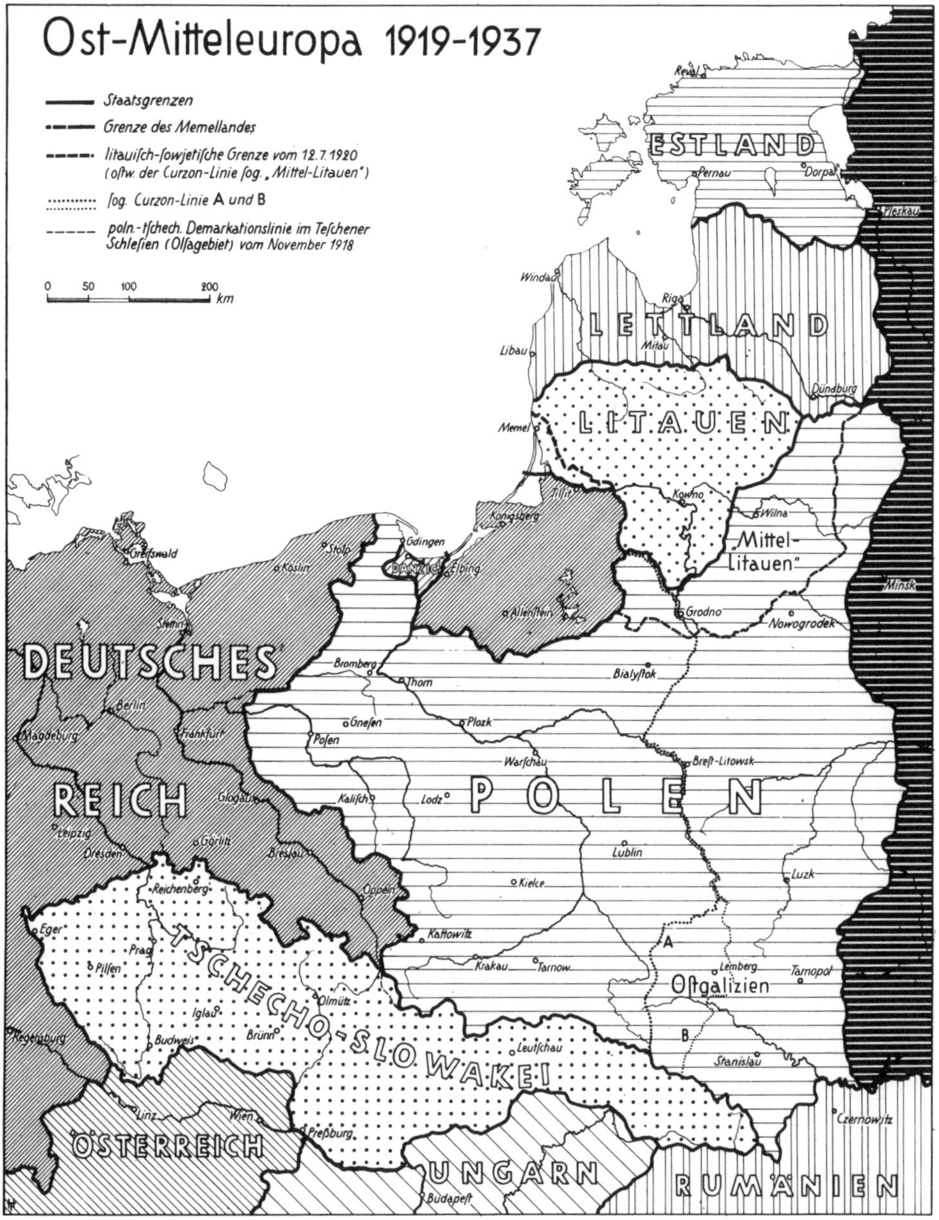

Karte 22: Ost-Mitteleuropa 1919–1937

über Nacht waren sie, die zwar in einer Grenzprovinz, aber innerhalb des deutschen Nationalstaats gelebt hatten, zu Auslandsdeutschen, und von Angehörigen der staatlich privilegierten Mehrheitsnation zu einer nationalen Minderheit geworden. Dieser vor allem psychologisch enorm tiefe Sturz bewirkte einen großen Exodus von Deutschen, nicht nur des bisher führenden preußisch-deutschen Beamtentums und des Militärs, was aus beruflichen Gründen verständlich war, sondern auch eines großen Teils der städtischen deutschen Bürger-, Handwerker- und Arbeiterschaft.

Weitere Gründe für die Massenabwanderung von Deutschen aus den abgetretenen preußisch-deutschen Gebieten waren die Entschädigungen seitens des Deutschen Reiches, die das Verlassen der bisherigen Position erleichterten, und nicht zuletzt Maßnahmen des polnischen Staates wie die genannten Internierungen, die Verhängung des Ausnahmezustandes am 2. Juni 1919 über das Posener Gebiet, die Entlassung der deutschen staatlichen und kommunalen Beamten (mit Angehörigen rd. 100000 Personen) und die Verdrängung der sogenannten Optanten. Nach dem Versailler Vertrag konnten die Deutschen in den abgetretenen Gebieten, sofern sie dort vor dem 1. Januar 1908 ihren Wohnsitz gehabt hatten, innerhalb von zwei Jahren für die deutsche Staatsangehörigkeit optieren, wovon 150000–175000 Personen Gebrauch machten. Sie wurden von Polen in der Folge als Ausländer behandelt und mußten zum größten Teil wegen der Verweigerung der Aufenthaltsgenehmigung das Land verlassen.

Die Zahl der Deutschen im Posener Land hatte sich bis 1921 nach den Angaben der polnischen Volkszählung auf 327846 verringert, im Jahre 1926 betrug sie nach deutschen Selbstzählungen sogar nur mehr 224254 Personen. Das war im Vergleich zum Stand von 1910 ein Rückgang um 454785 Personen, der Anteil der Deutschen an der Gesamtbevölkerung der Wojewodschaft Posen betrug danach nur noch 11 Prozent. Die städtische deutsche Bevölkerung ging dabei um 85 Prozent zurück, besonders deutlich an den beiden Großstädten Posen und Bromberg zu sehen. In Posen sank der Anteil der Deutschen von rd. 42 Prozent im Jahre 1910 bis auf etwas über 2 Prozent 1931, in Bromberg von 77,5 Prozent 1910 auf 8,5 Prozent 1931. Ein geringerer Teil der Verluste geht im übrigen auf Assimilation, also Übergang zum polnischen Volkstum zurück.

Objektiv gesehen entsprach die Abtretung des größten Teils der Provinz Posen an Polen den tatsächlichen ethnischen Mehrheitsverhältnissen und wäre auch durch eine Volksabstimmung allenfalls in den Randgebieten geringfügig zugunsten der deutschen Seite korrigiert worden. Aus der Sicht der im Lande verbliebenen Deutschen waren sie jedoch durch die Versailler Regelungen gegen ihren Willen und zu Unrecht einem ihnen nicht wohlgesonnenen fremden Staat ausgeliefert worden, weshalb sie in ihrer Mehrheit auf eine Änderung des Status quo hofften. Bestärkt wurden sie darin nicht nur durch die während des polnisch-sowjetischen Krieges anfänglich schwierige außenpolitische Situation Polens (»Saisonstaat«), sondern vor allem durch die von allen Weimarer Regierungen betriebene Revisionspolitik des Deutschen Reiches.

Umgekehrt stellten die Deutschen in den westlichen Wojewodschaften aus polnischer Sicht eine Gefährdung des territorialen Besitzstandes dar, weshalb die drastische Verringerung ihres Bevölkerungsanteils Grundlage des »Posener Programms« war, wie es der nationaldemokratische Politiker Stanisław Grabski bereits 1919 verkündet hatte. Auch war das Posener Gebiet die politische Domäne der antideutsch ausgerichteten Nationaldemokraten und Christdemokraten, während versöhnlichere politische Richtungen wie die Sozialisten hier kaum Einfluß besaßen.

Neben dem »verwaltungsmäßigen Kampf gegen das Deutschtum«, der sich nur in wenigen Fällen auf Ausnahmegesetze, sondern zumeist auf die Anwendung von allgemeinen Bestimmungen einseitig gegen die Deutschen stützte, entfalteten deshalb auch nichtstaatliche Verbände wie die in Posen tätige »Zentrale Organisation zur Reinigung Posens von Juden und Deutschen« (Centralna Organizacja dla oczyszczenia Poznania od Żydów i Niemców) oder der Westmarkenverband eine wirkungsvolle Politik der Einschüchterung bzw. wirtschaftlichen Schwächung der Deutschen durch Boykottmaßnahmen u. ä. Diese Konstellation sollte sich künftig als Teufelskreis erweisen, da jede Seite die andere als Aggressor und

Ein Aufruf des Obersten Polnischen Volksrates (OPV) vom 30. 6. 1919

„An unsere Mitbürger deutscher Nationalität!

Das lange von der Menschheit ersehnte Wort ‚Friede' erschallt endlich in der Welt. Durch diesen Friedensschluß fallen ehemalige polnische Landesteile wieder an die entstandene Republik Polen. Wir richten daher an unsere deutschen Mitbürger in dem der Republik zufallenden Teil Westpreußens, Posens und Schlesiens die Aufforderung, sich den Verhältnissen zu fügen und die Friedensbedingungen so loyal zu erfüllen, wie sie von der Polnischen Regierung und Bevölkerung erfüllt werden.

Die friedlich gesinnten Mitbürger deutscher Nationalität, welche sich mit den neuen Verhältnissen abfinden und loyale Mitbürger der Republik Polen werden wollen, haben für ihre Zukunft nichts zu befürchten. Im Einklang mit ihren freiheitlichen Traditionen wird die Republik Polen ihren Mitbürgern deutscher Nationalität volle Gleichberechtigung, völlige Glaubens- und Gewissensfreiheit, Zutritt zu den Staatsämtern, Freiheit der Pflege der Muttersprache und nationalen Eigenart, sowie vollen Schutz des Eigentums gewähren. Für die Stellung im Staatsleben und für das Ausmaß der bürgerlichen Rechte ist in der Republik Polen weder das Glaubensbekenntnis, noch die Muttersprache entscheidend, sondern lediglich die persönliche Tüchtigkeit.

Deshalb fordern wir alle Zivilbehörden und ihre Beamten, die sich loyal den neuen staatlichen Verhältnissen fügen sollen, hiermit auf, auf ihrem Posten zu beharren; denn sie können versichert sein, daß sie nach Möglichkeit in den polnischen Staatsdienst übernommen werden.

Die Ansiedler dürfen im Rahmen des Friedensvertrages in ihrem Eigentum verbleiben, und, soweit sie infolge der Kriegsoperationen ihr Heim haben verlassen müssen, können sie nach Abschluß der Kampfhandlungen in ihre Grundstücke zurückkehren. Alle wohlerworbenen Rechte der Bürger, wie Rechte aus den Arbeitsversicherungen und den Gesetzen über die Versorgung kriegsbeschädigter Soldaten, sowie der Witwen und Waisen gefallener Krieger, Rechte über Pachtverträge usw. werden hierdurch gewährleistet.

Mitbürger! Nach den furchtbaren Leiden des Krieges ruft uns die Versöhnung Gottes zu neuer friedlicher Arbeit, zu unserem gemeinsamen Wohl und zum Wohl des Staates, welcher uns in der Zukunft Schutz und Hort sein soll. Laßt uns vergessen allen Hader und Haß.

Als Bürger eines Staates, der aufgebaut ist auf den Grundlagen von Recht, Freiheit und Gerechtigkeit, laßt uns gemeinsam mit allen Kräften eine glückliche Zukunft erstreben, um so an dem Aufbau einer neuen Weltordnung mitzuarbeiten.

Das Kommissariat des Obersten Polnischen Volksrates als Mandatar der Regierung der Republik Polen.

Posen, 30. Juni 1919

Laszewski, X. Adamski, Korfanty, Seyda, Poszwiński, Rynicz."

Abb. 94: Aufruf des Obersten Polnischen Volksrates 1919

sich als Opfer betrachtete, und jede Maßnahme der einen Seite entsprechende Gegen- bzw. (subjektiv gesehen) Schutzmaßnahmen der anderen Seite zur Folge hatte.
Bei der ländlichen Bevölkerung ging der deutsche Anteil bis 1926 um 55 Prozent zurück.
Der deutsche private Grundbesitz, der im Posener Gebiet 1914 insgesamt 966053 Hektar betrug, wurde durch polnische Maßnahmen wie Annulierung von Ansiedlerverträgen, Liquidation von Eigentum deutscher Staatsangehöriger, Pachtentzug und Agrarreform bis 1926 um 298796 Hektar verringert, blieb allerdings immer noch beachtlich hoch. Bei der

Bewertung ist aber zu berücksichtigen, daß der Exodus der ersten Jahre eine völlige Umstrukturierung der deutschen Bevölkerung zur Folge hatte. Während vor 1914 Beamte, Handwerker und Kaufleute dominierten, das bäuerliche Element dagegen relativ schwach und die Arbeiterschaft unbedeutend war, überwog seit der Mitte der zwanziger Jahre die Landbevölkerung. Der Anteil der Intelligenz (Ärzte, Pfarrer, Lehrer) war noch ausreichend, nicht aber derjenige von Handwerkern und Kaufleuten; staatliche und kommunale Stellen waren den Deutschen praktisch gänzlich verschlossen. Die Erhaltung des deutschen Bodenbesitzes war deshalb für die deutsche Bevölkerung des Posener Gebiets praktisch zu einer Existenzfrage geworden. Die polnische Seite sah dagegen in der einseitig gegen den deutschen Grundbesitz angewandten Agrarreform nur eine legitime Korrektur der Ergebnisse der preußisch-deutschen Bodenpolitik des Kaiserreichs.
Die großen zahlenmäßigen Verluste der Posener Deutschen hatten die für sie positive Folge, daß der verbliebene Teil, nachdem er die neuen Verhältnisse mehr oder weniger akzeptiert hatte, sich als Schicksalsgemeinschaft verstand und eine Verbundenheit entwikkelte, wie sie die heterogene deutsche Bevölkerung Posens vor 1918 nicht gekannt hatte.

b) Die Deutschen in Mittelpolen

Die Zahl der Deutschen im ehemaligen Kongreßpolen war aufgrund der russischen Deportationen des Jahres 1915 von rund 450000 auf etwa 300000 gesunken. Es handelte sich zum größten Teil um bäuerliche Bevölkerung, mit Ausnahme des Lodzer Raums, wo die Deutschen zu 70 Prozent zur Industriebevölkerung gehörten. Der deutsche Landbesitz in Mittelpolen bestand aus rd. 33000 Höfen mit insgesamt 250000 Hektar landwirtschaftlicher Fläche.
Im Gegensatz zu Posen spielte bei den Deutschen in Mittelpolen der Gedanke eines möglichen Anschlusses an Deutschland keine Rolle. Sie waren stets Auslandsdeutsche gewesen, akzeptierten den neuen polnischen Staat und waren bereit, sich an seinem Aufbau zu beteiligen. Eine im Dezember 1918 in Lodz von Aktivisten des »Deutschen Vereins für Lodz und Umgebung« gegründete »Deutsche Volkspartei« konnte bei der zunächst nur in Kongreßpolen und Galizien stattfindenden Wahl zum ersten polnischen Sejm im Januar 1919 zwei Mandate erringen. Während des polnisch-sowjetischen Krieges kämpften Deutsche aus Mittelpolen auch in der polnischen Armee, während viele jungen deutschen Posener aus Angst vor möglicher Einziehung zum polnischen Militär in das Deutsche Reich geflohen waren. Das deutsch-polnische Konfliktverhältnis bestimmte jedoch auch die Haltung Polens gegenüber den Deutschen in Mittelpolen. Zwar stellten die Deutschen hier aus polnischer Sicht keine direkte Bedrohung des Staates dar, doch waren auch sie von der restriktiven Minderheitenpolitik betroffen. Insbesondere wurden polnischerseits alle Bestrebungen, die Deutschen der verschiedenen ehemaligen Teilungsgebiete zusammenzufassen, bekämpft. Der in diesem Sinne tätige Lodzer »Deutsche Verein« wurde noch 1919 von den polnischen Behörden aufgelöst, der Vorsitzende Adolf Eichler floh nach Deutschland.
Aus dem Kreise der mittelpolnischen Aktivisten heraus wurde bereits 1921 der Versuch unternommen, mit dem in Lodz gegründeten »Bund der Deutschen Polens« einen alle Deutschen im polnischen Staat umfassenden Verband zu schaffen. Die Unterschiede zwischen den ehemaligen Teilungsgebieten waren zu diesem Zeitpunkt jedoch noch stärker als das Bedürfnis nach gemeinsamer Organisation. Auch standen unterschiedliche politische Auffassungen im Wege. So gingen die Deutschen zunächst getrennt und in Anknüpfung an ihre früheren Traditionen an den Auf- bzw. Umbau politischer, wirtschaftlicher, kirchlicher und kultureller Organisationen, entsprechend den neuen Verhältnissen.

2. Deutsche politische Organisationen, Sejmwahlen, Zusammenarbeit mit anderen Minderheiten

Die Bildung einer gemeinsamen Organisation zur Vertretung der Deutschen im Posener Gebiet traf auf beträchtliche Schwierigkeiten. Versuche, die bisherige Parteienstruktur nach deutschem Vorbild durch eine in Bromberg gegründete »Zentralarbeitsgemeinschaft der politischen Parteien« mit Vertretern von Zentrum und Sozialdemokratie zu erhalten, schlugen fehl. Die Zentralarbeitsgemeinschaft löste sich 1921 auf. Nur den Sozialdemokraten gelang nach dem Übergang an Polen die Gründung einer Deutschen Sozialdemokratischen Partei mit Sitz in Bromberg für das ehemals preußische Teilgebiet, die sich 1923 mit den Sozialdemokratischen Parteien in Oberschlesien und dem Teschener Gebiet zur »Deutschen Sozialdemokratie Polens« zusammenschloß.

Abb. 95: Eugen Naumann

Abb. 96: Kurt Graebe

Abb. 97: August Utta

In Posen hatte sich nach dem polnischen Aufstand 1919 der »Deutsche Volksrat« in einem »Deutschtumsbund zur Wahrung der Minderheitenrechte« unter Leitung von Landrat a. D. Eugen Naumann umgewandelt. Im Netzedistrikt hatten Major a. D. Kurt Graebe, Gutsbesitzer Erik v. Witzleben, Erwin Hasbach u. a. eine »Deutsche Partei – Vereinigung des deutschen Volkstums« gebildet, die sich nach dem Inkrafttreten des Versailler Vertrages dem Deutschtumsbund anschloß. Sitz der gemeinsamen Organisation wurde Bromberg. In Mittelpolen war in Lodz 1922 eine »Deutsche Arbeiterpartei Polens« von Emil Zerbe und Artur Kronig gegründet worden.

Im Jahre 1924 gelang dort mit der Gründung des »Deutschen Volksverbands in Polen« unter August Utta eine organisatorische Erfassung auch der weit verstreut lebenden ländlichen deutschen Bevölkerung.

Bei den im Mai 1920 stattfindenden Wahlen zum Verfassungsgebenden Sejm wurden aus Posen-Pommerellen 6 Abgeordnete in das Warschauer Parlament gewählt, in welchem mit den bereits früher in Mittelpolen gewählten 2 Abgeordneten nun insgesamt 8 deutsche Vertreter saßen. Nicht zuletzt aufgrund ihrer Initiative schlossen sich alle nationalen Minderheiten Polens bei den Sejm- und Senatswahlen des Jahres 1922 zu einem gemeinsamen Wahlblock zusammen, um die Nachteile der Wahlgesetzgebung auszugleichen. Die Deutschen konnten auf diese Weise trotz der starken Abwanderungsverluste 17 Sejmmandate und 5 Senatssitze erringen.

Bei den Wahlen von 1928 gelang es den Deutschen dank hoher Wahlbeteiligung sogar, 21 Abgeordnete und 5 Senatoren nach Warschau zu entsenden.
Marschall Józef Piłsudski errichtete 1926 nach einem Staatsstreich ein autoritäres Regime. Seine Gegnerschaft zu den nunmehr in die Opposition gedrängten antideutschen Nationaldemokraten brachte der deutschen Minderheit aber nur geringe Vorteile. Piłsudskis Kampf gegen das Parlament nahm den Deutschen dagegen eine ihrer Hauptstützen, die deutschen Abgeordneten.
Die Hauptaufgabe der deutschen Parlamentarier war die öffentliche Vertretung der deutschen Rechtsstellung. Sie konnten Beschwerden sowohl gegenüber der Regierung und den Behörden im Lande als auch beim Völkerbund vorbringen, wobei ihnen die Abgeordnetenimmunität Schutz gewährte. Andere Vertretungen der deutschen Interessen konnten dagegen unter dem Vorwurf der Illoyalität von der Regierung aufgelöst werden, wie 1923 der »Deutschtumsbund« im Posener Gebiet und der Lodzer »Bund der Deutschen in Polen«. Die Deutschen im Posener Gebiet besaßen danach seit 1923 keine politische Gesamtorganisation mehr. Die Leitung ihrer Angelegenheiten lag nun allein bei den Posener deutschen Sejm- und Senatsabgeordneten, die in Bromberg ein Büro einrichteten, das sich zu einer Zentrale der deutschen Minderheit entwickelte. 1925 wurde von hier aus ein »Hauptarbeitsausschuß« aus Vertretern aller deutschen Organisationen gebildet, mit einem »Fünfer-«, ab 1930 »Neunerausschuß« unter Leitung des Abgeordneten Eugen Naumann als Führungsspitze.
Beeinträchtigt wurde die praktische Arbeit durch Differenzen zwischen den beiden Zentren Posen und Bromberg, wobei neben unterschiedlichen Einstellungen zur deutschen Revisionspolitik auch persönliche Animositäten zwischen einzelnen deutschen Minderheitenvertretern eine Rolle spielten.
Bei den Wahlen des Jahres 1930 konnten aufgrund der Wahlbeeinflussung der Piłsudski-Anhänger die Deutschen gerade noch 5 Abgeordnete und 3 Senatoren durchbringen. Eine neue Wahlordnung machte es 1935 den Deutschen schließlich ganz unmöglich, noch gewählte Volksvertreter in das Parlament zu entsenden. Die polnische Regierung berief allerdings 1935 und 1938 jeweils zwei deutsche Vertreter in den Senat.

3. Kirchliches Leben

Im neuen polnischen Staat gab es, u. a. bedingt durch die unterschiedliche Entwicklung in den früheren Teilgebieten, sieben evangelische Kirchen sowie eine Anzahl freikirchlicher Gemeinschaften. In dem uns interessierenden Bereich waren es v. a. die »Evangelisch-Augsburgische Kirche in Polen« im früher russischen Mittelpolen und die »Unierte Evangelische Kirche in Polen« im vormals preußischen Teilungsgebiet (die »Evangelisch-Lutherische Kirche in Westpolen« und die »Warschauer Evangelisch-Reformierte Kirche« werden, da zahlenmäßig unbedeutend, hier nicht weiter berücksichtigt).
In der Evangelisch-Augsburgischen Kirche nahm der bereits während des Ersten Weltkriegs deutlich gewordene Konflikt zwischen dem deutschen Teil (der rund 80 Prozent der etwa 400 000 Gläubigen und eine Minderheit der Pastoren umfaßte) und dem polnischen Teil (dem eine Minderheit der Gläubigen und die Mehrzahl der Pastoren angehörte) an Schärfe zu. Dies wurde besonders bei den Verhandlungen über ein neues Kirchengesetz deutlich. In der Auseinandersetzung mit der polnischen Kirchenleitung unter Bischof Bursche schlos-

sen sich die deutschen Pastoren 1935 in einer »Arbeitsgemeinschaft« unter Leitung der Pastoren Alfred Kleindienst (Luck), Gustav Schedler (Lodz) und Waldemar Krusche (Rypin) zusammen.

Abb. 98:
Bischof Julius Bursche

Abb. 99:
Alfred Kleindienst

Abb. 100:
Generalsuperintendent Paul Blau

Während die deutschen Teile der Kirche möglichst große Unabhängigkeit von den staatlichen Stellen anstrebten, war die polnische Kirchenleitung zu weitgehenden Zugeständnissen an den polnischen Staat bereit. Im Jahre 1936 wurde schließlich ein unter Beteiligung der polnischen Kirchenleitung zustande gekommener Regierungsentwurf, der dem Staat weitgehenden Einfluß auf die kirchlichen Stellenbesetzungen einräumte und Möglichkeiten zur Einschränkung der deutschen Sprache im innerkirchlichen Bereich schuf, gegen den Widerstand der deutschen Vertreter als Gesetz verabschiedet.
Die Posener »Unierte Evangelische Kirche in Polen« kannte keine nationalen innerkirchlichen Gegensätze. Sie verstand sich bewußt als deutsche evangelische Kirche und hielt die Verbindung zur preußischen Kirche der Union trotz der am 3. Juli 1920 durch den polnischen Staat verfügten Trennung aufrecht. Nicht zuletzt deshalb kam es bis 1939 zu keiner endgültigen Regelung ihres Verhältnisses zum polnischen Staat. Das innerkirchliche Leben war dadurch allerdings kaum beeinträchtigt.
Ein Teil der Gläubigen, der Geistlichen und der Kirchenleitung, einschließlich des juristischen Leiters des Posener Konsistoriums Erich Nehring und des Generalsuperintendenten Paul Blau an der Spitze, besaßen nicht die polnische Staatsangehörigkeit, waren also von der Möglichkeit der Ausweisung bedroht. Dies erfolgte zwar im Falle einiger Geistlicher, nicht aber bei Blau und Nehring, was vermutlich an deren internationalem Ansehen lag. Die Posener Unierte Kirche war aus polnischer Sicht wegen ihres betont deutschen Charakters, ihrer fortbestehenden Bindungen nach Deutschland und ihrer Funktion als bedeutendste Stütze der deutschen Minderheit in Westpolen einer der Hauptgegner der dortigen Entdeutschungspolitik.
Die Posener Kirche verlor durch die Massenabwanderung der Deutschen nach 1918 fast drei Viertel ihrer Gemeindeglieder und zählte in den dreißiger Jahren noch knapp 200 000 Gläubige. Diese waren meist sehr stark mit ihrer Kirche verbunden.
Dem Zusammenhalt diente u. a. ein vielfältiges kirchliches Veröffentlichungswesen, das sich auf den Evangelischen Preßverband und den 1925 gegründeten Lutherverlag stützen konnte. Publikationen wie das »Posener Evangelische Kirchenblatt« wurden auch in Deutschland geschätzt.

Posener Evangelisches Kirchenblatt

Monatsschrift für evangelisches Leben in Polen

Nummer 2. Posen, November 1935. Jahrgang 14.

Glaube und Heimat

Gemeindeblatt für die Unierte Evangelische Kirche in Polen

Jahrgang 19 8. Sonntag nach Trinitatis, den 7. August 1938. Nummer 32

Der Spruch der Woche:

Wandelt wie die Kinder des Lichts; die Frucht des Geistes ist allerlei Gütigkeit und Gerechtigkeit und Wahrheit. Epheser 5, 9.

Wie gewinnen wir die wahre Freiheit?

Jugend am Wort

Zeitschrift der Evangelisch Kirchlichen Arbeitsgemeinschaft für die weibliche Jugend

Heft 11. November 1935. 2. Jahr.

Abb. 101: Publikationen der Unierten Evangelischen Kirche in Posen

Die Kirche übernahm manche früheren Aufgaben der Schule, organisierte eine eigene Jugendarbeit, Bibelschulen, Freizeiten und Ferienaufenthalte von Posener Jugendlichen im Deutschen Reich. Daneben gab es zahlreiche kirchliche Gesangs- und Posaunenchöre, eine kirchenmusikalische Betätigung auf hohem Niveau (hier ist vor allem der Posener Bach-Chor unter Pastor Karl Greulich zu nennen) und nicht zuletzt Veranstaltungen wie die den heutigen Kirchentagen vergleichbaren, alljährlich stattfindenden »Kirchlichen Wochen – und Missionsfeste«.

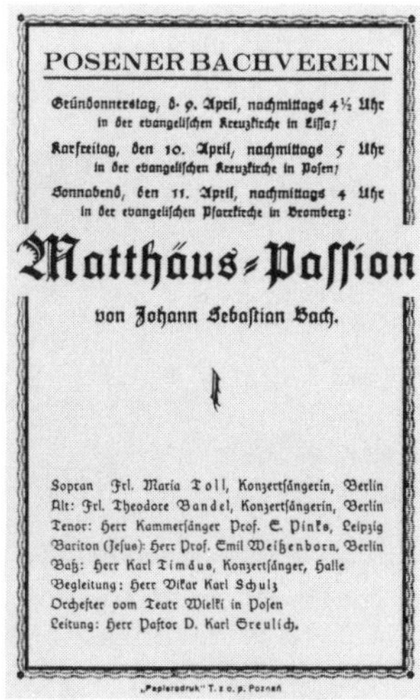

Abb. 102 (links): Pastor Karl Greulich; Abb. 103 (rechts): Plakat des Posener Bachvereins

Die traditionell starke Pflege der Inneren Mission wurde zu polnischer Zeit durch den Landesverband für Innere Mission unter Geschäftsführer Richard Kammel weitergeführt. Für die Ausbildung des eigenen deutschen Theologennachwuchses wurden 1921 ein Evangelisches Predigerseminar in Posen und 1925 auch eine Theologische Schule geschaffen. Ein Besuch der an der Warschauer Universität 1922 gegründeten polnischsprachigen Evangelisch-Theologischen Fakultät kam für die Angehörigen der Posener Kirche nicht in Frage. Hier wirkte sich der Nationalitätengegensatz auch auf das Verhältnis zwischen den Evangelischen Kirchen aus, wobei die »deutsche« Posener Kirchenleitung im Gegensatz zum »polnischen« Warschauer Konsistorium stand. Zwischen den deutschen Pastoren in der Evangelisch-Augsburgischen Kirche und der Posener Kirche gab es dagegen recht enge Kontakte, die allerdings seitens der Warschauer Kirchenleitung nicht gerne gesehen wurden.

Bemühungen, den zersplitterten polnischen Protestantismus zu einigen, blieben erfolglos. Zwar wurde nach vielen Versuchen 1926 in Wilna ein »Rat der Evangelischen Kirchen in Polen« gegründet, praktisch erlangte er jedoch wegen der sich vertiefenden nationalen Gegensätze keine Bedeutung.

Für die deutschen Katholiken im Posener Land und Mittelpolen war aufgrund ihrer geringen Zahl und ihrer Diaspora nur schwer deutschsprachige Seelsorge zu gewährleisten. Ihre diesbezüglichen Forderungen fanden bei der sich als Nationalkirche verstehenden katholischen Kirche Polens kaum Unterstützung. In der Stadt Posen gab es um die

Abb. 104 (links): Die Franziskanerkirche in Posen – das Gotteshaus der deutschen Katholiken in Posen und Umgebung; Abb. 105 (rechts): Pater Hilarius Breitinger (l.), der Deutschenseelsorger in Posen

Abb. 106: Der deutsche Domherr Albert Steuer, Lissa (1874–1967)

Abb. 107: Sitzung des Rates der Evangelischen Kirchen in Polen im November 1926 in Wilna

Abb. 108: Pater Kempf mit Herrn Knechtel vom Verband deutscher Katholiken und deutschen Studenten der Universität Posen

Franziskanerkirche eine Personalgemeinde, die von einem deutschen Seelsorger, zunächst P. Venantius Kempf, seit 1934 P. Hilarius Breitinger, betreut wurde.
In Lodz wurden die deutschen Katholiken durch den deutschen Vikar Roman von Gradolewski betreut. Die Interessen der deutschen Katholiken vertraten innerhalb der katholischen Kirche Polens vor allem die deutschen Domherren der Diözesen Posen (Joseph Klinke, Joseph Paech und Albert Steuer) und Gnesen (Leo Fuhrmann), von denen Joseph Klinke 1922 bis 1927 auch deutscher Sejmabgeordneter war. Den überregionalen Zusammenschluß für Laien wie Geistliche bildete der 1923 von Eduard Pant gegründete »Verband deutscher Katholiken in Polen«, der seinen Schwerpunkt allerdings in Ostoberschlesien hatte.

4. Schulwesen

Für das ehemals preußische Teilgebiet legte ein polnisches Gesetz von 1920 fest, daß bei mindestens 40 schulpflichtigen deutschen Kindern in einer Gemeinde eine deutsche Schule bzw. eine deutschsprachige Klasse an einer polnischen Schule eingerichtet werden konnte. Nur wenn zwei Jahre hindurch diese Mindestschülerzahl nicht erreicht wurde, konnte die deutsche Schule bzw. Klasse geschlossen werden. Die starke Abwanderung der deutschen Bevölkerung und die restriktive polnische Auslegungspraxis, die Schulbezirke häufig bewußt so festlegte, daß die Mindestschülerzahl nicht erreicht wurde, führten zu einem drastischen Rückgang des deutschsprachigen Schulwesens. Immer mehr deutsche Schüler mußten polnische Schulen besuchen, im Jahre 1933 bereits mehr als die Hälfte.

Die Entwicklung des deutschen Schulwesens 1922–1928 in der Wojewodschaft Posen

	Deutsche Schulen		Poln. Schulen mit deutschen Abteilungen	Poln.-deutsche Schulen		Deutsche Privatschulen	
Schuljahr	Zahl	Schüler	Zahl	Zahl	Schüler	Zahl	Schüler
1922/23	622	35158	–	–	–	–	–
1923/24	503	28943	79	–	–	33	1327
1924/25	395	22960	81	–	–	58	2046
1925/26	329	17517	96	1	45	70	2227
1926/27	229	13334	73	3	176	100	3508
1927/28	152	8775	120	1	42	99	3493

Im Schuljahr 1933/34 gab es in Posen und Pommerellen zusammen noch 84 öffentliche deutsche Schulen und 118 deutsche Klassen an polnischen Schulen. Bis 1938 war die Zahl der öffentlichen deutschen Schulen auf 60 und die der deutschen Klassen an polnischen Schulen auf 92 gesunken. In den letzteren wurden die Fächer Erdkunde, Naturkunde, Geschichte, Rechnen und Singen meist nur in polnischer Sprache gelehrt.
Das höhere deutsche Schulwesen war im Posener Gebiet ganz auf private Lehranstalten beschränkt. Bis 1939 konnten sich nur drei deutsche Gymnasien, das Schiller-Gymnasium in Posen, die Dürer-Schule in Bromberg und das Kant-Gymnasium in Lissa, halten.
Deutsche Bevölkerung und polnischer Staat vertraten in der Schulfrage völlig gegensätz-

liche Auffassungen. Während die Deutschen aus Angst vor Entnationalisierung das eigene Schulwesen flächendeckend und möglichst frei von staatlichen Einflüssen zu halten bestrebt waren (Kulturautonomie), sah der polnische Staat in den Schulen ein wirksames Instrument seiner Minderheitenpolitik und versuchte, die Entwicklung des seiner Kontrolle weitgehend entzogenen deutschen Privatschulwesens wie den deutschsprachigen Unterricht überhaupt einzuschränken. Organisationen wie der 1921 in Bromberg zur Förderung des deutschen Privatschulwesens gegründete »Deutsche Schulverein in Polen« unter Leitung von Dr. Otto Schönbeck und die »Schulabteilung« des Deutschtumsbundes bzw. nach dessen Auflösung 1923 der Vereinigung der deutschen Abgeordneten in Bromberg lagen deshalb in ständigen Auseinandersetzungen mit staatlichen Stellen. Ein neues polnisches Privatschulgesetz von 1932 ermächtigte die Behörden, jede Privatschule zu schließen, in welcher nach ihrem Ermessen der Unterricht bzw. die Jugenderziehung in einem »illoyalen Sinne« erfolgte. Eine 1933 erlassene Verfügung, nach welcher der Geschichts- und Erdkundeunterricht an deutschen Schulen grundsätzlich in polnischer Sprache erteilt werden sollte, mußte nach einer deutschen Beschwerde beim Völkerbund später zurückgenommen werden.

In Mittelpolen bestanden 1919 noch 564 deutsche Volksschulen, die vom Deutsch-Evangelischen und Deutsch-Katholischen Landesschulverband getragen wurden. Diese deutschen Schulverbände wurden jedoch 1919 aufgelöst und ihre Schulen vom polnischen Staat übernommen. In der Folge wurden sie teilweise in deutsch-polnische Schulen umgewandelt bzw. mehr und mehr Fächer in polnischer Sprache unterrichtet. Im Schuljahr 1935/36 gab es noch 11 Schulen mit deutscher Unterrichtssprache, 46 mit deutscher und polnischer sowie 189 Schulen mit polnischer Unterrichtssprache und zwei Wochenstunden Deutsch als Fach. Im Schuljahr 1937/38 konnten 30000 deutsche Volksschüler (61,5 Prozent) keinerlei deutschen Unterricht mehr besuchen, denn das deutsche Privatschulwesen war hier sehr

Abb. 109: Das deutsche private Schillergymnasium in Posen

Abb. 110: Die Albrecht-Dürer-Schule in Bromberg

schwach ausgebaut. 1923/24 gab es in Mittelpolen nur vier private deutsche Volksschulen mit insgesamt fünf Lehrern und 137 Schülern. Im Schuljahr 1936/37 war mit dreizehn Privatschulen der höchste Stand erreicht, 1938/39 waren es nur noch zehn private deutsche Volksschulen, davon vier in der Stadt Lodz.

An höheren deutschen Schulen gab es in Mittelpolen im Jahre 1920 noch sechs private Gymnasien, davon drei in der Stadt Lodz. Nach der polnischen Schulreform von 1932 blieben davon vier erhalten, drei in Lodz und eines in Pabianice. Nur dieses behielt bis 1939 einen deutschen Direktor, die drei Lodzer Gymnasien hatten dagegen eine polnische Schulleitung erhalten.

Ein besonderes Problem stellte der deutsche Lehrernachwuchs dar. Die noch aus der Teilungszeit stammenden Lehrerseminare wurden nach und nach geschlossen, so in Bromberg 1926, in Lodz erst 1937. Vielen älteren deutschen Lehrern wurde, da sie keine polnische Staatsbürgerschaft erhielten oder keine ausreichenden Polnischkenntnisse hatten, die Unterrichtserlaubnis entzogen. Außerhalb Polens abgelegte Prüfungen wurden nicht anerkannt, auch mußten sich die deutschen Lehrer einer Loyalitätsüberprüfung unterziehen. Aufgrund des Mangels an deutschen Lehrern mußten auch an deutschen Schulen zunehmend mehr polnische Lehrkräfte beschäftigt werden.

Die deutschen Organisationen, in erster Linie die »Schulabteilung« in Bromberg, versuchten, dieser Entwicklung durch Wanderlehrer und die Erteilung geheimen Deutschunterrichts zu begegnen. Die deutschen Wanderlehrer, die keine staatliche Unterrichtserlaubnis besaßen, wurden seit 1927 zunächst im Posener Gebiet für den »Mutterschulunterricht« eingesetzt. Dabei gaben sie den Eltern das Rüstzeug, damit diese wiederum ihren Kindern Deutschunterricht erteilen konnten. Im Jahre 1936 waren in Posen und Pommerellen 32 Wanderlehrer und 87 Helferinnen tätig. Die polnischen Behörden versuchten, diese Arbeit durch Verhängung hoher Geld- bzw. Freiheitsstrafen zu unterbinden, allerdings ohne Erfolg.

1920 war in Bromberg ein »Landesverband deutscher Lehrer und Lehrerinnen in Polen« gegründet worden, der 1928 bereits 1646 Mitglieder in 46 Kreis- und Ortsvereinen hatte und alle Gebiete Polens umfaßte.

Der Verband diente neben der Weiterbildung und Interessenvertretung seiner Mitglieder vor allem der Entwicklung geeigneter deutscher Schulbücher, die in einer eigenen Verlagsbuchhandlung herausgegeben wurden.

Schiller-Schule, Poznan

Volksschule für Knaben und Mädchen
Wały Jana III Nr. 4. Telefon 59-54
Gymnasium für Knaben und Mädchen
Wały Jagiełły 1. Telefon 13-83.
Lyzeum für Knaben und Mädchen
hum. und math.-phys. Abteilung: Wały Jagiełły 1. Tel. 13-83.
Haushaltungsschule Wały Jagiełły 2. Telefon 13-83.

Goetheschule Grudziądz

Telefon 2039 — Herzfelda 8 — Telefon 2039

Volksschule: Kl. 1—7.
Gymnasium: Kl. 1—4.
Lyzeum: Kl. 1 und 2, humanistische und naturwissenschaftliche Abteilung.

Billiges Internat!

Abb. 111: Anzeigen deutscher Privatschulen in deutschen Zeitungen Polens während der Zwischenkriegszeit

Mädchengymnasium u. Volksschule
mit deutscher Unterrichtssprache
A. ROTHERT
Lodz, Al. Kościuszki 71, Tel. 204-02

...geben bekannt: Der Unterricht beginnt am 3. September um 9 Uhr. Die Aufnahmeprüfungen finden am 3. und 4. September statt. Die Schulkanzlei ist täglich von 9 bis 13 Uhr geöffnet und nimmt Anmeldungen neuer Schülerinnen entgegen. Mitzubringen sind Tauf- und Impfschein und das letzte Schulzeugnis.

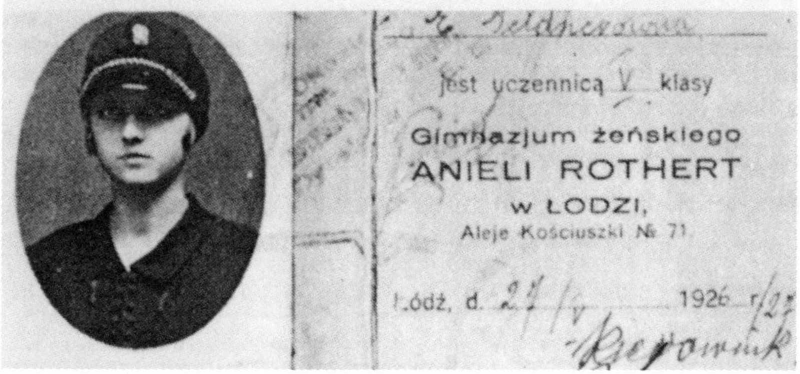

Abb. 112 u. 113: Schulanzeige aus einer Zeitung und Schülerausweis eines deutschen Mädchengymnasiums in Lodz

Abb. 114: Dr. Otto Schönbeck (1881–1959)

Abb. 115: Das Lodzer Deutsche Gymnasium (LDG)

Nr. 17 Bromberg, den 1. Juni 1931. Jahrgang 11.

Deutsche Schulzeitung

in Polen

Herausgegeben vom Landesverband deutscher Lehrer und Lehrerinnen in Polen.

Verantwortlicher Redakteur: Fritz Hopp, Bromberg, für die Anzeigen: Marta Gutowsky, Bromberg.

Verlag: W. Johne's Buchhandl., Inh. „Legut", Spółdz. z o. o., Bydgoszcz, Gdańska 160. Nachdruck m. Quellenangabe gestattet.

Abb. 116: Seit 1920 erschien in Bromberg die »Deutsche Schulzeitung«

Abb. 117: Ein Lied- und Spielbuch der Elternhilfe der Deutschen Vereinigung

5. Jugendbewegung, Vereine Deutscher Hochschüler (VDH)

Im polnischen Staat gab es eine große Zahl deutscher Jugendorganisationen, die auf unterschiedliche Wurzeln zurückgingen. Die Wandervogel- und Pfadfindergruppen schlossen sich 1926 zur »Deutschen Jungenschaft in Polen« zusammen.

Im Lodzer Industriegebiet entstanden Gruppen der Deutschen Sozialistischen Arbeiterjugend. Die breitgefächerte Jugendarbeit der Unierten Evangelischen Kirche im Posener Gebiet entsprach der selbstgestellten Aufgabe dieser Kirche als Vertreterin deutscher Interessen.

Daneben waren es vor allem Turn- und Sportvereine, so die Rudervereine »Frithjof« in Bromberg, »Neptun« und »Germania« in Posen, in denen deutsche Jugendliche organisiert waren.

Die verschiedenen Jugendgruppen arbeiteten dabei frühzeitig über die ehemaligen Teilungsgebietsgrenzen hinweg zusammen und hatten dadurch großen Anteil an der Entwicklung eines Gemeinschaftsgefühls aller Deutschen in Polen. Dies wurde für die weitere Entwicklung von Bedeutung, als seit den dreißiger Jahren aus dieser Jugendbewegung stammende Persönlichkeiten zunehmend Einfluß auf die deutschen Organisationen und politischen Parteien gewannen.

Abb. 118: Wappen des Verbands Deutscher Hochschüler (V. D. H.) Warschau

Abb. 119: Das Clubhaus des deutschen Ruderklubs Frithjof in Bromberg

Die deutschen Studenten an polnischen Universitäten bildeten eigene Studentenverbindungen, »Vereine Deutscher Hochschüler« (VDH) genannt.
Der VDH Posen wurde 1925 auf Anregung von Kurt Lück gegründet, der VDH in Warschau 1926. Im September 1926 schlossen sich alle entsprechenden Vereine Polens in Lodz zum »Verband der Vereine Deutscher Hochschüler in Polen« (VVDH) zusammen.

6. Kulturelles Leben

Das deutsche Kulturleben war im Posener Gebiet verständlicherweise durch die Massenabwanderung der ersten Jahre schwer beeinträchtigt.
Ein ständiges deutsches Theater konnte zwar 1920 mit der »Deutschen Bühne« in Bromberg errichtet werden. Dennoch wanderten begabte junge Schauspieler wie der Posener O. E. Hasse nach Deutschland ab.
Liebhaberbühnen gab es außerdem noch in Posen, Kolmar und Wollstein. In Lodz gelang es dem 1923 gegründeten Theaterverein »Thalia«, eine Liebhaberbühne zu unterhalten, die auch in anderen Orten Mittelpolens Gastspiele aufführen konnte.

Abb. 120: Hermann Rauschning

Zur bedeutendsten deutschen Kulturorganisation Polens entwickelte sich die Posener »Historische Gesellschaft«, die allerdings 1922 zunächst nur 73 Mitglieder, d. h. fünf Prozent ihres Bestandes von 1910 zählte und sich erst in den folgenden Jahren wieder konsolidieren konnte. Ihre großen Bibliotheksbestände (ca. 10000 Bände) wurden der Grundstock für die 1919 gegründete »Deutsche Bücherei« in Posen. Ihr Leiter war bis 1926 Hermann Rauschning. Diese Deutsche Bücherei entwickelte sich später zur Dachorganisation für das gesamte deutsche Bibliothekswesen in Posen und Mittelpolen.
Die Historische Gesellschaft gab seit 1923 die »Deutsche Wissenschaftliche Zeitung für Polen« heraus, von 1924 bis 1931 auch die »Deutschen Blätter in Polen«, danach als »Deutsche Monatshefte in Polen« weitergeführt.

Abb. 121: Titelseiten deutscher Zeitschriften aus dem Polen der Zwischenkriegszeit

Sonnabend, den 11. Mai 1935.

Besuch der Ausstellungen.

Begrüßungsworte durch den Vorsitzenden der »Historischen Gesellschaft«.

Vorträge unserer Gäste.

Privatdozent Dr. E. Maschke (Königsberg). »Zur Kulturgeschichte des mittelalterlichen Deutschtums in Polen«.

Dr. Schuster (Berlin). »Die Aufgaben der Bücherei im neuen Deutschland«.

Festkommers in der Loge, Grobla 25. Festansprache des Geschäftsführers der »Historischen Gesellschaft«. (Die Entwicklung der Historischen Gesellschaft und ihre zukünftigen Aufgaben).

Sonntag, den 12. Mai 1935.

Vorträge einheimischer Wissenschaftler.

Dr. Lattermann. »Die Ortsnamen des deutsch-polnischen Grenzraumes als Geschichtsquelle«.

Schulleiter Albert Breyer (Sompolno). »Posen und Pommerellen als Mutterland der deutschen Siedlungen in Kongreßpolen und Wolhynien«.

Besuch der Ausstellungen und Gottesdienst.

Dr. Walter Kuhn (Bielitz). »Der Stand der deutschen Sprachinselforschung in Polen«.

Dr. O. E. Kossmann (Lodz). »Deutsche Siedlungskräfte in der Entwicklung der Stadt Lodz«.

Volksliederabend des Posener Spiel- und Singkreises. »Alte Volkslieder deutscher Bauerndörfer in Polen«. (Auf Grund der Anfang Mai erscheinenden Liedersammlung von Kurt Lück-Posen, Robert Klatt-Sompolno unter dem Titel »Singendes Volk«).

Die

Buchausstellung

gibt einen Überblick über die wissenschaftlichen Arbeiten deutscher Forscher in Polen seit 1920, vor allem auf dem Gebiete der Geschichte und Volkskunde.

(Organisator cand. phil. Heinz Beckmann).

Die

Gemäldeausstellung

bringt Arbeiten von Hertha Strzygowski-Biala, Friedrich Kunitzer-Lodz, Franz Sikora-Piotrowice-Sl., Prof. Strauss-Bielitz, Hans Neumann-Kattowitz, Willy Heier-Kattowitz, Hans Kohnheiser-Skotschau, Alfred Slupik-Chorzów, Frau Schulze-Koeper, Thorn u.a.

(Organisator mgr. Zeno Herbert Schindler-Posen).

Die

Lichtbilderausstellung

bringt künstlerische Aufnahmen einheimischer Lichtbildner (A. Kraft, Hans von Rosen, Edgar Boidol, Ernst Stewner u.a.) vor allem aus dem Leben der Deutschen in Polen.

(Organisator Ernst Stewner).

Gemäldeausstellung Plac Wolności 14a (Instytut Krzewienia Sztuki). Kawiarnia pod Kaktusem.

Buch- und Bildausstellung in den Räumen des Evgl. Vereinshauses, Poznań Wjazdowa 8.

Abb. 122: Programm zur 50-Jahrfeier der Historischen Gesellschaft für Posen im Mai 1935

Heute 16 Seiten — Drugi nakład po konfiskacie — Einzelpreis 20 gr

Posener Tageblatt

Poznańska Gazeta Codzienna

Bezugspreis: In der Geschäftsstelle und den Ausgabestellen monatlich 4.— zł, mit Zustellgeld in Poznań 4.40 zł, in der Provinz 4.30 zł. Bei Postbezug monatlich 4.40 zł, vierteljährlich 13.10 zł. Unter Streifband in Polen, Danzig und Ausland monatlich 6 zł. Bezugspreis in Deutschland monatlich 2.50 Rmk. durch Ausland-Zeitungshandel G. m. b. H., Köln, Stolkgasse 25/31. Bei höherer Gewalt, Betriebsstörung oder Arbeitsniederlegung besteht kein Anspruch auf Nachlieferung der Zeitung oder Rückzahlung des Bezugspreises. Zuschriften sind an die Schriftleitung des Posener Tageblattes, Poznań, Aleja Marszałka Piłsudskiego 25, zu richten. Telegrammanschrift: Tageblatt, Poznań. Postscheckkonto: Poznań Nr. 200283. (Konto-Inh.: Concordia Sp. Akc.). Fernsprecher 6105, 6275.

Gegründet 1864

Anzeigenpreis: Die 34 mm breite Millimeterzeile 15 gr, Textteil-Millimeterzeile (68 mm breit) 75 gr. Platzvorschrift und schwieriger Satz 50% Aufschlag. Offertengebühr 50 Groschen. Abbestellung von Anzeigen schriftlich erbeten. — Keine Gewähr für die Aufnahme an bestimmten Tagen und Plätzen. — Keine Haftung für Fehler infolge undeutlichen Manuskriptes. — Für Beilagen zu Chiffrebriefen (Photographien, Zeugnisse usw.) keine Haftung. — Anschrift für Anzeigenaufträge: Posener Tageblatt, Anzeigen-Abteilung, Poznań 3, Aleja Marszałka Piłsudskiego 25. — Postscheckkonto Nr. 200283, Concordia Sp. Akc., Poznań. — Anzeigenannahme auch durch alle Anzeigen-Vermittlungen des In- und Auslandes. — Gerichts- und Erfüllungsort Poznań. — Fernsprecher 6275, 6105.

78. Jahrgang — Poznań, niedziela, 26-go lutego 1939 — Posen, Sonntag, 26. Februar 1939 — Nr. 47

Abb. 123: Posener Tageblatt vom 26. Februar 1939 mit dem polnischen Vermerk: »Zweite Ausgabe nach der Beschlagnahme«, erschien mit leerer Titelseite

Drugi nakład po konfiskacie

Nr. … / 11. Jahrgang — Lodz, Freitag, den 16. Juni 1933 — Einzelpreis 20 Groschen

Freie Presse

Bezugspreis monatlich: In Lodz mit Zustellung durch Zeitungsboten Zł. 5.—, Ausland Zł. 8.90. Erscheint mit Ausnahme der auf Feiertage folg. Tage frühmorg., sonst nachm. Bei Betriebsstörung, Arbeitsniederlegung oder Beschlagnahme der Zeitung hat der Bezieher keinen Anspruch auf Nachlieferung oder Rückzahlung des Bezugspreises. Honorare f. Beiträge werden nur nach vorher. Vereinbarung gezahlt.

Schriftleitung und Geschäftsstelle: Lodz, Petrikauer Straße Nr. 86

Anzeigenpreise: Die 7gespaltene Millimeterzeile 15 Gr., die 3gesp. Reklamezeile (mm) 60 Gr., Eingesandtes pro Textzeile 120 Gr. Für Arbeitsuchende Vergünstigungen. Klein-Anzeigen bis 15 Wörter Zł. 1.50, jedes weitere Wort 10 Groschen. Ausland: 50% Zuschlag. Postscheckkonto: Tow. Wyd. „Libertas", Łódź, Nr. 60.689 Warszawa. Zahlstelle für Deutschland: Dresdner Bank, Berlin W 56, Konto Nr. 51007 25 „Libertas".

Abb. 124: Die Lodzer Freie Presse vom 16. Juni 1933 mit dem polnischen Vermerk: »Zweite Ausgabe nach der Beschlagnahme«

Abb. 125: Die »Deutsche Rundschau« Bromberg und der »Kujawische Bote« aus Hohensalza, zwei deutsche Zeitungen aus dem Posener Land

Abb. 126: Titel- und Anzeigenseite aus dem Landwirtschaftlichen Kalender für Polen 1930

Die »Historische Gesellschaft für Polen«, wie sie sich seit 1935 nannte, wurde zum Zusammenschluß deutscher Wissenschaftler aus allen drei ehemaligen Teilgebieten, von denen hier nur Walter Maas, Albert Breyer, Kurt Lück, Wolfgang Kohte, Oskar Kossmann, Walter Kuhn und Alfred Lattermann genannt werden sollen.
Die Sonderrolle Brombergs als kulturelles Zentrum der Deutschen kam auch in der dort bestehenden »Deutschen Gesellschaft für Kunst und Wissenschaft« zum Ausdruck.
Das deutsche Pressewesen in Polen hatte seinen Schwerpunkt in Lodz, wo 1938 noch 20 deutsche Periodika herausgegeben wurden. Die bedeutendsten waren die Lodzer »Freie Presse«, die sozialdemokratische »Lodzer Zeitung«, die polnisch orientierte »Neue Lodzer Zeitung« sowie die Wochenschrift »Deutscher Volksbote« als Organ des Deutschen Kultur- und Wirtschaftsbundes.
Die seit 1934 von der Jungdeutschen Partei herausgegebenen »Deutschen Nachrichten« waren in ganz Polen verbreitet.
Im Posener Gebiet hatte die in Bromberg erscheinende »Deutsche Rundschau in Polen« mit 18000 Exemplaren die größte Auflage, gefolgt vom »Posener Tageblatt« mit zuletzt 9000 Exemplaren. Daneben gab es eine Vielzahl weiterer regionaler, kirchlicher und berufsständischer Periodika.

7. Wirtschaftsleben, Genossenschaften

In Mittelpolen konnten sich die deutschen Industriebetriebe nur schwer von den Rückschlägen während der Besatzungszeit erholen, da der bisherige russische Absatzmarkt verloren war und seitens der expandierenden polnischen, aber auch jüdischen Wirtschaftsunternehmen starke Konkurrenten entstanden. Auch für die deutschen Angestellten und Arbeiter Mittelpolens wirkten sich die politischen Veränderungen nachteilig aus. Sie waren in hohem Maße von Arbeitslosigkeit betroffen. Die deutsche Landwirtschaft Mittelpolens dagegen überstand den Wandel der Verhältnisse weitgehend unbeschadet.
Im Posener Gebiet bildete aufgrund der geschilderten Abwanderung deutscher Beamter, Kaufleute, Freiberufler, Handwerker und Arbeiter die bäuerliche Bevölkerung die Mehrheit der deutschen Bevölkerung. Die deutsche Landwirtschaft konnte sich in Posen eine starke wirtschaftliche Position sichern und behaupten.
Von 91500 landwirtschaftlichen Betrieben im Posener Gebiet im Jahre 1931 waren 25,6 Prozent in evangelischem (praktisch gleichbedeutend mit deutschem) Besitz. Dabei betrug der deutsche Anteil bei den besonders kräftigen Mittelbetrieben zwischen 10 und 50 ha 30 Prozent, bei den 2600 Großbetrieben mit mehr als 50 ha 33,3 Prozent. Der Anteil der Evangelischen betrug nur 9,4 Prozent der Gesamtbevölkerung im Posener Gebiet, ihr Anteil an der landwirtschaftlich tätigen Bevölkerung betrug aber 14,4 Prozent. Als berufsständische Organisation der deutschen Landwirte war 1919 der Hauptverein der deutschen Bauernvereine entstanden. Er wurde 1923 von den polnischen Behörden aufgelöst. Daraufhin wurde im November 1923 die »Westpolnische Landwirtschaftliche Gesellschaft« (Welage) gegründet, die 1930 bereits 10000 Mitglieder in 175 Ortsvereinen mit einer Gesamtnutzfläche von 1,4 Millionen Morgen umfaßte.
Die Welage unterstützte und beriet ihre Mitglieder sowohl in rechtlichen wie in wirtschaftlichen Fragen und trug wesentlich zur großen Leistungsfähigkeit der deutschen Landwirtschaft in Polen bei.

Die Hauptstütze der deutschen Landwirtschaft war aber ihr Genossenschaftswesen, das unter den neuen Verhältnissen die frühere Zersplitterung überwand und sich unter der Führung des »Verbandes Deutscher Genossenschaften« (Raiffeisen) zur zentralen deutschen Wirtschaftsorganisation entwickelte. Bis 1925 wurde der »Verband deutscher Genossenschaften« von Leo Wegener, danach von Friedrich Swart geleitet.

Abb. 127: Der Posener Genossenschaftler Friedrich Swart

Um 1933 gab es im Posenschen 580 Einzelgenossenschaften, davon 251 Darlehens- und Sparkassengenossenschaften, 51 Banken- und Vorschußgenossenschaften, 99 Ein- und Verkaufsgenossenschaften, 66 Molkereigenossenschaften, 42 Brennereigenossenschaften, 6 Dreschgenossenschaften, 9 Vieheinkaufsgenossenschaften, 7 Bau- und Ansiedlergenossenschaften, 43 sonstige Genossenschaften sowie 6 Aktiengesellschaften. Des weiteren gab es eine Waren- und eine Molkereizentrale. Ab 1925 übernahmen die Posener Organisationen auch die Unterstützung der wirtschaftlich schwächeren deutschen Genossenschaften in Mittelpolen, wo der »Verband der deutschen Genossenschaften« mit Sitz in Lodz 80 Kreditgenossenschaften, mehrere Konsumgenossenschaften und eine Molkereigenossenschaft mit 5000 Mitgliedern umfaßte.

8. Die deutsche Minderheit in Polen als Objekt der Reichspolitik und des Nationalsozialismus

Seitens des Deutschen Reiches wurde der deutschen Minderheit in Polen seit dem Ende des Ersten Weltkrieges größte Bedeutung zugemessen. Die Existenz einer starken Volksgruppe in Posen und Pommerellen war ein wichtiges Argument für die von allen politischen Kräften der Weimarer Republik vertretene Forderung nach einer Revision der Versailler Ostgrenze. Um die Abwanderung der Deutschen einzudämmen und ihre Lage im neuen polnischen Staat zu stärken, wurde eine massive finanzielle Unterstützung der deutschen Volksgruppe organisiert, die allerdings aus politischen Gründen strengster Geheimhaltung unterlag. Koordiniert und abgewickelt wurde die Subventionierung vor allem über die »Deutsche Stiftung«, die offiziell als private Einrichtung firmierte, in der Tat aber eine staatliche Einrichtung war. Die Deutsche Stiftung unter Leitung von Erich Krahmer-Möllenberg gewann durch die Verteilung der Mittel auch unmittelbaren Einfluß auf die Führung und Entwicklung der deutschen Minderheit. Dies wirkte sich teilweise nachteilig aus, weil deren Interessen damit den Interessen der reichsdeutschen Politik untergeordnet wurden. Nicht zuletzt aus Protest gegen diese Instrumentalisierung der deutschen Minderheit in Polen verließ einer der bis dahin aktivsten Vertreter der Deutschen, der Leiter der Deutschen Bücherei in Posen, Hermann Rauschning, im Jahre 1926 Polen und ging nach Danzig.

Die deutschen Versuche, Polen politisch (durch Unterstützung der deutschen Minderheit vor dem Völkerbund) und wirtschaftlich (u. a. durch den von 1925 bis 1934 geführten »Wirtschaftskrieg«) zu schwächen und dadurch zu einem Gebietsverzicht zu veranlassen, blieben erfolglos. Durch Abtrennung der deutschen Landwirtschaft in Posen und Pommerellen von ihren traditionellen mitteldeutsch-Berliner Absatzmärkten und durch Verstärkung der polnischen Ängste um die Sicherheit der Westgrenze wirkten sich diese Maßnahmen des Reiches aber nachteilig für die deutsche Minderheit aus. Besonders deutlich wurde die Abhängigkeit der deutschen Minderheit in Polen von der Reichspolitik nach der Machtergreifung des Nationalsozialismus 1933. Nach dem Austritt Deutschlands aus dem Völkerbund und dem Abschluß des deutsch-polnischen Nichtangriffspaktes 1934 endete die Unterstützung der Anliegen der Minderheit vor dem Völkerbund durch das Reich, und die Führung der deutschen Volksgruppe in Polen mußte sich mit Klagen über die polnische Minderheitenpolitik zurückhalten. Gleichzeitig wurde von den Nationalsozialisten die Kontrolle über die Auslandsdeutschen verstärkt, zunächst über den 1933 eingerichteten Volksdeutschen Rat, seit 1936 durch die Volksdeutsche Mittelstelle.

9. Jungdeutsche Partei und Deutsche Vereinigung

Die Entwicklung im Deutschen Reich nach 1933 wirkte sich nachhaltig auch auf die Deutschen in Polen aus. Der Aufschwung des nationalsozialistischen Staates übte auf viele Auslandsdeutsche, die ohnehin ein verklärtes Deutschlandbild hatten, eine große Faszination aus und führte zu einer Art »nationaler Erweckung«. Die 1931 gegründete Jungdeutsche Partei, auf eine seit 1928 in Bielitz bestehende, unbedeutende nationalsozialistische Vereinigung zurückgehend, dehnte ihre Tätigkeit auf ganz Polen aus und wurde unter ihrem Vorsitzenden Rudolf Wiesner zu einer ab 1934 auch im Posener Gebiet und Mittelpolen einflußreichen politischen Kraft. Ihr kam die Unzufriedenheit eines Teils vor allem der jüngeren Generation der Deutschen in Polen mit der konservativen, noch stark in den Traditionen der Vorkriegszeit verhafteten bisherigen Führung der Minderheit zustatten.

Diese versuchte, dem politischen Konkurrenten durch eine neue, einheitliche politische Organisation zu begegnen. Mit der 1934 gebildeten »Deutschen Vereinigung« vollzog sich gleichzeitig ein Wechsel innerhalb der Führung der Deutschen in Polen. Jüngere, aus der Jugendbewegung kommende Persönlichkeiten gewannen an Einfluß. 1936 wurde als Vertreter der »Jungen« Hans Kohnert Vorsitzender der Deutschen Vereinigung.

Abb. 128: Plakat der »Jungdeutschen Partei«

Abb. 129: Plakat der »Deutschen Vereinigung«

Die gleiche Entwicklung vollzog sich in Mittelpolen, wo im »Deutschen Volksverband« jüngere Kräfte um Ludwig Wolff Verantwortung übernahmen.
Die deutschen Katholiken waren vor allem durch die Auseinandersetzung um Eduard Pant betroffen. Dieser war ein kompromißloser Gegner des Nationalsozialismus und mußte die Leitung der »Deutsch-christlichen Volkspartei« nach Angriffen innerparteilicher Gegner und massivem Druck aus dem Deutschen Reich 1934 niederlegen. Sein Versuch, mit einem »Verband der Deutschen in Polen« und der Zeitung »Der Deutsche in Polen« dem Kampf gegen den Nationalsozialismus eine organisatorische Basis zu schaffen, hatte keinen nennenswerten Erfolg.

Abb. 130: Hans Kohnert, Sprecher der Deutschen Vereinigung bis 1939

Obgleich Jungdeutsche Partei und Deutsche Vereinigung gegenüber der polnischen Minderheitenpolitik gemeinsame Interessen vertraten, waren die Bruderkämpfe innerhalb der deutschen Minderheit für diese sehr nachteilig. Es fehlte nicht an Versuchen, sowohl aus der Volksgruppe selbst als auch aus dem Reich, den Konflikt beizulegen, aber ohne Erfolg. Bis zuletzt blieb die deutsche Minderheit in Polen politisch gespalten.
Von polnischer Regierungsseite wurden die Gegensätze innerhalb der Minderheit genutzt und nach Möglichkeit vertieft. So wurde 1935 neben Erwin Hasbach auch der Landesleiter der Jungdeutschen Partei Wiesner zum Senator berufen, und 1938 versuchte die Regierung sogar, durch Berufung des Jungdeutschen Vertreters Michael Wambeck anstelle von Wiesner Rivalitäten innerhalb der Jungdeutschen Partei zu schüren. Durch ihre zunehmend intolerante Minderheitenpolitik trug sie aber wesentlich dazu bei, daß die Auseinandersetzungen unter den Deutschen seit 1938 an Schärfe verloren.
Aus dem gleichen Grund konnten auch offensichtlich von der polnischen Regierung abhängige und in ihrem Sinne tätige Organisationen wie der 1928 gebildete »Deutsche Kultur- und Wirtschaftsbund« und die »Vereinigung der Deutschen Polens« keinen größeren Einfluß in der deutschen Bevölkerung gewinnen.

10. Das Jahr 1939 – Unterdrückung und Angst

Nach dem Anschluß des Sudetenlandes 1938 ließ Hitler der polnischen Regierung seine Forderung nach Rückkehr Danzigs zu Deutschland und Schaffung einer exterritorialen Verbindung durch den Korridor zwischen Pommern und Ostpreußen übermitteln. Polen reagierte ablehnend, wurde allerdings durch die deutsche Besetzung der Tschechoslowakei und die Angliederung des Memelgebiets an das Reich im März 1939 stark beunruhigt. Die britische Garantieerklärung vom 31. März 1939 bestärkte Polen dann in seiner harten Haltung.

Die deutsch-polnischen Spannungen seit Ende 1938 wirkten sich zunehmend unheilvoll auf die Lage der Deutschen in Polen aus.

Die polnische Presse schürte die Furcht vor deutschen »Diversanten«, Behörden und polnische Bevölkerung sahen in jeder deutschen Organisation und in jeder deutschen Veranstaltung staatsfeindliche Bestrebungen am Werk.

Auch im Deutschen Reich wurden die daraufhin tatsächlich zunehmenden Ausschreitungen gegen die Deutschen in Polen und ihre Einrichtungen von der nationalsozialistischen Propaganda dazu benützt, eine antipolnische Stimmung zu verbreiten.

Am 30. März 1939 schuf ein polnisches Gesetz die Möglichkeit der Aussiedlung aus bedrohten Staatsgebieten, am 23. Juni ein weiteres Gesetz die Voraussetzung zur »Internierung staatsgefährdender Personen bei Eintritt des Kriegszustandes«. Auch die Tätigkeit der deutschen Genossenschaften und Vereine wurde durch neue Verordnungen zunehmend behindert. Die deutschen Minderheitenvertreter Erwin Hasbach und Wiesner richteten

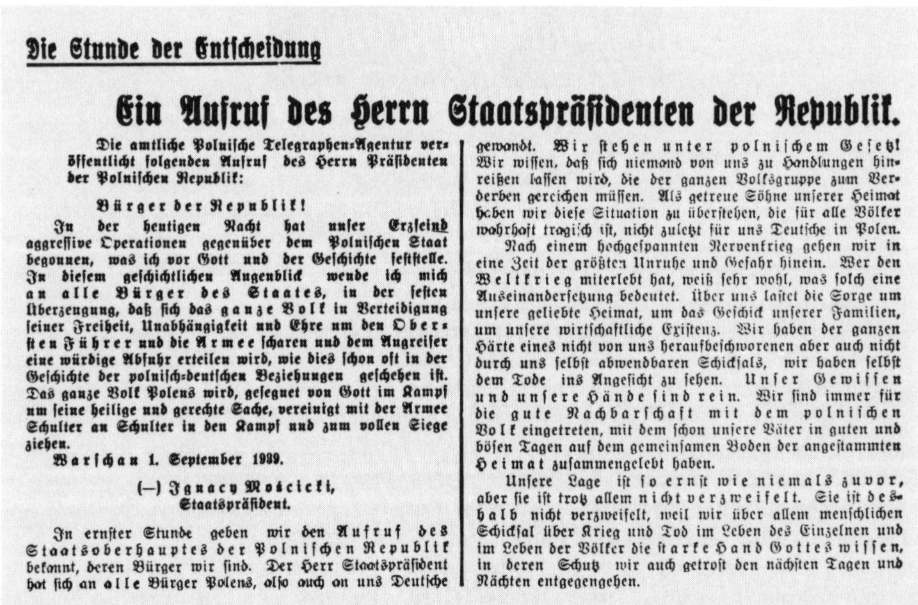

Die Stunde der Entscheidung

Ein Aufruf des Herrn Staatspräsidenten der Republik.

Die amtliche Polnische Telegraphen-Agentur veröffentlicht folgenden Aufruf des Herrn Präsidenten der Polnischen Republik:

Bürger der Republik!

In der heutigen Nacht hat unser Erzfeind aggressive Operationen gegenüber dem Polnischen Staat begonnen, was ich vor Gott und der Geschichte feststelle. In diesem geschichtlichen Augenblick wende ich mich an alle Bürger des Staates, in der festen Überzeugung, daß sich das ganze Volk in Verteidigung seiner Freiheit, Unabhängigkeit und Ehre um den Obersten Führer und die Armee scharen und dem Angreifer eine würdige Abfuhr erteilen wird, wie dies schon oft in der Geschichte der polnisch-deutschen Beziehungen geschehen ist. Das ganze Volk Polens wird, gesegnet von Gott im Kampf um seine heilige und gerechte Sache, vereinigt mit der Armee Schulter an Schulter in den Kampf und zum vollen Siege ziehen.

Warschau 1. September 1939.

(—) Ignacy Mościcki,
Staatspräsident.

In ernster Stunde geben wir den Aufruf des Staatsoberhauptes der Polnischen Republik bekannt, deren Bürger wir sind. Der Herr Staatspräsident hat sich an alle Bürger Polens, also auch an uns Deutsche gewandt. Wir stehen unter polnischem Gesetz! Wir wissen, daß sich niemand von uns zu Handlungen hinreißen lassen wird, die der ganzen Volksgruppe zum Verderben gereichen müssen. Als getreue Söhne unserer Heimat haben wir diese Situation zu überstehen, die für alle Völker wahrhaft tragisch ist, nicht zuletzt für uns Deutsche in Polen.

Nach einem hochgespannten Nervenkrieg gehen wir in eine Zeit der größten Unruhe und Gefahr hinein. Wer den Weltkrieg miterlebt hat, weiß sehr wohl, was solch eine Auseinandersetzung bedeutet. Über uns lastet die Sorge um unsere geliebte Heimat, um das Geschick unserer Familien, um unsere wirtschaftliche Existenz. Wir haben der ganzen Härte eines nicht von uns heraufbeschworenen aber auch nicht durch uns selbst abwendbaren Schicksals, wir haben selbst dem Tode ins Angesicht zu sehen. Unser Gewissen und unsere Hände sind rein. Wir sind immer für die gute Nachbarschaft mit dem polnischen Volk eingetreten, mit dem schon unsere Väter in guten und bösen Tagen auf dem gemeinsamen Boden der angestammten Heimat zusammengelebt haben.

Unsere Lage ist so ernst wie niemals zuvor, aber sie ist trotz allem nicht verzweifelt. Sie ist deshalb nicht verzweifelt, weil wir über allem menschlichen Schicksal über Krieg und Tod im Leben des Einzelnen und im Leben der Völker die starke Hand Gottes wissen, in deren Schutz wir auch getrost den nächsten Tagen und Nächten entgegengehen.

Abb. 131: Aufruf des polnischen Staatspräsidenten vom 1. September 1939 und Kommentar des Schriftleiters der »Deutschen Rundschau«, Gotthold Starke

Starostwo Grodzkie Poznańskie

Pieczęć nagłówkowa powiatowej władzy adm.-ogólnej

Nr 303/B

Poznań dnia 1. IX 1939 r.
(miejscowość)

DO
PANA (I) Lattermanna Alfreda Ludwika
w Poznaniu
ul. Działyńskich 10 m.9

Zarządzenie internowania

Na zasadzie art. 3 ustawy z dnia 22. lutego 1937 r. o stanie wyjątkowym (Dz. U. R. P. Nr 17, poz 108) oraz § 2d Rozp. Ministra Spr. Wewn. z dnia 5.VI.37 (Dz. U. R. P. Nr 48, poz. 373) zarządzam przytrzymanie i internowanie Pana (i) na okres dni 30, licząc od dnia dzisiejszego. Odstawienie Pana (i) do miejsca internowania nastąpi przymusowo.

Zarządzenie niniejsze na podstawie § 8 Rozp. Ministra Spr. Wewn. z dnia 5 czerwca 1937 r. (Dz. U. R. P. Nr 48, poz. 373) jest natychmiast wykonalne. Od powyższego zarządzenia służy Panu (i) prawo wniesienia odwołania do właściwego Wojewody za moim pośrednictwem w ciągu dni 14-tu, licząc od dnia następnego po dniu doręczenia zarządzenia. Wniesienie odwołania nie wstrzymuje wykonania niniejszego zarządzenia.

M. P.

STAROSTA GRODZKI POZNAŃSKI

Na oryginale obowiązuje podpis.
na odpisie pieczęć.

(podpis)
KIEROWNIK
POWIATOWEJ WŁADZY ADM.-OGÓLNEJ

Abb. 132: Polnische Internierungsverfügung von 1939 für den Herausgeber der »Deutschen Monatshefte in Polen«, Alfred Lattermann

deshalb im Mai einen eindringlichen Appell an den polnischen Staatspräsidenten, wobei sie darauf hinwiesen, daß die »bis zur Vernichtung gefährdeten« Deutschen in Polen unter »ungeheurem physischen und psychischen Druck« stünden.

Insgesamt war ein Klima der Feindschaft zwischen Polen und Deutschland entstanden, das für die Zukunft der Deutschen in Polen das Schlimmste befürchten ließ. Bis August 1939 waren deshalb bereits rd. 70000 Deutsche aus den Grenzgebieten in das Deutsche Reich geflüchtet.

Teil VIII
Im Zweiten Weltkrieg

1. Die Deutschen in Polen im September 1939

Nachdem erste Verhaftungen von führenden Persönlichkeiten der Deutschen in Polen bereits am 25. August stattgefunden hatten, wurden nach Ausbruch des Krieges insgesamt etwa 15000 Deutsche, davon rund 10000 aus Posen-Pommerellen, interniert. Der größte Teil der Festgenommenen, darunter auch Alte, Kranke, Frauen und Kinder, wurden auf Fußmärschen unter härtesten Bedingungen in das Landesinnere, nach den Internierungslagern Brest am Bug und Bereza Kartuska, rd. 300 km östlich von Warschau, verschleppt. Durch den raschen Vormarsch der deutschen Truppen erreichten sie die Lager nicht mehr, sondern wurden mit Masse im Raume Kutno befreit.

Nach deutschen Untersuchungen sind bei den Verschleppungen etwa 2000 Deutsche aus Polen umgekommen.

Weitere Verluste forderten neben den eigentlichen Kriegshandlungen wie Bombardierungen durch die deutsche Luftwaffe auch Ausschreitungen von polnischen Zivilpersonen und Militärs gegenüber Volksdeutschen. Die Auseinandersetzung über den Anlaß und das Ausmaß dieser Ausschreitungen, die in ganz Polen mindestens 5000 Opfer gefordert haben und für die der sogenannte »Bromberger Blutsonntag« (3. 9. 1939) Symbol geworden ist, wird bis heute kontrovers zwischen der deutschen und der polnischen Historiographie geführt.

Während die polnische Seite die Aktionen einer deutschen »Fünften Kolonne« für das Geschehen verantwortlich macht, betont die deutsche Seite die Loyalität der deutschen Minderheit gegenüber dem polnischen Staat, von wenigen Aktionen einzelner Fanatiker abgesehen. Erschwerend für die Wahrheitsfindung kommt hinzu, daß die nationalsozialistische Propaganda die Zahl der Ermordeten auf 58000, dann sogar auf 60000 erhöhte, um damit deutsche Terrormaßnahmen wie Massenerschießungen im besetzten Polen zu rechtfertigen. Durch diese Verfälschungen wurde auch die Glaubwürdigkeit seriöser deutscher Untersuchungen gemindert.

Tatsächlich haben vor und während des deutsch-polnischen Krieges 1939 einige Sabotageakte bzw. Sabotageversuche durch Deutsche aus Polen erwiesenermaßen stattgefunden. Es handelte sich jedoch um Einzelfälle, während die große Mehrheit der Volksdeutschen, nicht zuletzt aus Angst vor Vergeltung, sich dem polnischen Staat gegenüber loyal verhalten hat.

Daß ihre Sympathien aber ganz überwiegend der deutschen Seite galten, kann angesichts der geschilderten Entwicklung des deutsch-polnischen Verhältnisses bis 1939 als sicher angenommen werden.

Der Einmarsch der deutschen Truppen in Polen wurde von ihnen als Befreiung aus unmittelbarer Lebensgefahr empfunden und enthusiastisch begrüßt.

Das galt wohl auch für mehrere Tausend Deutsche, die als Reservisten der polnischen Armee 1939 eingezogen wurden und den Kriegsausbruch in polnischer Uniform erlebten.

Abb. 134: Seite aus dem polnischen Militärpaß eines Lodzer Volksdeutschen, in welchem dessen deutsche Volkszugehörigkeit vermerkt ist: Punkt 4. Język macierzysty (Muttersprache): niemiecki (deutsch); Narodowość (Nationalität): niemiec (Deutscher); Wyznanie (Konfession): ewang. (evang.)

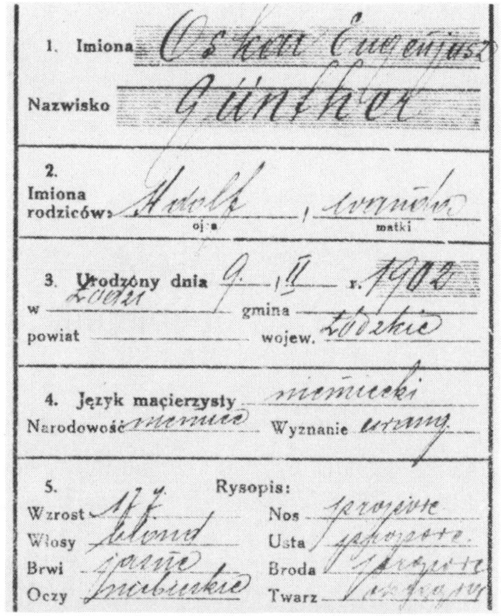
1. Imiona Oskar Eugeniusz
Nazwisko Günther
2. Imiona rodziców: Adolf, [illegible]
ojca matki
3. Urodzony dnia 9 / II r. 1902
w Łodzi gmina
powiat wojew. Łódzkie
4. Język macierzysty niemiecki
Narodowość niemiec Wyznanie ewang.
5. Rysopis:
Wzrost 177 Nos prosty
Włosy blond Usta [illegible]
Brwi jasne Broda [illegible]
Oczy niebieskie Twarz [illegible]

Abb. 133: Verschleppte Volksdeutsche in Brest-Litowsk nach ihrer Befreiung durch deutsche Truppen

Sie waren allerdings vorwiegend im Osten des Landes eingesetzt worden, wo sie nach dem Einmarsch der Roten Armee in sowjetische Kriegsgefangenschaft gerieten. Eine nicht genau bekannte Zahl von Deutschen ist 1939 auf polnischer Seite im Kriege gefallen, darunter führende Persönlichkeiten wie der Siedlungsforscher Albert Breyer.

2. Die neue deutsche Verwaltung und die einheimischen Deutschen

a) Administrative Maßnahmen

Das aus der Distanz der Auslandsdeutschen verklärte Bild von Deutschland wurde allerdings nach der deutschen Besetzung Polens rasch zerstört. Vor allem die Posener hatten geglaubt, es würde der Zustand von vor 1918 durch Rückgliederung an Preußen wieder hergestellt. In Mittelpolen waren noch die Erfahrungen mit der im allgemeinen korrekten deutschen Militärverwaltung im Ersten Weltkrieg lebendig.

Die ersten deutschen administrativen Maßnahmen zeigten aber bereits, daß kein Anknüpfen an preußisch-deutsche Traditionen beabsichtigt war. Das früher zur Provinz Posen gehörende Gebiet nördlich der Netze mit Bromberg und Wirsitz wurde dem »Reichsgau Danzig-Westpreußen« angeschlossen. Der größte Teil der ehemaligen Provinz Posen und der westliche Teil des früheren Kongreßpolen mit den Städten Lodz und Kalisch wurden als »Reichsgau Posen« unmittelbar dem Reich eingegliedert. Im Februar 1940 wurde durch die Umbenennung in »Reichsgau Wartheland«, kurz »Warthegau« genannt, die Erinnerung an die Provinz Posen ganz gelöscht.

Der größere Teil Mittelpolens bildete den Kern des sogenannten »Generalgouvernements für die besetzten polnischen Gebiete« unter Hans Frank.

Im »Reichsgau Wartheland« wollte Gauleiter Arthur Greiser einen »nationalsozialistischen Mustergau« schaffen. Er ging dabei von einem »rechtsfreien Raum« aus, in dem ohne Rücksicht auf bisherige deutsche Traditionen oder rechtsstaatliche Grundsätze nationalsozialistische Vorstellungen verwirklicht werden sollten. Die führenden Stellen im weitgehend verbundenen Staats- und Parteiapparat waren Reichsdeutschen vorbehalten. Zwar hatte man den einheimischen Deutschen noch im Oktober 1939 grundsätzlich auch die Reichsbürgerschaft verliehen. Der formellen Einbürgerung ging aber eine Überprüfung der deutschen Nationalität voraus, die erst 1941 mit der »Verordnung über die deutsche Volksliste und die deutsche Staatsangehörigkeit in den eingegliederten Ostgebieten« geregelt wurde. In der Praxis wurden die einheimischen Deutschen bei der Besetzung entscheidender Positionen übergangen, wobei man die inzwischen überholten politischen Differenzen innerhalb der deutschen Volksgruppe der Vorkriegszeit geschickt als Begründung heranzog.

Es braucht nicht betont zu werden, daß die im Posenschen sich traditionell der deutschen Seite zugehörig fühlenden Juden sowie deutsche sozialdemokratische Arbeiterführer, vor allem im Lodzer Industriegebiet, unverzüglich festgenommen wurden. Viele sind in den Konzentrationslagern ermordet worden.

Die NS-Machthaber hielten die einheimischen Deutschen nicht für geeignet, ihre brutale Polenpolitik durchzuführen. Denn trotz der polnischen Maßnahmen bei Kriegsausbruch hatten bereits in den ersten Tagen der deutschen Besatzung einzelne volksdeutsche

Karte 24: Ost-Mitteleuropa während des 2. Weltkrieges

Vertreter gegen Unrecht an Polen protestiert. Gerade aufgrund vieler leidvoller Erfahrungen in Polen, die in der ersten Zeit der deutschen Besetzung auch zum Begleichen mancher alter Rechnungen führten, stieß die nun einsetzende, allen rechtsstaatlichen Grundsätzen Hohn sprechende Polenpolitik bei vielen einheimischen Deutschen auf Ablehnung.
Als typisch für die Stimmung der einheimischen Deutschen kann der Ausspruch des

Posener Domherrn Paech gelten: »Die Deutschen haben wir erwartet und freudig begrüßt, aber gekommen sind die Nationalsozialisten, die nicht die Deutschen sind, die wir kannten.« Die Nationalsozialisten stützten sich deshalb vorwiegend auf reichsdeutsche Kräfte, doch wurden auch viele der einheimischen Deutschen in die Besatzungspolitik der Nationalsozialisten verstrickt, sei es im Rahmen der deutschen Verwaltung oder durch Übernahme bzw. treuhänderische Verwaltung polnischen Besitzes. Der aus Schroda gebürtige Gauleiter Greiser, der allerdings den größten Teil seines Lebens außerhalb des Posener Landes verbrachte, ist hierfür das prominenteste Beispiel.

Einigen führenden volksdeutschen Persönlichkeiten der Zwischenkriegszeit wurden nach 1939 auch höhere SS-Ränge verliehen. Dies war vermutlich als Trostpflaster für die Nichtberücksichtigung bei Führungspositionen gedacht und sagte noch nichts über ihre tatsächliche Verstrickung in das NS-System aus.

b) Volkstumspolitik und »Deutsche Volksliste«

Die nationalsozialistische Volkstumspolitik im besetzten Polen führte zu völliger Entrechtung der polnischen Bevölkerung, deren Intelligenz vernichtet und die nur noch als Arbeitskräfte für die deutschen »Herrenmenschen« geduldet werden sollte. Sowohl im »Warthegau« wie im »Generalgouvernement« wurde eine strikte Trennung zwischen Polen und Deutschen durchgeführt, im Generalgouvernement eine eigene Verwaltung, Gerichtsbarkeit und ein besonderes Kultur- und Erziehungswesen für die Deutschen geschaffen.

Durch Massendeportationen von Polen aus dem Warthegau in das Generalgouvernement und Umsiedlung von Volksdeutschen aus Osteuropa in den Warthegau sollte dieser möglichst rasch »eingedeutscht« werden.

Dem gleichen Ziel diente auch die Einrichtung der sogenannten »Deutschen Volksliste«, die außer dem bereits genannten Zweck der nationalen Überprüfung der Volksdeutschen auch das Ziel verfolgte, im weitesten Sinne deutschstämmige, aber völlig polonisierte Bevölkerung sowie »eindeutschungsfähige Polen« zu germanisieren.

Die am 4. März 1941 geschaffene »Deutsche Volksliste« umfaßte vier Kategorien: Zur Liste 1 gehörten alle Deutschen, die ihre Nationalität vor 1939 aktiv, d. h. durch Mitgliedschaft in deutschen Organisationen o. ä., unter Beweis gestellt hatten.

Liste 2 war für diejenigen Deutschen gedacht, die ihre Nationalität zwar nicht öffentlich, aber dennoch zweifelsfrei bewahrt hatten. Der Gruppe 3 gehörten polonisierte Deutsche, die sich aber nicht antideutsch betätigt hatten, oder polnische Ehepartner von Deutschen an. Gruppe 4 schließlich betraf völlig polonisierte Deutsche, die sich auch antideutsch betätigt hatten sowie als »eindeutschungsfähig« eingestufte Polen.

Die in die ersten beiden Gruppen Aufgenommenen erhielten die deutsche Staatsbürgerschaft rückwirkend vom 8. Oktober 1939 an verliehen, die der Gruppe 3 vom Tage des Eintrags an zunächst auf Widerruf, während die Angehörigen der Gruppe 4 nur eine Anwartschaft auf die deutsche Staatsbürgerschaft besaßen. Im Gegensatz zu den anderen »eingegliederten Ostgebieten« Danzig-Westpreußen und Ostoberschlesien wurde im Warthegau die Volksliste restriktiv gehandhabt, also in der Regel kein Druck zum Eintrag in die Volksliste ausgeübt. Am 1. April 1944 waren im Warthegau 219480 Personen in Liste 1, 192280 in Liste 2, 68183 in Liste 3 und 18084 in Liste 4 eingetragen.

Wenn diese germanisatorisch gedachten Maßnahmen auch letztlich ihr Ziel verfehlten, so schufen sie doch eine tiefe Kluft zwischen einheimischen Deutschen und Polen, die es bis dahin so nie gegeben hatte.

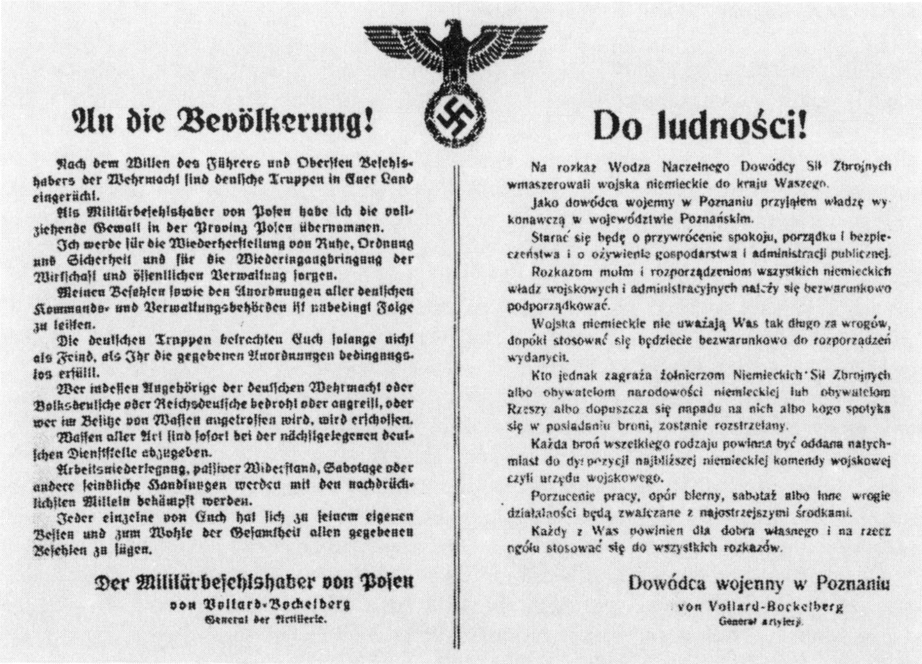

An die Bevölkerung!

Nach dem Willen des Führers und Obersten Befehlshabers der Wehrmacht sind deutsche Truppen in Euer Land eingerückt.

Als Militärbefehlshaber von Posen habe ich die vollziehende Gewalt in der Provinz Posen übernommen.

Ich werde für die Wiederherstellung von Ruhe, Ordnung und Sicherheit und für die Wiederingangbringung der Wirtschaft und öffentlichen Verwaltung sorgen.

Meinen Befehlen sowie den Anordnungen aller deutschen Kommando- und Verwaltungsbehörden ist unbedingt Folge zu leisten.

Die deutschen Truppen betrachten Euch solange nicht als Feind, als Ihr die gegebenen Anordnungen bedingungslos erfüllt.

Wer indessen Angehörige der deutschen Wehrmacht oder Volksdeutsche oder Reichsdeutsche bedroht oder angreift, oder wer im Besitze von Waffen angetroffen wird, wird erschossen.

Waffen aller Art sind sofort bei der nächstgelegenen deutschen Dienststelle abzugeben.

Arbeitsniederlegung, passiver Widerstand, Sabotage oder andere feindliche Handlungen werden mit den nachdrücklichsten Mitteln bekämpft werden.

Jeder einzelne von Euch hat sich zu seinem eigenen Besten und zum Wohle der Gesamtheit allen gegebenen Befehlen zu fügen.

Der Militärbefehlshaber von Posen
von Vollard-Bockelberg
General der Artillerie.

Do ludności!

Na rozkaz Wodza Naczelnego Dowódcy Sił Zbrojnych wmaszerowali wojska niemieckie do kraju Waszego.

Jako dowódca wojenny w Poznaniu przyjąłem władzę wykonawczą w województwie Poznańskim.

Starać się będę o przywrócenie spokoju, porządku i bezpieczeństwa i o ożywienie gospodarstwa i administracji publicznej.

Rozkazom moim i rozporządzeniom wszystkich niemieckich władz wojskowych i administracyjnych należy się bezwarunkowo podporządkować.

Wojska niemieckie nie uważają Was tak długo za wrogów, dopóki stosować się będziecie bezwarunkowo do rozporządzeń wydanych.

Kto jednak zagraża żołnierzom Niemieckich Sił Zbrojnych albo obywatelom narodowości niemieckiej lub obywatelom Rzeszy albo dopuszcza się napadu na nich albo kogo spotyka się w posiadaniu broni, zostanie rozstrzelany.

Każda broń wszelkiego rodzaju powinna być oddana natychmiast do dyspozycji najbliższej niemieckiej komendy wojskowej czyli urzędu wojskowego.

Porzucenie pracy, opór bierny, sabotaż albo inne wrogie działalności będą zwalczane z najostrzejszymi środkami.

Każdy z Was powinien dla dobra własnego i na rzecz ogółu stosować się do wszystkich rozkazów.

Dowódca wojenny w Poznaniu
von Vollard-Bockelberg
Generał artylerji.

Abb. 135: Aufruf des deutschen Militärbefehlshabers von Posen 1939

Abb. 136: Parkbank in Posen »nur für Deutsche« während der deutschen Besatzungszeit

c) Kirchenkampf und kulturelles Leben

Ebenfalls ohne Beispiel war der im Warthegau einsetzende Kampf des nationalsozialistischen Weltanschauungsstaates gegen die Kirchen. Im Gegensatz zum sogenannten »Altreich« glaubten die Nationalsozialisten, angesichts der durch zahlreiche Umsiedlungen völlig inhomogenen Bevölkerung keine Rücksichten irgendwelcher Art mehr nehmen zu müssen. So kam es unter der Parole einer »völligen Trennung von Kirche und Staat« zum Versuch der Zerstörung der Kirchen in ihrer bisherigen Form. Sie wurden weitgehend aus dem öffentlichen Leben gedrängt, zu bloßen Vereinen mit eingeschränkter Rechtsfähigkeit degradiert, ihre Tätigkeit in allen Bereichen behindert und teilweise ganz unterdrückt. Der Versuch, den Kirchen die finanzielle Basis zu entziehen, scheiterte nur an der Opferwilligkeit der Gläubigen. Der Kriegsverlauf verhinderte schließlich, daß die Absichten der NS-Machthaber in vollem Umfang verwirklicht werden konnten.

Auf deutscher Seite waren aufgrund der konfessionellen Verhältnisse von den genannten Maßnahmen neben der kleinen Gruppe deutscher Katholiken in erster Linie die Glieder der evangelischen Kirchen betroffen. Die Posener Teile der Unierten evangelischen Kirche in Polen bildeten seit 1941 auf staatlichen Druck die »Posener Evangelische Kirche im Wartheland«, die 1944 rund 300000 Gläubige zählte. Sie wurde vom Konsistorium in Posen unter Generalsuperintendent Blau geleitet. Aus den im Warthegau liegenden Gemeinden der Evangelisch-Augsburgischen Kirche in Polen wurde die »Litzmannstädter Evangelische Kirche im Wartheland« gebildet, die 1944 rund 500000 Gläubige umfaßte und ein Konsistorium in Lodz unter Oberkonsistorialrat D. Kleindienst als Leitung hatte. Trotz staatlicher Verbote konnten beide Kirchen Verbindung zum Evangelischen Oberkirchenrat in Berlin halten.

Im Generalgouvernement waren die deutschen Protestanten seit 1940 in der »Deutschen Evangelischen Kirche im Generalgouvernement« unter dem Warschauer Superintendenten Waldemar Krusche (seit 1942 Superintendent Ladenberger, Krakau) zusammengefaßt.

Im gesamten Generalgouvernement gab es zuletzt rund 250 deutsche Schulen mit 350 deutschen Lehrern. Die Zahl der deutschen Schüler im GG betrug etwa 13000. Im Bereich Mittelpolens gab es zwei deutsche Oberschulen für Jungen, in Warschau und Tomaszów Mazowiecki, sowie eine Oberschule für Mädchen in Rabka.

Im Reichsgau Wartheland besuchten im November 1941 insgesamt 110228 Schüler die 1719 öffentlichen deutschen Volksschulen, an denen 2698 deutsche Lehrer tätig waren. An höheren Schulen bestanden im Mai 1940 im Warthegau 20 Schulen für Jungen mit 242 Lehrern und 3575 Schülern, sowie 3 Schulen für Mädchen mit 73 Lehrern und 1392 Schülerinnen.

d) Die »Volksdeutschen« im Generalgouvernement (GG)

Etwa 32000 altansässige Deutsche aus dem Gebiet des Generalgouvernements waren 1940 in die dem Reich eingegliederten westpolnischen Gebiete, vor allem den Warthegau, umgesiedelt worden.

Die verbliebene deutsche Bevölkerung in Mittelpolen (soweit es zum Generalgouvernement gehörte) wurde 1940 durch eine Verordnung über die »Volksdeutsche Gemeinschaft im Generalgouvernement« erfaßt.

Als 1941 an die Deutschen im Generalgouvernement Kennkarten ausgegeben wurden, betrug deren Zahl insgesamt 63000, davon 35000 im Gouvernement Radom. Dazu kamen während des Krieges etwa 100000 Reichsdeutsche und rund 50000 Deutschstämmige, die

als »Volksdeutsche« anerkannt wurden. Im Gegensatz zum Warthegau erfolgte hier keine Sammeleinbürgerung über die Volksliste, sondern nur eine individuelle Verleihung der Staatsbürgerschaft.
Eine Aufstellung des Statistischen Amtes der Regierung des Generalgouvernements vom 1. März 1943 gibt eine Zahl von 310339 Deutschen an, die aber sicherlich zu hoch ist, denn danach hätte die Zahl der Reichsdeutschen mehr als 200000 betragen müssen, tatsächlich waren es nur rund 100000.
Allerdings kamen seit Mitte 1942 auch volksdeutsche Umsiedler aus Ostmitteleuropa in das Generalgouvernement, vor allem in den Raum Zamość, der 1942 zum »ersten deutschen Siedlungsbereich im Generalgouvernement« erklärt worden war, und wo mehr als 7000 Umsiedler aus Bessarabien, Bosnien, Serbien und Rumänien angesiedelt wurden.
In den Raum Zamość wurden auch Volksdeutsche aus anderen Teilen des Generalgouvernements umgesiedelt, um das sogenannte Streudeutschtum zusammenzufassen und damit zu stärken. Dabei wurde auch im Falle der Deutschen ohne jegliche Rücksicht auf die betreffende Bevölkerung vorgegangen, so beispielsweise bei der Umsiedlung der deutschen Bevölkerungsteile Warschaus in Stadtviertel von Krakau, aus denen man zuvor die polnischen Bewohner vertrieben hatte.

3. Das Verhältnis von ansässigen Deutschen, Umsiedlern und Reichsdeutschen untereinander

Das Verhältnis zwischen ansässigen Deutschen, Umsiedlern und Reichsdeutschen war nicht frei von Spannungen. Die einheimischen Deutschen fühlten sich durch die Bevorzugung der Reichsdeutschen zurückgesetzt. Auch wurde schnell deutlich, daß aus dem Reich sehr viele dort gescheiterte oder zweitklassige Vertreter ihres Berufes in die Zivilverwaltungen des Warthegaus und des Generalgouvernements gekommen waren. Abstoßend wirkte auch die offensichtliche Neigung vieler reichsdeutscher Beamter, die Vorteile der Stellung zur eigenen Bereicherung zu nützen.
Die Umsiedler waren enttäuscht, als die ihnen bei der Umsiedlung gemachten Versprechungen wie geschlossene Ansiedlung u. ä. nicht eingehalten wurden. Auch ihr verständliches Beharren auf den Traditionen der Herkunftsgebiete führte teilweise zu Spanungen, da sowohl staatliche Stellen wie einheimische Deutsche von ihnen die Bereitschaft zur Anpassung erwarteten.
Zu allem kam noch die besondere Kriegssituation, welche die einzelnen Gruppen durch die Abwesenheit der wehrfähigen Männer vor große zusätzliche Belastungen stellte.

4. Das Verhältnis zu den Polen

Das Verhältnis der Deutschen zu den Polen in den Jahren der Besatzung war durch die NS-Polenpolitik bestimmt, aber keineswegs einheitlich. Die meisten der zugewanderten Reichsdeutschen hatten bislang keine Berührung mit Polen gehabt. Durch die sprachlichen

Unterschiede und die nationale Trennungspolitik hatten sie wenig Berührungsmöglichkeiten und standen der polnischen Bevölkerung häufig mit Überlegenheitsgefühl und bestenfalls einer gewissen Gleichgültigkeit gegenüber. In der Minderheit waren sicherlich die von Generalgouverneur Frank gewünschten »absolut polenvernichtungsentschlossenen« Vertreter, sie gaben allerdings den Ton an.
Die einheimischen Deutschen dagegen hatten zwar ein emotional geprägtes, durch die jüngste Vergangenheit stark belastetes Verhältnis zu ihren polnischen Landsleuten, aber nicht zuletzt durch ihre Sprachkenntnisse noch immer zahlreiche Kontakte.
Neben den brutalen deutschen Unterdrückungs- und Vernichtungsmaßnahmen stehen auch Fälle von Hilfsbereitschaft und Schutz für Polen unter Einsatz des eigenen Lebens, und dies sowohl von Reichs- wie von einheimischen Deutschen.
Trotz aller Maßnahmen zur »Festigung des deutschen Volkstums« blieben die Deutschen im Warthegau und natürlich erst recht im Generalgouvernement eine Minderheit der Bevölkerung.

Teil IX
Flucht, Vertreibung, Diskriminierung

1. Evakuierung und Flucht im Januar 1945

Die sowjetische Offensive im Juni und Juli 1944 führte zur Eroberung des östlichen Generalgouvernements bis zur Weichsel und Narew durch die Rote Armee. Eine altansässige deutsche Bevölkerung gab es in diesem Gebiet nicht mehr. Aufgrund der nun unmittelbaren Bedrohung Ostdeutschlands und der eingegliederten Ostgebiete Warthegau und Danzig-Westpreußen wurden auf deutscher Seite umfangreiche Befestigungsarbeiten am sogenannten »Ostwall« aufgenommen, im Reichsgau Wartheland entlang der Linien Leslau/Włocławek – Kutno – Wielun und Kolmar/Chodzież – Posen – Lissa. Weiter westlich entstanden Befestigungen an der alten schlesisch-polnischen Grenze sowie im Bereich der alten Pommern-Obra-Stellung (Ostgrenze Pommerns und Brandenburgs), wobei jeweils die ortsansässige Bevölkerung zu Schanzarbeiten herangezogen wurde. Die Männer von 16–65 wurden zumeist zum Volkssturm einberufen.

Jegliche Räumungsmaßnahmen wurden von den NS-Behörden unter Strafandrohung verhindert. Auf Ersuchen des Wehrkreises ließ Gauleiter Greiser aber für den Reichsgau Wartheland einen Evakuierungsplan ausarbeiten.

Dieser teilte den Gau in drei Zonen ein:

Zone A: zu räumendes Gebiet – (östliche Kreise mit den Städten Leslau/Włocławek und Lodz)

Zone B: Durchgangsgebiet (mittlere Kreise mit den Städten Posen, Hohensalza/Inowrocław und Kalisch)

Zone C: Aufnahmegebiet (westliche Kreise mit den Städten Birnbaum und Wollstein/Wolsztyn)

Vom 12. bis 15. Januar 1945 erfolgte die russische Großoffensive an der gesamten Front von der Memel bis zur oberen Weichsel.

Die 1. Ukrainische Front (Marschall Konjev) stieß aus dem Baranow-Brückenkopf nach Schlesien vor, die 1. Weißrussische Front (Marschall Shukov) über Lodz und Kalisch an die mittlere Oder, die 2. Weißrussische Front (Marschall Rokossovski) von Pułtusk über Ciechanów – Soldau/Działdowo in Richtung Elbing. Bereits am 18. Januar hatten die Armeen Shukovs und Konjevs die Linie Płock – Lodz – Tschenstochau/Częstochowa – Krakau überschritten; am 20. Januar erreichten sie die schlesische Grenze. Gleichzeitig besetzte die Rote Armee Wreschen/Września und Gnesen. Am 25. Januar wurde Posen eingeschlossen, und Ende Januar waren Shukovs Truppen an der Oder bei Küstrin. Der Angriff Rokossovskis war ebenfalls erfolgreich. Am 19. Januar fielen Ciechanów und Soldau, Ende Januar erreichte sein rechter Flügel Elbing, der linke über Thorn und Bromberg Schneidemühl/Piła. So war innerhalb weniger Tage fast das gesamte polnische Territorium von der Roten Armee erobert worden.

Die NS-Behörden verbreiteten noch am 12. 1. 1945 Durchhalteparolen.

Der Festungskommandant

Aufruf

an die Bevölkerung der Stadt Posen

Die Stadt Posen ist zur Festung erklärt worden. Der Kampf um die Festung Posen steht unmittelbar bevor.

Das bedeutet die Gefährdung der gesamten Bevölkerung durch Luftangriffe und Feindbeschuß bei einem Feind, der keine Rücksichten kennt. Um unnötige Blutopfer zu vermeiden, wird hiermit angeordnet, daß die Zivilbevölkerung den Bereich der Festung Posen sofort zu verlassen hat.

Als Aufnahmegebiete sind bestimmt worden:
Die Kreise:
Birnbaum, Wollstein, Grätz, Samter, Kolmar, Scharnikau.

Ab heute, 14 Uhr, stehen am Hauptbahnhof Posen laufend Sonderzüge für die Abreise zur Verfügung. Die Sonderzüge können ohne Reisegenehmigung und ohne Fahrkarte benutzt werden. Das notwendigste Handgepäck kann mitgenommen werden.

Das Verlassen der Festung Posen ist schon deshalb geboten, weil eine Versorgung der Zivilbevölkerung mit Lebensmitteln nicht mehr möglich ist. Von dieser Aufforderung sind lediglich diejenigen Personen ausgenommen, die in lebenswichtigen Betrieben durch eine Notdienstbeordrung des Oberbürgermeisters der Gauhauptstadt Posen verpflichtet worden sind. Diese Personen dürfen Posen nicht verlassen und erhalten mit ihren Familienangehörigen, die vorerst in der Festung verbleiben können, dieselbe Verpflegung und Versorgung wie die Festungsbesatzung.

Posen, den 22. 1. 1945

Mattern
Generalmajor

Abb. 137: Evakuierungsbefehl für die Stadt Posen 1945

Abb. 138: Posener Festungszeitung Januar 1945

Erst als die Lage unhaltbar geworden war, ergingen die Räumungsbefehle an die Zonen. Die Verzögerung der Räumung durch die NS-Machthaber hatte zur Folge, daß aus der östlichen Zone, für die erst am 16. 1. die Räumungserlaubnis für Frauen und Kinder und am 18. 1. für die Restbevölkerung ergangen war, nur einem kleinen Teil die Flucht gelang. Denn am 18. Januar waren sowjetische Truppen schon bei Lodz und hatten die nach Westen führenden Eisenbahnverbindungen unterbrochen.

Nur diejenigen, welche bereits trotz Räumungsverbot nach Westen gefahren waren, konnten sich retten.

Aus der Mitte des Gaus, dem Raum Hohensalza-Posen-Kalisch gelang noch etwa der Hälfte der Bevölkerung die Flucht, teils mit der Bahn, teils im Treck, aber nur, weil sie auch schon zum großen Teil vor dem offiziellen Räumungsbefehl, der erst am 20. Januar erfolgte, aufgebrochen waren.

Aus den westlichen Gebieten entlang der Grenzen zu Pommern, Brandenburg und Schlesien konnte dagegen ein Großteil der Bevölkerung über die Oder in das innere Reichsgebiet fliehen.

Der Gauleiter Greiser selbst hatte kurz nach Ausgabe des Evakuierungsbefehls am 20. Januar zusammen mit der Masse der Partei und Zivilverwaltung den Gau verlassen.

Fast die gesamte deutsche Bevölkerung Polens, etwa 80 bis 90 Prozent, hatte sich auf die Flucht begeben (ausgenommen die im östlichen Teil des Warthegaus von der Roten Armee überrollten Teile). Besonders bei den Umsiedlern und Reichsdeutschen war die Furcht vor der Roten Armee groß. Im Gegensatz dazu konnten sich viele altansässige Deutsche nur schwer von ihrem angestammten Besitz trennen. Sie hatten zumeist auch persönlich ein gutes Gewissen und wiegten sich deshalb in relativer Sicherheit.

Litzmannstädter Zeitung

TAGESZEITUNG DER NSDAP. MIT DEN AMTLICHEN BEKANNTMACHUNGEN

28. Jahrgang / Nr. 14 Mittwoch, 17. Januar 1945

Schicksalsgemeinschaft Europas

Die Abwehrfront gegen Moskau

Abb. 139: Letzte Ausgabe der »Litzmannstädter Zeitung« vom 17. Januar 1945

Von den etwa 1,4 Millionen Deutschen, welche Anfang 1945 auf dem Gebiet Polens gelebt hatten, konnte etwa die Hälfte die Oder erreichen. Mindestens 600000 aber wurden entweder noch in ihren Wohnorten überrascht oder auf der Flucht eingeholt und wieder zurückgeschickt, wobei bereits hohe Verluste zu beklagen waren.
Nach den bereits 1944 bekannt gewordenen Ausschreitungen der Rotarmisten in Ostpreußen war die Angst vieler Deutscher verständlich. Das Schicksal der Zurückgebliebenen zeigt auch, daß diese Befürchtungen nicht unbegründet waren.

2. Die Vertreibung

Schon die überstürzte Flucht im Winter hatte hohe Opfer gefordert, besonders unter Kindern, Alten und Kranken. Die Verantwortung dafür liegt bei den NS-Machthabern, welche die Räumung viel zu spät erlaubten.
Die Eroberung durch die Rote Armee wurde vielerorts zur Katastrophe. Von Vorgesetzten und Dienststellen teilweise sogar ausdrücklich dazu aufgefordert, kam es im Zuge der Eroberung häufig zu Plünderungen, Brandstiftungen, Vergewaltigungen und Morden an der einheimischen Bevölkerung. Zwar waren die Ausschreitungen der Sowjetsoldaten in Polen nicht so häufig wie in den reichsdeutschen Gebieten, dafür kam es hier zu Ausschreitungen der Polen gegenüber den einheimischen Deutschen. Gemäß einer Verordnung des Lubliner Komitees mit dem sowjetischen Oberkommando aus dem Jahre 1944 unterstanden alle Teile des polnischen Territoriums, welche nicht mehr unmittelbares Kampfgebiet waren, polnischer Verwaltung. Zum Zeitpunkt der Eroberung befanden sich noch etwa 600000 Deutsche auf dem alten polnischen Staatsgebiet. Aus der Zeit der deutschen Besatzung hatte sich bei der polnischen Bevölkerung ein unvorstellbarer Haß gegen alles Deutsche angestaut, der sich nun auf alle Deutschen, gleich ob persönlich schuldig oder unschuldig, entlud. Dabei wurde auch nicht zwischen Reichsdeutschen, Umsiedlern und Volksdeutschen unterschieden. So mußten vielerorts die Deutschen – in Anlehnung an deutsche Maßnahmen gegen die Juden – auf ihrer Kleidung deutlich sichtbare Kennzeichen (weiße Armbinden, Hakenkreuze) tragen. Die solcherart als Deutsche Gekennzeichneten waren ständigen Ausschreitungen ausgesetzt, was einen starken Anstieg der Selbstmordrate unter den Deutschen zur Folge hatte.
Die Rote Armee ließ zunächst einmal die Deutschen in den örtlichen Zuchthäusern internieren. Da es die Westalliierten in Jalta nicht vermocht hatten, die sowjetische Forderung nach »Reparationen in Sachleistungen«, d. h. auch in Form deutscher Arbeitsleistungen, abzuwehren, begann die Rote Armee unverzüglich mit dem Abtransport von Deutschen in die Sowjetunion zur Zwangsarbeit. Die genaue Zahl der Verschleppten ist nicht bekannt. Nur etwa die Hälfte der Verschleppten hat diese Zeit überlebt.
Die polnischen Behörden setzten diese Massenverhaftungen fort, so daß bald alle größeren Zuchthäuser des Landes, vor allem diejenigen in Fordon bei Bromberg/Bydgoszcz, Crone a. d. Brahe/Koronowo, Lodz, Mokotów bei Warschau, aber auch in den Kreisstädten, überfüllt waren.
Die Reichsdeutschen und die Umsiedler wurden zumeist rasch ausgewiesen. Die altansässigen Volksdeutschen dagegen wurden in Arbeitslager gebracht, ihr Vermögen eingezogen. Mit einem Schlage war praktisch die gesamte verbliebene deutsche Bevölkerung Polens entrechtet und interniert worden.

Im Verlauf der Jahre 1945/46 faßte man schließlich die im polnischen Staatsgebiet internierten Deutschen in den Zentralarbeitslagern Potulice bei Bromberg, Gronowo bei Lissa und Sikawa bei Lodz zusammen, die erst 1949 und 1950 von der polnischen Regierung aufgelöst wurden.
Die Bewohner der größeren Städte wie Bromberg, Posen und Lodz kamen erst relativ spät in diese Lager, da sie vorher zum Teil monatelang, aus ihren Wohnungen vertrieben, in Kellern und Ruinen gehaust hatten.
Von den genannten Zentralarbeitslagern aus wurden die Deutschen als billige Arbeitskräfte verschickt, wobei der »Mietpreis« eines Deutschen etwa ein Zehntel dessen betrug, was ein polnischer Arbeiter bekam. Verständlicherweise waren diese deutschen Arbeitskräfte sehr begehrt. Trotz aller Entbehrungen hatten es die deutschen Arbeiter aber noch besser als die Alten, Kranken und Kinder, welche unter teilweise katastrophalen Bedingungen in den Lagern leben mußten.
Alleine im Lager Potulice bei Bromberg soll von 1947 bis 1950 mehr als die Hälfte der Insassen verstorben sein.
Wie viele Deutsche insgesamt in diesen Lagern umgekommen sind, ist nicht mehr feststellbar, da die polnischen Behörden die Zahl der Verstorbenen aus naheliegenden Gründen geheimhielten. Die Leichen wurden in Massengräbern beigesetzt und diese nicht als Grabstätten kenntlich gemacht.
Die polnische Volkszählung vom 14. Februar 1946 nennt für das Gebiet Polens in den Vorkriegsgrenzen noch 212 343 Deutsche und 222 971 Personen, bei denen ein Rehabilitationsverfahren im Gange war. Dabei handelte es sich zumeist um alteingesessene Volksdeutsche. Die genannten Zahlen können als Mindestwerte angesehen werden.
In den vier Besatzungszonen in Deutschland einschließlich Berlins lebten nach der Volkszählung vom 29. Oktober 1946 rund 528 000 vertriebene Deutsche aus Polen. In Dänemark waren damals etwa 4000 Deutsche aus Polen interniert, in Österreich kann man ihre Zahl mit rund 10 000 annehmen.
Auf die Gesamtheit der deutschen Vorkriegsbevölkerung in Polen bezogen, errechnete das Statistische Bundesamt einen Gesamtverlust durch Krieg und Vertreibung von 293 000 Personen, das sind 21,4 Prozent ihres Vorkriegsstandes.

3. Das Los der in ihrer Heimat verbliebenen Deutschen

Die polnische Nachkriegsgesetzgebung betreffend die »Volksdeutschen«

Aus dem Wunsch heraus, Vergeltung für die deutsche Besatzungspolitik zu üben, waren von polnischer Seite noch während des Krieges die gesetzlichen Grundlagen zur Verfolgung und Bestrafung der Deutschen in Polen gelegt worden. Dabei wurden auch rückwirkende, älteres polnisches Recht bedeutend erweiternde Gesetze geschaffen. Das Lubliner Komitee erließ am 31. 8. 1944 ein Dekret zur »Bestrafung der faschistisch-hitleristischen Verbrecher, die der Tötung und Mißhandlung der Zivilbevölkerung und von Kriegsgefangenen schuldig sind, sowie der Verräter des polnischen Volkes«. Das letztere bezog sich auf die Volksdeutschen, wobei der Begriff des »Verrats« aber nicht genau definiert wurde. Diese Dehnbarkeit begünstigte in der Folge Willkürakte und politische Kollektivbestrafung. Als

Karte 25: Ost-Mitteleuropa nach den Beschlüssen von Jalta u. Potsdam (1945)

Strafen konnten Tod oder Gefängnis, Verlust der Bürgerrechte und Vermögenseinziehung verhängt werden. Obwohl so im Dekret nicht festgelegt, wurde es in der Praxis vor allem gegen Deutsche angewandt. Die Verfahren wurden durch Sondergerichte verhandelt, von denen ohne schriftliche Begründung Anklage erhoben werden konnte, und gegen deren Urteile keine Rechtsmittel zulässig waren. Speziell zur Bestrafung der Volksdeutschen, die

bis 1939 polnische Staatsangehörige gewesen waren, sich während des Krieges zu deutscher Nationalität bekannt und dadurch materielle und rechtliche Vorteile gehabt hatten, war ein Dekret über »Sicherungsmaßnahmen gegen Volksverräter« gedacht, das am 4. 11. 1944 für die zu diesem Zeitpunkt bereits rückeroberten Gebiete des Generalgouvernements und der Wojewodschaft Białystok erlassen worden war. Es verfügte neben der mit Zwangsarbeit verbundenen Internierung aller »Volksverräter« auch Vermögenseinzug und Verlust der politischen und bürgerlichen Rechte einschließlich elterlicher und vormundschaftlicher Rechte. In der Praxis wurde das Dekret auf alle Deutschen angewandt, gleich ob sie erst im Kriege die deutsche Staatsbürgerschaft angenommen hatten oder sie schon vor 1939 besessen hatten.
Es handelte sich nicht um ein normales Strafgesetz, sondern um die Anordnung einer polizeilichen Strafverfolgung, bei der kein ordentliches Strafverfahren zur Anwendung kam. Die Strafverfolgung lag im Ermessen der Polizei- und Milizorgane, die zur Festnahme eines jeden Tatverdächtigen verpflichtet waren. Sie führten auch die Verhöre und leiteten die Anzeigen an die Sondergerichte weiter. Die Verhafteten hatten keinerlei Einspruchsrecht. Für Flucht aus den Internierungslagern, das Beiseiteschaffen von Vermögenswerten oder die Beihilfe zu solchen Handlungen sowie für jegliche Hilfeleistung zugunsten der vom Dekret Betroffenen drohten Todesstrafe oder lebenslängliche Haft.
Da im übrigen Polen die Zahl der betroffenen Deutschen sehr viel höher war, wurde anstelle des Dekretes vom 4. 11. 1944 für das übrige Staatsgebiet am 28. Februar 1945 ein Gesetz über den »Ausschluß feindlicher Elemente aus der polnischen Volksgemeinschaft« erlassen. Es bezog sich auf die Einstufungen in die »Deutsche Volksliste« während der deutschen Besatzung.
Das Dekret sah eine Überprüfung der Loyalität der in die Volksliste eingetragenen Personen vor, bei deren negativem Ausgang dieselben Maßnahmen wie bei dem Dekret vom November 1944 verhängt wurden. Angehörige der Volksliste 1 waren grundsätzlich von der »Rehabilitation« ausgeschlossen, sie wurden unverzüglich in Internierungslager eingewiesen und ihr Vermögen einzogen. Für die Angehörigen der Gruppen 3 und 4 war ein erleichteres, teilweise pauschales Rehabilitationsverfahren vorgesehen. Sie mußten lediglich eine Treueerklärung gegenüber dem polnischen Volk abgeben, die öffentlich bekannt gemacht wurde. Erfolgte innerhalb von sechs Wochen dagegen kein Einspruch, so galt die Rehabilitation als vollzogen.
Die Angehörigen der Gruppe 2 dagegen mußten generell mit Enteignung und Internierung rechnen, wenn sie nicht in einem förmlichen Rehabilitationsverfahren nachweisen konnten, daß sie gegen ihren Willen in die Volksliste aufgenommen worden waren und sich immer zur polnischen Nation bekannt hatten.
Offensichtlich sollten besonders die Angehörigen der Gruppe 2, die man nicht eigentlich als Deutsche, sondern als »Volksverräter« ansah, exemplarisch bestraft werden.
Die praktische Durchführung der genannten Dekrete und Gesetze bedeutete für die Deutschen in Polen sofortige Rechtlosigkeit, Besitzverlust und die Internierung in einem Lager bzw. Zwangsarbeit. In den Lagern herrschten zumeist sehr schlechte Bedingungen, Zehntausende, vor allem Alte, Kranke und Kinder, starben dort an Hunger, Mißhandlungen, Seuchen und fehlender ärztlicher Behandlung. Deutsche Kinder unter 13 Jahren wurden von ihren Eltern getrennt und in Kinderheime verbracht. Auch in diesen gab es eine hohe Sterblichkeit. Für ihre spätere »Repatriierung« wurden nach einer Verordnung vom 12. 10. 1947 spezielle Kreiskommissionen eingesetzt. Kinder, die »ein ausgeprägtes Zugehörigkeitsgefühl zur deutschen Volksgruppe zeigten« oder »derart im Hitlergeist verwurzelt sind, daß ihr ferneres Verbleiben in Polen lästig wäre«, wurden ausgewiesen. Die übrigen sollten in Polen zurückgehalten und polonisiert werden.

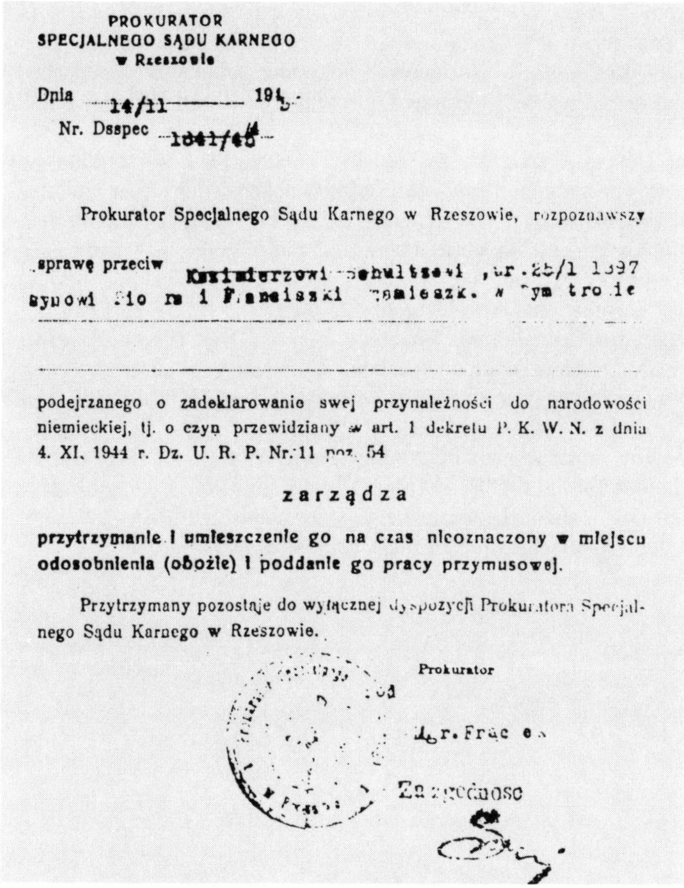

PROKURATOR
SPECJALNEGO SĄDU KARNEGO
w Rzeszowie

Dnia 14/11 1945.
Nr. Dsspec 1841/45

Prokurator Specjalnego Sądu Karnego w Rzeszowie, rozpoznawszy

sprawę przeciw Kazimierzowi Schultzowi, ur. 25/1 1897 synowi Piotra i Franciszki zamieszk. w Dymitrowie

podejrzanego o zadeklarowanie swej przynależności do narodowości niemieckiej, tj. o czyn przewidziany w art. 1 dekretu P. K. W. N. z dnia 4. XI. 1944 r. Dz. U. R. P. Nr. 11 poz. 54

z a r z ą d z a

przytrzymanie i umieszczenie go na czas nieoznaczony w miejscu odosobnienia (obozie) i poddanie go pracy przymusowej.

Przytrzymany pozostaje do wyłącznej dyspozycji Prokuratora Specjalnego Sądu Karnego w Rzeszowie.

Prokurator

Mgr. Fraczek

Za zgodność

Der Staatsanwalt
beim Sonderstrafgericht in Rzeszow

Az. Dsspec 1841/45 den 14. 11. 1945

In der Sache gegen den Kasimir Schultz, geboren am 25. Jänner 1897, Sohn des Peter und der Franziska, wohnhaft in Dymitrow Maly,

wegen Verdachts der Erklärung seiner Zugehörigkeit zur deutschen Nationalität, mithin einer Handlung nach Art. 1 des Dekrets des Polnischen Komitees der Nationalen Befreiung vom 4. 11. 1944 (GBl. Nr. 11 Pos. 54)

ordnet der Staatsanwalt beim Sonderstrafgericht in Rzeszow hiermit an, daß der Genannte festzunehmen, für unbegrenzte Zeit in einem Internierungsort (Lager) unterzubringen und der Zwangsarbeit zu unterwerfen ist.

Der Festgenommene unterliegt der ausschließlichen Disposition des Staatsanwaltes beim Sonderstrafgericht in Rzeszow.

Rundes Siegel	Für die Richtigkeit gez.	Mgr. Fraczek Staatsanwalt

Abb. 140: Polnische Internierungsverfügung gegen einen Volksdeutschen 1945

Ein Dekret vom 13. September 1946 »über den Ausschluß von Personen deutscher Nationalität aus der polnischen Volksgemeinschaft« entzog allen Personen, die nach vollendetem 18. Lebensjahr »ihre deutsche Nationalität bekundet haben«, die polnische Staatsbürgerschaft. Ihr Vermögen wurde eingezogen, sie selbst mit ihren Familienangehörigen ausgewiesen.
Nach diesem Dekret waren die bisher des Volksverrats Beschuldigten von weiterer Strafverfolgung auszunehmen und statt dessen auszusiedeln. Ein weiteres Dekret vom 13. 9. 1946 bestimmte jedoch, daß auszusiedelnde Personen bei begründetem Fluchtverdacht vorläufig festgenommen werden konnten, was offenbar nicht selten geschah.
So konnte der größte Teil der Volksdeutschen erst unmittelbar mit der Ausweisung aus Polen die Internierungs- und Arbeitslager verlassen.
Durch die genannten Gesetze und Dekrete sollten die Deutschen in Polen vollkommen aus dem politischen, wirtschaftlichen und sozialen Leben ausgeschlossen und der Polonisierung der verbliebenen Volksdeutschen eine wenigstens formal-juristische Deckung gegeben werden.
Neben den genannten staatlichen Maßnahmen und privaten, oft als persönliche Vergeltung für eigenes Leid während der Besatzungszeit stattfindenden Ausschreitungen der polnischen Bevölkerung stehen gleichzeitig Beispiele polnischer Hilfeleistungen für verfolgte und diskriminierte Deutsche, die hier nicht vergessen werden sollen.

Teil X
Nach Flucht und Vertreibung

1. Landsmannschaften, Hilfskomitees und Vereine der Deutschen aus Polen

Bei der Volkszählung 1950 wurde in der Bundesrepublik Deutschland letztmalig nach dem Herkunftsland gefragt. Danach lebten von den ehemaligen Posener Deutschen je 38000 in Niedersachsen und Nordrhein-Westfalen, je 11000 in Bayern und Hessen, verhältnismäßig wenige dagegen in Baden-Württemberg, Schleswig-Holstein, Berlin und dem Saargebiet. Von den Deutschen aus Mittelpolen lebten 1950 rund 63000 in Niedersachsen, 54000 in Nordrhein-Westfalen, rund 20000 in Bayern, sowie einige Tausend in Baden-Württemberg, Schleswig-Holstein, Berlin und Hessen. In den genannten Zahlen sind auch die während des Krieges in diesen Gebieten untergebrachten Umsiedler enthalten.

In den westlichen Besatzungszonen Deutschlands waren bis 1948 keine Organisationen von Heimatvertriebenen erlaubt. Die ersten Zusammenschlüsse der vertriebenen Deutschen, auch der Deutschen aus Polen, erfolgten daher im kirchlichen Bereich, entsprechend den alten kirchlichen Gemeinschaften der Herkunftsgebiete. Einzelne Pastoren hatten bereits unmittelbar nach Kriegsende ihre Gemeindeglieder zu erfassen und den Kontakt untereinander zu pflegen versucht. 1946 wurden durch Ratsbeschluß der EKD kirchliche »Hilfskomitees« für die ehemaligen Ostkirchen anerkannt, deren Aufgabe die Eingliederung und Betreuung ihrer Gemeindemitglieder war. In der »Gemeinschaft Evangelischer Posener« und dem »Hilfskomitee der evangelisch-lutherischen Deutschen aus Polen« fanden die Deutschen aus dem Posener Land und aus Mittelpolen ihre Vertretungen.

Die beiden Hilfskomitees schufen sich eigene Monatsblätter, um den Zusammenhalt der Gemeinschaft zu festigen und zu erhalten, erstere die »Posener Stimmen«, letztere »Weg und Ziel«.

Die »Gemeinschaft Evangelischer Posener« konnte sich darüber hinaus mit dem Lüneburger »D.-Paul-Blau-Haus« ein Zentrum aufbauen, das neben einem Altenheim für 98 Senioren mit Pflegestation auch ein Heimatarchiv der Posener enthält.

Die Posener Kirche mit ihren Erfahrungen der Zwischenkriegszeit wurde von der Evangelischen Kirche in Deutschland (EKD) auch bei der Einrichtung des »Kirchendienstes Ost« 1945 herangezogen, der die Betreuung der im Osten verbliebenen Deutschen zu koordinieren hatte. Erster Geschäftsführer wurde Richard Kammel, der frühere Leiter des Landesverbandes für Innere Mission und des Evangelischen Presseverbandes in Posen. Sein Nachfolger wurde 1952 Harald Kruska.

Als nach der Entstehung der Bundesrepublik Deutschland auch die Bildung von Landsmannschaften möglich wurde, kam es nach Verhandlungen zwischen den Hilfskomitees für Posen, Mittelpolen und Galizien am 4. Oktober 1949 zur Gründung der »Landsmannschaft Weichsel-Warthe«. Bundessprecher wurde der Posener Waldemar Kraft, der spätere Abgeordnete des »Bundes der Heimatvertriebenen und Entrechteten« (BHE) und Minister

Abb. 141: Das Paul-Blau-Haus in Lüneburg, Altenheim der Posener Evangelischen Kirche und Arbeitszentrum der Gemeinschaft Evangelischer Posener

Abb. 142: Harald Kruska (m.) mit dem früheren Posener Superintendenten Johannes Steffani (l.) und Bischof Dibelius (r.) bei der Betrachtung der »Posener Heimatkarte«

Abb. 143: Richard Kammel

Abb. 144: Waldemar Kraft

unter Adenauer. Auf dem ersten Bundestreffen der Landsmannschaft im Mai 1951 übernahm der bisherige Stellvertreter Johannes Scholz aus Posen den Vorsitz, Stellvertreter wurden Otto Heike aus Lodz und Sepp Müller aus Galizien, so daß nun in der Leitung alle drei von der Landsmannschaft erfaßten Siedlungsgebiete repräsentiert waren.
Bundessprecher der Landsmannschaft waren Gerd Kowala, Hans Koch, Hans Freiherr von Rosen, Gustav Klusak, Joachim v. Loesch, dann nochmals Hans v. Rosen; seit 1982 wird das Amt von Richard Breyer wahrgenommen. Im Gegensatz zu den sogenannten »reichsdeutschen« Landsmannschaften spielten Grenzfragen für die Landsmannschaft Weichsel-Warthe von Anbeginn keine Rolle. Im Sinne der auch von ihr unterzeichneten »Charta der deutschen Heimatvertriebenen« von 1950 verzichtete sie auf Rache und Vergeltung, bekräftigte aber das Selbstbestimmungsrecht und das Recht auf die Heimat.
Die Landsmannschaft Weichsel-Warthe erfaßte, untergliedert in Landes-, Kreis- und Ortsgruppen, das gesamte Bundesgebiet. Sowohl auf Landes- wie auf Bundesebene ist sie Mitglied des 1958 gegründeten Dachverbandes »Bund der Vertriebenen« (BdV).
Der Aufrechterhaltung der Verbindung unter ihren Mitgliedern dienen häufige regionale Mitgliederversammlungen und Veranstaltungen. Alle zwei Jahre finden überdies Bundestreffen statt, seit 1973 stets im westfälischen Münster. Als eigenes Presseorgan gibt die Landsmannschaft seit 1953 ein Mitteilungsblatt »Weichsel-Warthe« heraus, das den monatlich erscheinenden Zeitschriften der Hilfskomitees beigelegt wird.
Daneben gibt es noch eine Reihe von Mitteilungsblättern einzelner Heimatkreisgemeinschaften, so den »Altburgunder Heimatboten/Schubiner Kreisblatt«, die »Eichenbrücker Nachrichten«, den »Kolmarer Heimatbrief« oder die »HKG-Informationen« (HKG = Heimatkreisgemeinschaft) für die Deutschen aus dem Lodzer Industriegebiet.
Ein wichtiges Tätigkeitsfeld der Landsmannschaft war von Anbeginn die Rechts- und Sozialberatung. Die während des Zweiten Weltkrieges erfolgten Einbürgerungen von Volksdeutschen im besetzten Polen waren nach 1945 zunächst nicht generell anerkannt worden. Die mit der früheren polnischen Staatsangehörigkeit nach dem Kriege verbundenen Schwierigkeiten wären für die Betreffenden ohne die Hilfestellung der Landsmann-

schaft häufig nicht zu lösen gewesen. Das galt auch für Fragen des Lastenausgleichs und der Sozialversicherung, die von den Sozialreferenten der Landsmannschaft individuell sowie durch Informationen in den Heimatblättern erläutert wurden.

Aufgrund der eigenen Erfahrungen und der Sach- und Sprachkenntnisse ihrer Mitglieder konnte die Landsmannschaft Weichsel-Warthe bei der Eingliederung der auch nach Abschluß der Vertreibung alljährlich in größerer oder kleinerer Zahl aus Polen kommenden Aussiedler eine wichtige Aufgabe übernehmen.

Neben dem Zusammenschluß und der Interessenvertretung ihrer Mitglieder hat die Landsmannschaft satzungsgemäß die Bewahrung und Pflege des kulturellen Erbes der Deutschen aus Polen zur Aufgabe. Diesem Ziel dienen u. a. das seit 1955 erscheinende »Jahrbuch Weichsel-Warthe«, die 1952 gegründete Vierteljahresschrift »Der Kulturwart«, weitere Einzelpublikationen, aber auch Kulturtagungen auf Landes- und Bundesebene. Diese Aktivitäten werden u. a. von der 1976 gegründeten »Stiftung Kulturwerk Wartheland« finanziell gefördert.

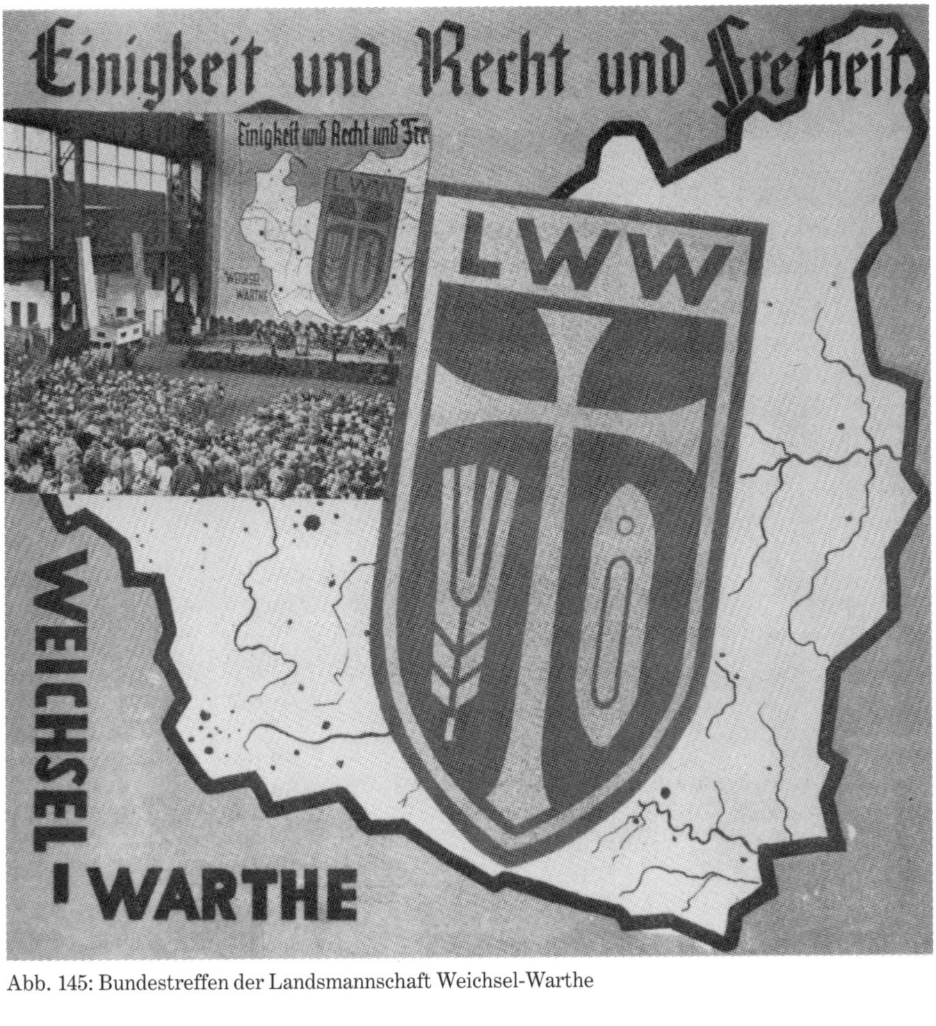

Abb. 145: Bundestreffen der Landsmannschaft Weichsel-Warthe

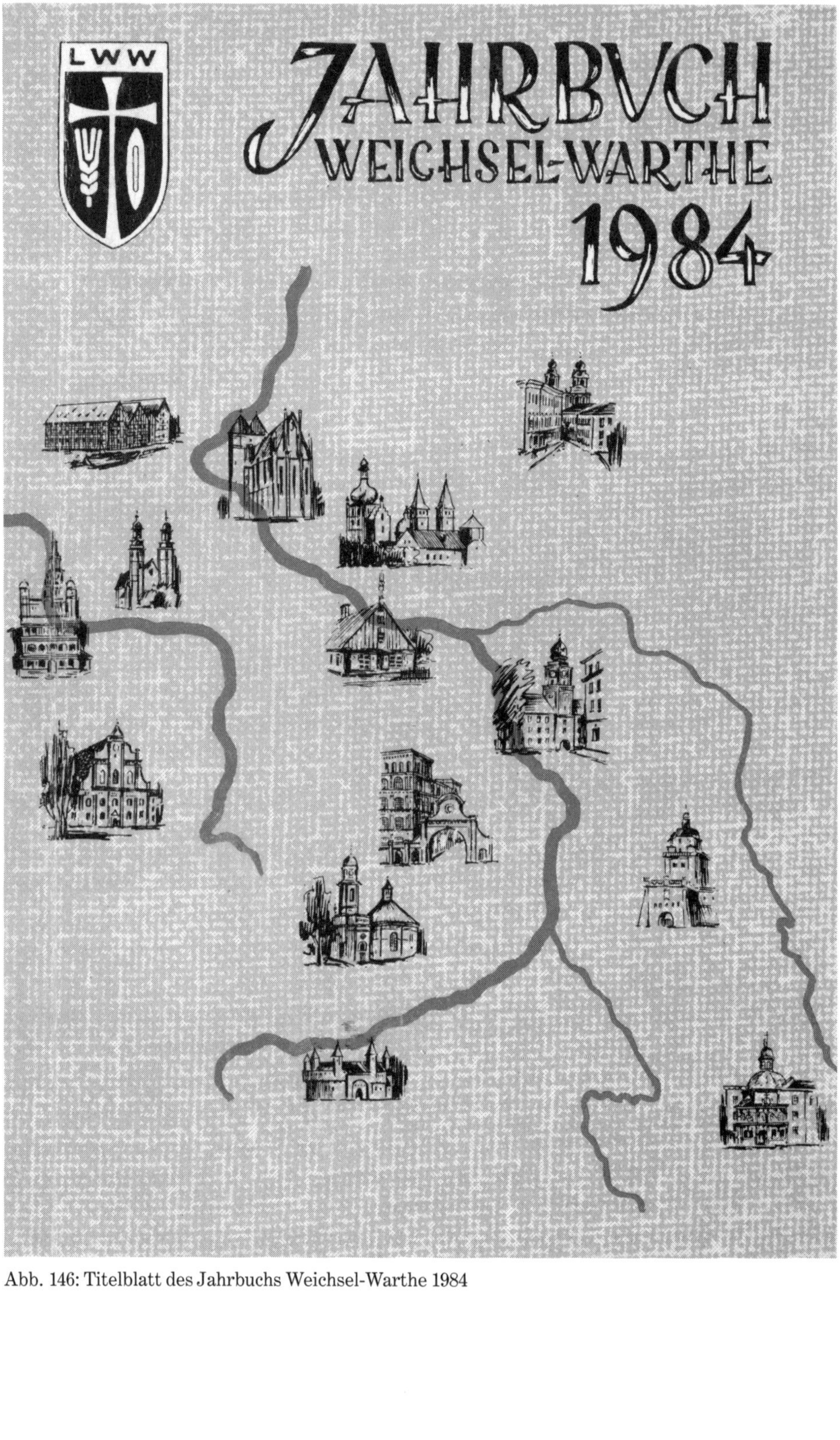

Abb. 146: Titelblatt des Jahrbuchs Weichsel-Warthe 1984

URKUNDE

Das Land Hessen hat durch Beschluß der Hessischen Landesregierung vom 3. April 1990 die Patenschaft über die Landsmannschaft Weichsel-Warthe in der Bundesrepublik Deutschland übernommen. Mit dieser Patenschaft bekundet das Land Hessen seine Verbundenheit mit den Deutschen aus den ehemaligen deutschen Siedlungsgebieten an Weichsel und Warthe. So manche ihrer Vorfahren waren einstmals aus Hessen in den Osten ausgewandert. Durch diese Patenschaft soll auch der Wille der Hessischen Landesregierung zum Ausdruck gebracht werden, die Arbeit der Landsmannschaft Weichsel-Warthe zu unterstützen und ihr kulturelles Erbe zu wahren.

Die Landesregierung fördert insbesondere die Bemühungen der Landsmannschaft, Brücke zwischen dem deutschen und polnischen Volk zu sein.

Wiesbaden, den 11. Mai 1990

Der Hessische Ministerpräsident

Abb. 147: Patenschaftsurkunde des Landes Hessen für die Landsmannschaft Weichsel-Warthe von 1990

In Archiven, Sammlungen und Heimatstuben wird das nach Flucht und Vertreibung gerettete Kulturgut der Heimatgebiete aufbewahrt und zugänglich gemacht. Als überregionale Einrichtungen müssen hier das Archiv der Gemeinschaft Evangelischer Posener in Lüneburg, die Sammlung der Deutschen aus Mittelpolen und Wolhynien in Mönchengladbach sowie Archiv und Heimatstube der Deutschen aus Polen in Oberschleißheim genannt werden.
Im Jahre 1990 hat das Bundesland Hessen die Patenschaft über die Landsmannschaft Weichsel-Warthe übernommen.
Neben der Landsmannschaft gibt es noch weitere Zusammenschlüsse von Deutschen aus den Gebieten an Weichsel und Warthe.
Im wissenschaftlichen Bereich knüpft die 1950 in Marburg begründete »Historisch-Landeskundliche Kommission für Posen und das Deutschtum in Polen« personell wie ideell an die Tradition der »Historischen Gesellschaft« für Posen bzw. Polen an. Im Gegensatz zu anderen ostdeutschen Historischen Kommissionen konnten nicht nur ausgewiesene Fachwissenschaftler, sondern auch interessierte Laien die Mitgliedschaft erwerben. Seit 1953 veranstaltet die Kommission alle zwei Jahre wissenschaftliche Konferenzen, die zumeist im Herder-Institut in Marburg/Lahn abgehalten wurden. Die Kommission gehört auch dem Johann-Gottfried-Herder-Forschungsrat an. Eine eigene Zeitschrift besitzt die Kommission nicht, dafür wurden einige Hefte der »Dokumentation Ostmitteleuropa« und der »Zeitschrift für Ostforschung« des Marburger Herder-Instituts ganz oder teilweise von Mitgliedern der Kommission gestaltet. Die zahlreichen Veröffentlichungen der Kommission und ihrer Mitglieder stellen wichtige Beiträge zu fast allen Bereichen der Geschichte der Deutschen in Polen dar.
Die Erinnerung an das deutsche Schul- und Bildungswesen in Polen wird sowohl von ehemaligen Lehrern wie Schülern gepflegt. So treffen sich regelmäßig die »Ehemaligen« der großen deutschen Gymnasien in Lissa, Posen, Bromberg und Lodz, aber auch die früheren deutschen Lehrer und Lehrerinnen sowie die Angehörigen der Vereine Deutscher Hochschüler in Polen.

2. Deutsche aus Posen und Mittelpolen als Mittler zwischen Polen und Deutschland

Aufgrund ihrer Herkunft und der damit verbundenen Sprach- und landeskundlichen Kenntnisse kam den Deutschen aus Polen nach 1945 eine wichtige Rolle bei der Entwicklung des deutsch-polnischen Verhältnisses zu. Während des Kalten Krieges kamen aus ihren Kreisen erste Brückenschläge nach Polen, denen später vielfältige Aktivitäten in den verschiedensten Bereichen folgten. Beispielhaft sollen hier die seit 1964 von den Professoren Gotthold Rhode und Jerzy Hauptmann gemeinsam veranstalteten deutsch-polnischen »Lindenfelser Gespräche« genannt werden, bei denen die deutsche und die polnische Sprache völlig gleichberechtigt waren und die neben Historikern auch Schriftsteller, Übersetzer und andere Kulturschaffende beider Länder zusammenführten.
Von den zahlreichen Publikationen, die von Deutschen aus Polen mit dem Ziel der Verständigung zwischen den beiden Völkern geschaffen wurden, müssen stellvertretend für viele andere zumindest die Monatszeitschrift »West-östliche Begegnung« (seit 1959), die

Abb. 148: Beispiele für Publikationen von Deutschen aus Mittelpolen im Dienste der deutsch-polnischen Verständigung

Abb. 149 (links): Der Lodzer Karl Dedecius, Übersetzer und Leiter des Deutschen Polen-Instituts in Darmstadt; Abb. 150 (rechts): Der Übersetzer Klaus Staemmler

WIADOMOŚCI

TYGODNIK

LONDYN 19 kwietnia 1970

SPOTKANIA W LINDENFELS

Abb. 151 (links): Bericht der polnischen Exilzeitung »Wiadomości« London, vom 19. 4. 1970 über die deutsch-polnischen »Lindenfelser Gespräche«; Abb. 152 (rechts): Der Osteuropa-Historiker Prof. Dr. Gotthold Rhode (1916–1990)

mit der Stiftung Ostdeutscher Kulturwart herausgegebenen Schriftreihen »Nachbarn in Ostmitteleuropa« und »Schriften zur deutschen Frage« sowie Bild-/Textdokumentationen zur Geschichte der deutsch-polnischen Beziehungen wie »Nachbarn seit Tausend Jahren/ Deutsche und Polen in Bildern und Dokumenten«, »Zwischen Ostsee und Waldkarpathen – deutsch-polnische Begegnungslandschaften im Wandel der Zeiten« oder das Sammelwerk »Wo wir einst zuhause waren – Geschichten aus einem anderen Land« genannt werden.
Übersetzung und damit Popularisierung polnischer Literatur in der Bundesrepublik war zeitweise geradezu ein Monopol von Deutschen aus Polen. Das in diesem Sinne wirkende Deutsche Polen-Institut in Darmstadt unter Leitung des Lodzers Karl Dedecius, das Johann-Gottfried-Herder-Institut in Marburg mit der Aufgabe der Erforschung von Ländern und Völkern Ostmitteleuropas in Vergangenheit und Gegenwart, aber beispielsweise auch die Polenredaktion von Deutschlandfunk und Deutscher Welle in Köln wurden von Deutschen aus Polen, die in diesen Institutionen tätig waren bzw. noch sind, maßgeblich geprägt.

3. Die deutsche Minderheit in Posen und Mittelpolen heute

Nach dem Ende des kommunistischen Regimes in Polen wurden seit dem Frühjahr 1990 deutsche Minderheitenorganisationen offiziell anerkannt. Im Posener Gebiet entstand die »Sozial-kulturelle Gesellschaft der deutschen Minderheit des Warthelandes in Poznań«, die im November 1990 beim Posener Gericht registriert wurde.
Sitz der Gesellschaft ist das bei Posen an der Warthe gelegene ehemalige Bambergerdorf Luban (Luboń).
Ihr Tätigkeitsgebiet erstreckt sich auf die fünf Wojewodschaften Posen, Konin, Kalisch, Lissa und Landsberg a. d. Warthe/Gorzów Wielkopolski.
Bis Anfang 1992 hatten sich fünf örtliche Gruppen mit zusammen etwa 1000 Mitgliedern gebildet.
Die Mitgliedschaft steht dabei allen Personen deutscher Nationalität bzw. deutscher

Abstammung offen, es werden aber auch nichtdeutsche Partner aus Mischehen aufgenommen. Voraussetzung ist deutsches Selbstverständnis und/oder Bereitschaft zur Pflege deutscher Kultur.
Satzungsgemäß ist oberstes Ziel die Belebung, Verbreitung und Entwicklung deutscher Kultur und Kunst zur Befriedigung der diesbezüglichen Bedürfnisse der deutschen Bevölkerung.
Gründer und derzeitiger Vorsitzender der Gesellschaft ist der Schmied Alois Siebert aus Luban. Dies erklärt auch den Sitz der Gesellschaft. Siebert hatte 1990 zunächst mit den Deutschen Freundschaftskreisen in Oberschlesien Verbindung aufgenommen, sich dann aber zur Gründung einer eigenen Organisation für die Deutschen im historischen Posener Land sowie Mittelpolen entschlossen. Es handelt sich im Prinzip um das Gebiet, welches während des Zweiten Weltkrieges im sogenannten »Reichsgau Wartheland« zusammengefaßt war und neben dem größten Teil der alten preußischen Provinz Posen Teile des ehemaligen Kongreßpolen mit Lodz und Kalisch umfaßte.
Durch diesen territorialen Bezug wird auch die von der Gesellschaft verwendete Bezeichnung »Wartheland« verständlich, die ansonsten in Deutschland wie in Polen eher unangenehme Assoziationen wachruft, obwohl sie das betreffende Gebiet am besten abdeckt.
Die Gesellschaft besaß bis 1992 noch keine eigenen Tagungs- und Büroräume, zunächst diente das Privathaus des Gründungsvorsitzenden als Sitz der Gesellschaft. Treffen finden in der Regel in den Häusern bzw. Wohnungen der Mitglieder statt, nur im Falle größerer Versammlungen wird ein Saal der Schule angemietet.
Vordringliches Problem der Gesellschaft ist der Unterricht der deutschen Sprache, die nur etwa 20 Prozent der Mitglieder, deren Altersspektrum von 18 bis 86 Jahre reicht, noch aktiv beherrschen. Zu diesem Zweck wurde im Herbst 1991 mit Deutschunterricht begon-

Abb. 153: Zwei Beispiele für von Deutschen aus Polen herausgegebene Veröffentlichungen zur Geschichte der eigenen Volksgruppe

nen, u. a. auch für Kinder im Vor- und Grundschulalter, also von 4 bis 8 Jahren. Die erste Gruppe umfaßte acht Kinder.
Ein großes Probem ist die Diaspora, die Mitglieder leben weit verstreut in einem großen Gebiet. Die Kommunikationsmittel sind mangelhaft, Treffen deshalb mit großen Mühen und nicht unerheblichen Kosten verbunden. Die Deutschen im Raum Lodz haben sich deshalb zu einer eigenen Gruppe zusammengeschlossen.
Die soziale Struktur der Mitglieder ist sehr unterschiedlich und umfaßt Bauern, Arbeiter, Angestellte, aber auch Wissenschaftler.
Aus der Bundesrepublik kam Starthilfe in Form einer Büroausstattung sowie der Grundausstattung einer Bibliothek mit rd. 700 Bänden, darunter Lehrbücher sowie schöngeistige Literatur für Erwachsene und Kinder, Sprachlehrkassetten und zweisprachige Gesangbücher.
Die Gesellschaft steht mit anderen deutschen Minderheitenorganisationen in Polen, aber auch mit der deutschen Botschaft in Verbindung. Darüber hinaus pflegt sie Kontakte auch mit deutsch-polnischen Gesellschaften oder wissenschaftlichen Einrichtungen wie dem Posener West-Institut, mit dem am 11. Dezember 1991 eine gemeinsame Konferenz zum Thema: »Die deutsche Minderheit in Polen – ihr Platz und Rolle in der Realisierung der guten Nachbarschaft zwischen Polen und Deutschland (Chancen und Bedrohungen)« veranstaltet wurde.
Nach einem in der Nacht vom 15. zum 16. November 1992 erfolgten Bombenanschlag auf das Haus des Vorsitzenden Siebert in Luban wurde die Tätigkeit der dortigen Geschäftsstelle vorerst eingestellt. Der Anschlag fand in der deutschen und polnischen Presse ein lebhaftes Echo und wurde in Polen nachdrücklich verurteilt.
Die tausendjährige Nachbarschaft von Deutschen und Polen im zwischenstaatlichen Bereich wie auch auf polnischem Gebiet selbst geht weiter. Trotz vieler noch vorhandener und verständlicher Ängste und Vorbehalte auf beiden Seiten ist heute eine Verständigung möglich und notwendig. Neben gutem Willen ist hierfür die Kenntnis der gemeinsamen Geschichte mit ihren Licht- und Schattenseiten erforderlich. Dazu ein wenig beizutragen ist der Zweck dieses Buches.

Anhang

Literatur (Auswahl)

a) Bibliographien

Gunzenhäuser, Max: Bibliographie zur Geschichte der deutsch-polnischen Beziehungen und Grenzlandfragen 1919–1939. Stuttgart 1942.

Ders.: Bibliographie zur Nationalitätenfrage und zur Judenfrage der Republik Polen 1919–1939. 2. erg. Auflage. Stuttgart 1943.

Heise, Albert: Das Nachkriegsschrifttum über das Deutschtum in Polen, in: Jahrbuch Weichsel-Warthe, Jg. 1969, S. 144–149; Jg. 1975, S. 138–150; Jg. 1983, S. 145–157.

Hoffmann, Johannes: Polen unser östlicher Nachbar. Sachbücher – Medien – Unterrichtsmaterialien. Eine Auswahlbibliographie. Dortmund 1975.

Jilek, Heinrich / Rister, Herbert / Weiss, Hellmut: Bücherkunde Ostdeutschlands und des Deutschtums in Ostmitteleuropa. Köln/Graz 1963, S. 315–351.

Meyer, H. M. / Pflaume, H.: Wartheland-Bibliographie; Folge I, 1939–1942. Beiheft I zur Deutschen Wissenschaftlichen Zeitschrift im Wartheland. Posen 1943.

Kannengießer, Albrecht: Schrifttum über das Posener Land 1961–1970. Register. Marburg/L. 1979.

Kessler, Wolfgang (Bearb.): Ost- und südostdeutsche Heimatbücher und Ortsmonographien nach 1945. Eine Bibliographie zur historischen Landeskunde der Vertreibungsgebiete. München 1979.

Rister, Herbert: Schrifttum über Polen mit besonderer Berücksichtigung des Posener Landes. 1943–1960 (Auswahl). Bd. 1–5. Marburg/L. 1953–1966.

Ders.: Schrifttum über das Posener Land 1961–1970 (Auswahl), Bd. I u. II. Marburg/L. 1976 u. 1977.

Ders.: Verzeichnis des deutschsprachigen Schrifttums über das Bromberger Land. Wilhelmshaven 1977.

Stiller, Johanna: Schrifttum über Polen (ohne Posener Land). 1961–1970. Marburg/L. 1971–1980.

b) Handbücher

Osteuropa-Handbuch, Polen. Hrsg. von Werner Markert. Köln/Graz 1959.

Das östliche Deutschland. Ein Handbuch. Hrsg. Göttinger Arbeitskreis. Würzburg 1959.

Die Deutsche und ihre östlichen Nachbarn. Ein Handbuch. Hrsg. Viktor Aschenbrenner, Ernst Birke, Walter Kuhn und Eugen Lemberg. Frankfurt/M. 1967.

Topolski, Jerzy (Hrsg.): Dzieje Poznania, Bd. I [bis zum Jahr 1793]. Poznań/Posen 1988.

Dzieje Wielkopolski (Geschichte Großpolens), Bd. I (Hrsg. Jerzy Topolski) u. 2 (Hrsg. Witold Jakóbczyk). Poznań/Posen 1969 u. 1973.

c) Gesamtdarstellungen/Einführungen/Übersichtswerke

1. Ostsiedlung

Aubin, Hermann: Zur Erforschung der deutschen Ostbewegung, in: Aubin, H.: Grundlagen und Perspektiven geschichtlicher Kulturraumforschung und Kulturmorphologie. Bonn 1965, S. 537–626.

Ders.: Die Deutschen in der Geschichte des Ostens, in: Geschichte in Wissenschaft und Unterricht 7 (1956), S. 512–545.
Dralle, Lothar: Die Deutschen in Ostmittel- und Osteuropa. Darmstadt 1991.
Engel, Hans-Ullrich (Hrsg.): Deutsche unterwegs. Von der mittelalterlichen Ostsiedlung bis zur Vertreibung im 20. Jahrhundert. München/Wien 1983.
Gleissl, Max / Mai, Barbara: Die Deutschen im Osten. Berlin/Bonn 1988.
Hüttig, Friedrich Karl: Die pfälzische Auswanderung nach Ost-Mitteleuropa. Marburg/L. 1958.
Kötzsche, R. / Ebert, R.: Geschichte der ostdeutschen Kolonisation. Leipzig 1937.
Krallert, W.: Atlas zur Geschichte der deutschen Ostsiedlung. Bielefeld/Berlin/Hannover 1958.
Kuhn, Walter: Ostsiedlung und Bevölkerungsdichte, in: Ostdeutsche Wissenschaft 7 (1960), S. 31–68.
Ders.: Die Siedlerzahlen der deutschen Ostsiedlung, in: Studium sociale. Festschrift für Karl Valentin Müller, 1963, S. 131–154.
Lemberg, Hans: Der »Drang nach Osten«. Schlagwort und Wirklichkeit, in: Krause, F. / Stasiewski, B.: Deutsche im europäischen Osten. Verständnis und Mißverständnis. Köln/Wien 1977, S. 1–17.
Müller, Martha: Mecklenburger in Osteuropa. Marburg/L. 1972.
Müller-Sternberg, Rudolf: Deutsche Ostsiedlung – eine Bilanz für Europa, unter Mitarbeit von Werner Nellner. Bielefeld 1969.
Rexheuser, Rex: Die Deutschen im Osten. Von der Ostbewegung im Mittelalter bis zu den Westverschiebungen des 20. Jahrhunderts. Lüneburg 1985.
Stökl, Günther: Osteuropa und die Deutschen. Geschichte und Gegenwart einer spannungsreichen Nachbarschaft. Stuttgart 1985.
Wippermann, Wolfgang: Der »deutsche Drang nach Osten«. Ideologie und Wirklichkeit eines politischen Schlagwortes. Darmstadt 1981.

2. Polnische Geschichte

Hellmann, Manfred: Daten der polnischen Geschichte. München 1985.
Hoensch, Jörg K.: Geschichte Polens. 2. Aufl. Stuttgart 1990.
Kossmann, Oskar: Polen im Mittelalter. Beiträge zur Sozial- und Verfassungsgeschichte. Marburg/L. 1971.
Meyer, Enno: Grundzüge der Geschichte Polens. 3. Aufl. Darmstadt 1990.
Müller, Michael G.: Die Teilungen Polens 1772–1793–1795. München 1984.
Rhode, Gotthold: Geschichte Polens. 3. Aufl. Darmstadt 1980.
Roos, Hans: Geschichte der polnischen Nation. 4. Aufl. Stuttgart 1986.
Staemmler, Klaus: Polen aus erster Hand. Geschichte und Gegenwart in Berichten und Dokumentation. Würzburg 1975.
Topolski, Jerzy: Die Geschichte Polens. Warschau 1985.

3. Deutsch-Polnische Beziehungen

Brackmann, Albert (Hrsg.): Deutschland und Polen. Beiträge zu ihren geschichtlichen Beziehungen. München/Berlin 1933.
Breyer, Richard / Nasarski, Peter /Piekalkiewicz, Janusz: Nachbarn seit tausend Jahren. Deutsche und Polen in Bildern und Dokumenten. Mainz 1976.
Broszat, Martin: Zweihundert Jahre deutsche Polenpolitik. Frankfurt/M. 1972.
Die Deutschen und ihre östlichen Nachbarn. Bd. II: Deutsche und Polen. Hrsg. Akademie für Lehrerfortbildung Dillingen. Dillingen 1989.
Informationen zur politischen Bildung, Hefte 142/143 »Deutsche und Polen«, Neudruck 1991, Hrsg. Bundeszentrale für politische Bildung, Bonn.
Kenéz, C. J. / Neubach, H. / Rogall, J. (Hrsg).: Beiträge zur deutsch-polnischen Nachbarschaft. Festschrift für Richard Breyer zum 75. Geburtstag. Berlin/Bonn 1992.
Kobylińska, Ewa / Lawaty, Andreas / Stephan, Rüdiger (Hrsg.): Deutsche und Polen. Hundert Schlüsselbegriffe. München/Zürich 1992.

Lück, Kurt: Deutsche Aufbaukräfte in der Entwicklung Polens. Forschungen zur deutsch-polnischen Nachbarschaft im ostmitteleuropäischen Raum. Plauen i. V. 1934.

Lück, Kurt: Der Mythos vom Deutschen in der polnischen Volksüberlieferung und Literatur. Forschungen zur deutsch-polnischen Nachbarschaft im ostmitteleuropäischen Raum. Leipzig 1938.

Nasarski, Peter: Zwischen Ostsee und Waldkarpaten. Deutsch-polnische Begegnungslandschaften im Wandel der Zeiten. Unter Mitarbeit von Richard Breyer. Berlin/Bonn 1983.

Schickel, Alfred: Deutsche und Polen. Ein Jahrtausend gemeinsamer Geschichte. Bergisch-Gladbach 1984.

Thurich, Eckart: Schwierige Nachbarschaften. Deutsche und Polen – Deutsche und Tschechen im 20. Jahrhundert. Stuttgart/Berlin/Köln 1990.

Wege zum Nachbarn. Deutsche aus Polen, Mittler zwischen zwei Völkern. Hrsg. Peter E. Nasarski, Mitarbeit Siegfried Weigelt. Bielefeld 1974.

Zernack, Klaus: Das Jahrtausend deutsch-polnischer Beziehungsgeschichte als geschichtswissenschaftliches Problemfeld und Forschungsaufgabe, in: Grundfragen der geschichtlichen Beziehungen zwischen Deutschen, Polaben und Polen. Berlin 1976.

Ders.: Preußen – Deutschland – Polen. Aufsätze zur Geschichte der deutsch-polnischen Beziehungen. Berlin 1991.

4. Übergreifende Darstellungen zur deutschen Siedlung in Polen

Breyer, Albert: Deutsche Gaue in Mittelpolen. Kattowitz 1935.

Breyer, Richard: Die Deutschen in Polen. Ein historischer Überblick. Lüneburg 1989.

Gerke, Wilfried: Das Identitätsbewußtsein der Deutschen im Posener Lande, in: Kenéz, Csaba Janos / Neubach, Helmut / Rogall, Joachim: Beiträge zur deutsch-poln. Nachbarschaft. Festschrift für Richard Breyer. Berlin/Bonn 1992.

Haessler, Josef: Die Auswanderung von Baden nach Rußland und Polen im 18. und 19. Jahrhundert. Grafenhausen bei Lahr in Baden 1959.

Harnier, Alexander v.: Beitrag zur Geschichte des deutschen Großgrundbesitzes im Lande der Netze und Warthe. Essen 1971.

Heike, Otto: Die deutsche Arbeiterbewegung in Polen 1835–1945. Dortmund 1969.

Ders.: 150 Jahre Schwabensiedlungen in Polen 1795–1945. Leverkusen 1979.

Ders.: Das deutsche Schulwesen in Mittelpolen. Dortmund 1963.

Ders.: Aufbau und Entwicklung der Lodzer Textilindustrie. Mönchengladbach 1971.

Kargel, Adolf /Schmidt, Arthur: Alexandrów. Ein Mittelpunkt der Deutschen im Industriegebiet Lodz. Mönchengladbach 1980.

Kneifel, Eduard: Geschichte der Evangelisch-Augsburgischen Kirche in Polen. Selbstverlag Vierkirchen u. München 1962.

Kohte, Wolfgang: Das Posener Land, in: Territorien-Ploetz, Bd. 2, Würzburg 1971.

Kossmann, Eugen Oskar: Die Deutschen in Polen seit der Reformation. Historisch-geographische Skizzen. Siedlung, Sozialstruktur, Wirtschaft. Marburg/L. 1978.

Ders.: Deutsche mitten in Polen. Unsere Vorfahren am Webstuhl der Geschichte. Berlin/Bonn 1985.

Ders.: Lodz – eine historisch-geographische Analyse. Würzburg 1966.

Lodz – die Stadt der Völkerbegegnung im Wandel der Geschichte. Hrsg. Peter Nasarski, Köln 1978.

Luxemburg, Rosa: Die industrielle Entwicklung Polens. Leipzig 1898.

Maas, Walther: Siedlungen an Obra, Bartsch, Prosna und Oberer Warthe, im Leslauer und Tschenstochauer Land sowie in den Kreisen Bromberg und Wirsitz. Historische und sozialgeographische Studien. Bd. 1–2. Marburg/L. 1978.

Ders.: Siedlungen zwischen Warthe und Netze. Historische und sozialgeographische Studien. Marburg/L. 1976.

Meinhardt, Günther (Hrsg.): Aus Brombergs Vergangenheit. Wilhelmshaven 1974.

Nasarski, Peter (Hrsg.): Das Lodzer Deutsche Gymnasium. Berlin/Bonn 1981.

Ratzlaff, Erich L.: Im Weichselbogen. Mennonitensiedlungen in Zentralpolen. Winnipeg 1971.

Rhode, Arthur: Geschichte der Evangelischen Kirche im Posener Lande. Würzburg 1965.

Rhode, Gotthold: Geschichte der Stadt Posen. Neuendettelsau 1953.

Ders.: Die Historische Gesellschaft für die Provinz Posen bzw. für Posen 1885 bis 1945, in: Kenéz, C. J. / Neubach, H. / Rogall, J.: Beiträge zur deutsch-poln. Nachbarschaft. Festschrift für Richard Breyer. S. 415–42, Berlin/Bonn 1992.

Ders.: Das Bild des Deutschen im polnischen Roman des 19. Jahrhunderts und der polnische Nationalismus, in: Ostdeutsche Wissenschaft, Bd. VIII (1961), S. 327–366.
Rosen, Hans Frhr. v.: Bilanz. Das deutsche Gut in Posen und Pommerellen. Rosbach v. d. H. 1972.
Schmidt, Erich: Geschichte des Deutschtums im Lande Posen unter polnischer Herrschaft. Bromberg 1904.
Schmitz, Hans Jakob: Geschichte des Netze-Warthelandes, insbesondere der Grenzmark Posen-Westpreußen. Leipzig 1941.
Von der Weichsel an den Rhein (Gostynin-Langenfeld). Zusammengestellt von Peter Nasarski. Langenfeld 1966.
Weigelt, Fritz (Hrsg.): Penne, Pauker und Pennäler. Eine Gedenkschrift für die Lodzer deutschen Gymnasien 1866–1945. Wuppertal 1972.
Wittek, Erhard (Hrsg.): Wir von der Weichsel und Warthe. Nachdruck Frankfurt 1982.

d) Lebensbilder von Deutschen aus Polen

Gerke, Wilfried: Posener Biographisches Lexikon. Lüneburg 1975.
Jaroszewski, T. S. / Rottermund, A.: Jakub Hempel, Fryderyk Albert Lessel, Henryk Ittar, Wilhelm Henryk Minter. Architekci polskiego klasycyzmu (Jakob Hempel, Friedrich Albert Lessel, Heinrich Ittar, Wilhelm Heinrich Minter – Architekten des polnischen Klassizismus). Warschau 1974.
Lück, Kurt /Kauder, Viktor: Deutsch-Polnische Nachbarschaft. Lebensbilder deutscher Helfer in Polen. Würzburg 1957.
Rhode, Gotthold: Jüdische Historiker als Geschichtsschreiber Ostmitteleuropas: Jacob Caro, Adolf Warschauer, Ezechiel Zivier, in: Rhode, Gotthold (Hrsg.): Juden in Ostmitteleuropa von der Emanzipation bis zum Ersten Weltkrieg. Marburg/L. 1989.
Rosen, Hans Frhr. v.: (Hrgs.): Saat und Ernte. Lebensbilder Posener deutscher Landwirte. Hameln 1978.
Weigelt, Fritz (Hrsg.): Von unserer Art. Vom Leben und Wirken deutscher Menschen im Raume von Weichsel und Warthe. Wuppertal 1963.

e) Erinnerungen

Bade, Silvia: Baracke 7. Frauenschicksale hinter Stacheldraht – viele gingen den Weg nach Sikawa (1945/46). Berlin/Bonn 1985.
Breitinger, Hilarius: Als Deutschenseelsorger in Posen und im Warthegau 1934–1945. Mainz 1984.
Heike, Otto: Leben im deutsch-polnischen Spannungsfeld. Erinnerungen und Einsichten eines deutschen Journalisten aus Lodz. Essen 1989.
Hohenstein, Alexander: Wartheländisches Tagebuch 1941/42. München 1963.
Hornung, Gabriele: Schrimm, Schroda, Bomst... Als Lehrerin im Posener Land 1942–1945. Leer 1985.
Kossmann, Eugen Oskar: Es begann in Polen. Erinnerungen eines Diplomaten und Ostforschers. Lüneburg 1989.
Lehfeld, Walburg: Gut Lehfelde. Eine deutsche Geschichte 1932–1950. Frankfurt/M./Berlin 1988.
Rhode, Arthur: Die Evangelische Kirche in Posen und Pommerellen. Erfahrungen und Erlebnisse in drei Jahrzehnten 1914–1945. Lüneburg 1984.
Rosen, Hans Frhr. v.: Grocholin. Geschichte eines deutschen Gutes in Posen. Leer 1985.
Warschauer, Adolf: Deutsche Kulturarbeit in der Ostmark. Erinnerungen aus vier Jahrzehnten. Berlin 1926.
Wittek, Erhard: Jugendjahre und Kriegserlebnisse eines Poseners 1904–1921. Hannover 1982.

f) Quellensammlungen

Das Bürgerbuch von Birnbaum 1668–1853. Bearbeitet von Hans Jokisch, Hrsg. C. J. Kenéz. Marburg/L. 1982.

Das Urkunden-Archiv der Stadt Posen, in: Zeitschrift für Geschichte und Landeskunde der Provinz Posen 3 (1884), S. 272–326 (Regesten für 1254–1399).
Ehrenberg, H.: Urkunden und Aktenstücke zur Geschichte der in der heutigen Provinz Posen vereinigten ehemals polnischen Landesteile. Leipzig 1892.
Goerlitz, Th.: Magdeburger Schöffensprüche für die Hansestadt Posen und andere Städte des Warthelandes. Stuttgart/Berlin 1944.
Helbig, H. / Weinrich, L. (Hrsg.): Urkunden und erzählende Quellen zur deutschen Ostsiedlung im Mittelalter. 2. Teil: Schlesien, Polen, Böhmen-Mähren, Österreich, Ungarn-Siebenbürgen. 3. Aufl. Darmstadt 1984.
Kötzschke, R.: Quellen zur Geschichte der ostdeutschen Kolonisation im 12. bis 14. Jahrhundert. 2. Aufl. Leipzig 1931.
Meyer, Enno: Deutschland und Polen 1772–1914. Stuttgart 1972.
Ders.: Deutschland und Polen 1914–1970. Stuttgart 1971.
Quirin, H. H. (Hrsg.): Die deutsche Ostsiedlung im Mittelalter (Quellensammlung zur Kulturgeschichte). Göttingen 1954.
Urkunden und Akten zur Geschichte der preußischen Verwaltung in Südpreußen und Neuostpreußen. 1793–1806. Bearbeitet von Ingeborg Charlotte Bussenius, Hrsg. Walther Hubatsch. Frankfurt a. M./Bonn 1961.
Warschauer, Adolf: Die Chronik der Stadtschreiber von Posen. Posen 1888 (umfaßt die Zeit 1389–1752).
Ders.: Stadtbuch von Posen. Bd. 1: Die mittelalterliche Magistratsliste, die ältesten Protokollbücher und Rechnungen. Posen 1892.
Wuttke, Heinrich: Städtebuch des Landes Posen. Leipzig 1877.
Żródła do historii miast łódzkiego okręgu przemysłowego w XIX. wieku (Quellen zur Geschichte der Städte des Lodzer Industriebezirks im 19. Jh.). Warschau 1958.
Żródła do historii przemysłu włokienniczego okręgu łódzkiego w XIX. wieku (Quellen zur Geschichte der Textilindustrie des Lodzer Gebiets im 19. Jahrhundert). Bearbeitet von M. Bandurka, M. Kolodziejczyk, J. Trela. Warschau 1966.

g) Spezielle Literatur

1. Mittelalterliche deutsche Ostsiedlung

Boockmann, Hartmut: Die mittelalterliche deutsche Ostsiedlung. Zum Stand ihrer Erforschung und zu ihrem Platz im allgemeinen Geschichtsbewußtsein, in: Geschichte und Gegenwart. Festschrift für K. D. Erdmann.
Dittrich, Z. R.: Die sozialen und rechtlichen Grundlagen der Deutschen Ostkolonisation, in: Rechts- und Sozialstruktur im europäischen Osten. Bonn 1975/76.
Higounet, Charles: Die deutsche Ostsiedlung im Mittelalter. Berlin 1986.
Reimers, Hans Jürgen: Die Stadtdörfer der mittelalterlichen Ostsiedlung in Polen. Marburg/L. 1976.
Kuhn, Walter: Flämische und fränkische Hufe als Leitformen der mittelalterlichen Ostsiedlung, in: Hamburger Mittel- und Ostdeutsche Forschungen 2, S. 146–192.
Ders.: Vergleichende Untersuchungen zur mittelalterlichen Ostsiedlung. Köln/Wien 1973.
Ders.: Die Entstehung der deutschrechtlichen Stadt Plock, in: Zeitschrift für Ostforschung 13 (1964), H.1/2, S. 1–30.
Ders.: Die deutschrechtlichen Städte in Schlesien und Polen in der ersten Hälfte des 13. Jahrhunderts. Marburg/L. 1968.
Ders.: Die deutschrechtliche Siedlung in Klein-Polen, in: Walter Schlesinger (Hrsg.): Die deutsche Ostsiedlung des Mittelalters als Problem der europäischen Geschichte. Sigmaringen 1975, S. 369–415.
Ders.: Westslawische Landesherren als Organisatoren der mittelalterlichen Ostsiedlung, in: Walter Schlesinger (Hrsg.): Die deutsche Ostsiedlung des Mittelalters als Problem der europäischen Geschichte. Sigmaringen 1975, S. 225–261.
Maas, Walter: Mittelalterliche deutschrechtliche Kolonisation und Waldrodung in Kujawien, in: Deutsche Monatshefte in Polen 1937.
Schlesinger, Walter (Hrsg.): Die deutsche Ostsiedlung des Mittelalters als Problem der europäischen Geschichte. Reichenau-Vorträge 1970–72. Sigmaringen 1975.

Sporn, Theodor: Die »Stadt zu polnischem Recht« und die deutschrechtliche Gründungsstadt. Frankfurt/M./Bern/Las Vegas 1978.
Trawkowski, St.: Zur Erforschung der deutschen Kolonisation auf polnischem Boden im 13. Jahrhundert, in: Acta Poloniae historica 7 (1962), S. 79–95.
Ders.: Die Rolle der deutschen Dorfkolonisation und des deutschen Rechts in Polen im 13. Jahrhundert, in: Walter Schlesinger (Hrsg.): Die deutsche Ostsiedlung des Mittelalters als Problem der europäischen Geschichte. Sigmaringen 1975, S. 349–368.
Willoweit, D. / Schich, W. (Hrsg.): Studien zur Geschichte des sächsisch-magdeburgischen Rechts in Deutschland und Polen. Frankfurt/M. 1980.
Zernack, Klaus: Der hochmittelalterliche Landesausbau als Problem der Entwicklung Ostmitteleuropas, in: Klaus Zernack, Preußen – Deutschland – Polen. Aufsätze zur Geschichte der deutsch-polnischen Beziehungen. Berlin 1991, S. 185–202.
Ders.: Zusammenfassung. Die hochmittelalterliche Kolonisation in Ostmitteleuropa und ihre Stellung in der europäischen Geschichte, in: Walter Schlesinger (Hrsg.): Die deutsche Ostsiedlung des Mittelalters als Problem der europäischen Geschichte. Sigmaringen 1975, S. 738–804.
Zientara, Benedykt: Die deutsche Einwanderung in Polen vom 12. bis zum 14. Jahrhundert, in: Walter Schlesinger (Hrsg.): Die deutsche Ostsiedlung des Mittelalters als Problem der europäischen Geschichte. Sigmaringen 1975, S. 333–348.
Ders.: Foreigners in Poland in the 10th–15th centuries: Their role in the opinion of polish medieval community, in: Acta Poloniae Historica 29 (1974), S. 5–27.
Ders.: Żródła i geneza »prawa niemieckiego« (ius Theutonicum) na tle ruchu osadniczego w Europie zachodniej i śródkowej w XI–XII w. (Quellen und Entstehung des »deutschen Rechts« vor dem Hintergrund der Siedlungsbewegung in West- und Mitteleuropa im 11.–12. Jh.), in: Przegląd Historyczny 69 (1978), S. 47–74.

2. Neuzeitliche deutsche Siedlung bis 1772

Hentschel, Walter: Die sächsische Baukunst des 18. Jahrhunderts in Polen. Bd. 1 u. 2. Berlin 1967.
Kossman, Marceli: Protestanci i kontrreformacja. Z dziejów tolerancji w Rzeczypospolitej XVI–XVIII wieku (Protestanten und Gegenreformation. Aus der Geschichte der Toleranz der polnischen Adelsrepublik vom 16. bis zum 18. Jahrhundert). Breslau 1978.
Kuhn, Walter: Geschichte der deutschen Ostsiedlung in der Neuzeit. 2 Bde. und Kartenband. Köln/Graz 1955.
Reformation und Frühaufklärung in Polen. Hrsg. Paul Wrzecionko. Göttingen 1977.
Rhode, Gotthold: Die lutherische Reformation im östlichen Mitteleuropa, in: Jahrbuch für Berlin-Brandenburgische Kirchengeschichte. Sonderband 1984, S. 59–81.
Rusiński W.: Deutsche Siedlungen auf polnischem Boden im 16.–19. Jahrhundert. Mythen und Wirklichkeit, in: Acta Poloniae historica 47 (1982), S. 209–256.
Schramm, Gottfried: Der polnische Adel und die Reformation. Wiesbaden 1965.
Stasiewski, Bernhard: Reformation und Gegenreformation in Polen: Neue Forschungsergebnisse. Münster 1960.
Tazbir, Janusz: Szlachta i teologowie. Studia z dziejów polskiej kontrreformacji. Warschau 1987.
Wojak, Tadeusz: Szkice z dziejów reformacji w Polsce XVI i XVII wieku (Skizzen aus der Geschichte der Reformation in Polen im 16. und 17. Jahrhundert). Warschau 1977.

3. Teilungszeit 1772–1815

Heike, Otto: Die Provinz Südpreußen. Preußische Aufbau- und Verwaltungsarbeit im Warthe- und Weichselgebiet 1793–1806. Marburg/L. 1953.
Kosim, Jan: Okupacja pruska i konspiracje rewolucyjne w Warszawie 1796–1806 (Preußische Besatzung und revolutionäre Konspiration in Warschau 1796–1806). Breslau 1976.
Ders.: Pod pruskim zaborem. Warszawa w latach 1796–1806 (Unter preußischer Herrschaft. Warschau in den Jahren 1796–1806). Warschau 1980.
Müller, August: Die preußische Kolonisation in Nordpolen und Litauen. Berlin 1928.
Weise, Erich: Die Schwabensiedlungen im Posener Kammerdepartement 1799–1804. Würzburg 1961.

4. *Geteiltes Polen 1815–1918*

Provinz (Großherzogtum) Posen

Bär, Max: Die »Bamberger« bei Posen. Posen 1882.
Balzer, Brigitte: Die preußische Polenpolitik 1894–1908 und die Haltung der deutschen konservativen und liberalen Partei (unter besonderer Berücksichtigung der Provinz Posen). Frankfurt a. M./Bern/ New York/Paris 1990.
Baske, Siegfried: Praxis und Prinzipien der preußischen Polenpolitik vom Beginn der Reaktionszeit bis zur Gründung des Deutschen Reiches. Berlin/Wiesbaden 1963.
Berger, Irene: Die preußische Verwaltung des Regierungsbezirks Bromberg (1815–1848). Köln/Berlin 1966.
Bussenius, Ingeborg Charlotte: Die preußische Verwaltung in Süd- und Neuostpreußen 1793–1806. Heidelberg 1960.
Conze, Werner: Nationsbildung durch Trennung. Deutsche und Polen im preußischen Osten, in: Innenpolitische Probleme des Bismarck-Reiches. Hrsg. Otto Pflanze. München/Wien 1983, S. 98–115.
Froese, U.: Das Kolonisationswerk Friedrichs des Großen. Wesen und Vermächtnis. Heidelberg 1938.
Galos, Adam / Gentzen, Felix-Heinrich / Jakóbczyk, Witold: Die Hakatisten. Der deutsche Ostmarkenverein (1894–1934). Berlin (Ost) 1966.
Gey, Thomas: Die preußische Verwaltung des Regierungs-Bezirks Bromberg 1871–1920. Köln/Berlin 1975.
Glück, H.: Die preußisch-polnische Sprachenpolitik. Eine Studie zur Theorie und Methodologie der Forschung über Sprachenpolitik, Sprachbewußtsein und Sozialgeschichte am Beispiel der preußisch-deutschen Politik gegenüber der polnischen Minderheit vor 1914. Hamburg 1979.
Grundriß zur deutschen Verwaltungsgeschichte 1815–1945. Reihe A: Preußen. Bd. 2. Marburg/L. 1975. Teil I: Provinz (Großherzogtum) Posen, bearbeitet von Dieter Stüttgen, S. 1-101.
Grześ, Bolesław / Kozłowski, Jerzy / Kramski, Adam: Niemcy w Poznańskiem wobec polityki germanizacyjnej 1815–1920 (Die Deutschen im Posenschen gegenüber der Germanisierungspolitik 1815–1920). Hrsg. Lech Trzeciakowski. Posen 1976.
Hagen, W. W.: Germans, Poles and Jews. The National Conflict in the Prussia East, 1772–1914. Chicago/London 1980.
Jablonowski, Horst: Die Preußische Polenpolitik von 1815–1914. Würzburg 1964.
Jaffe, Moritz: Die Stadt Posen unter preußischer Herrschaft. Leipzig 1909.
Jakóbczyk, Witold: Pruska komisja osadnicza (Die preußische Ansiedlungskommission) 1886–1919. Posen 1976.
Jaworski, Rudolf: Handel und Gewerbe im Nationalitätenkampf. Studien zur Wirtschaftsgesinnung der Polen in der Provinz Posen (1871–1914). Göttingen 1986.
Jersch-Wenzel, Steffi: Zur Geschichte der jüdischen Bevölkerung in der Provinz Posen im 19. Jahrhundert, in: Rhode, Gotthold (Hrsg.): Juden in Ostmitteleuropa von der Emanzipation bis zum Ersten Weltkrieg. Marburg/L. 1989.
Kohte, Wolfgang: Die staatliche Ansiedlungspolitik im deutschen Nordosten (1886–1914), in: Deutsche Ostsiedlung in Mittelalter und Neuzeit. Köln/Wien 1971, S. 215–240.
Ders.: Deutsche Bewegung und preußische Politik im Posener Lande 1848–1849 (Deutsche Wissenschaftliche Zeitschrift in Polen, H. 21). Posen 1931.
Makowski, Krzysztof: Die Posener Familie in der ersten Hälfte des 19. Jahrhunderts. Lüneburg 1993.
Neubach, Helmut: Die Ausweisungen von Polen und Juden aus Preußen 1885/86. Ein Beitrag zu Bismarcks Polenpolitik und zur Geschichte des deutsch-polnischen Verhältnisses. Wiesbaden 1967.
Niemcy i Zydzi w Poznaniu, in: Kronika Miasta Poznania 1–2 (1992) (Deutsche u. Juden in Posen. Sonderheft).
Rehfeld, Klaus Helmut: Die preußische Verwaltung des Regierungsbezirks Bromberg 1848–1871. Köln/Berlin 1968.
Rogall, Joachim: Die Geistlichkeit der Evangelisch-Unierten Kirche in der Provinz Posen 1871–1914 und ihr Verhältnis zur preußischen Polenpolitik. Marburg/L. 1990.
Schieder, Theodor: Das Deutsche Kaiserreich von 1871 als Nationalstaat. Köln/Opladen 1961.
Streiter, Karl-Heink: Die nationalen Beziehungen im Großherzogtum Posen (1815–1848). Bern/ Frankfurt/M. 1985.
Trzeciakowski, Lech: The Kulturkampf in Prussian Poland. New York 1990.

Wehler, Hans-Ulrich: Die Polenpolitik im deutschen Kaiserreich 1871–1918, in: Politische Ideologien und nationalstaatliche Ordnung. Studien zur Geschichte des 19. und 20. Jahrhunderts. Festschrift für Theodor Schieder. München/Wien 1968, S. 297–316.

Königreich Polen (Kongreßpolen)

Breyer, Albert: Ostdeutschland als Mutterland der deutschen Siedlungen in Mittelpolen, in: Deutsche Monatshefte in Polen 2 (1935), S. 48–57.

Ders.: Deutsche Tuchmachereinwanderung in den ostmitteleuropäischen Raum 1550–1830. Leipzig 1941.

Ders.: Die deutschen ländlichen Siedlungen des mittelpolnischen Warthebruchs, in: Deutsche Wissenschaftliche Zeitschrift in Polen 1938, Heft 34, S. 33–76.

Conze, Werner: Polnische Nation und deutsche Politik im Ersten Weltkrieg. Köln/Graz 1958.

Eichler, Adolf: Das Deutschtum in Kongreßpolen. Stuttgart 1921.

Heike, Otto: Die wirtschaftliche Leistung der Deutschen in Mittelpolen und Wolhynien 1740–1939, in: Leistung und Schicksal, Hrsg. Eberhard G. Schulz. Köln/Graz 1967, S. 125–134.

Ders.: Polnische Forschungen und Darstellungen zur Geschichte der Stadt Lodz, in: Zeitschrift für Ostforschung 33 (1984), S. 393–406.

Kossman, Eugen Oskar: Ein Lodzer Heimatbuch. Hannover 1967.

Missalowa, Gryzelda: Studia nad powstaniem łódzkiego okręgu przemysłowego 1815–1870 (Studien zur Entstehung des Lodzer Industriebezirks 1815–1870). Bd. I. Przemysl (Industrie), Lodz 1964. Bd. II Klasa robotnicza (Arbeiterklasse), Lodz 1967. Bd. III Burżuazja (Bürgertum), Lodz 1975.

Schmidt, Arthur: Deutsches Schicksal in Polen. Hannover 1953.

Strobel, Georg W.: Die Partei Rosa Luxemburgs, Lenin und die SPD. Wiesbaden 1974.

5. Zwischenkriegszeit 1918–1939

Andrzejewski, Marek: Polnische Literatur über den deutsch-polnischen Propagandakampf 1918–1939, in: Acta Poloniae historica 51 (1985), S. 83–100.

Besier, Gerhard (Hrsg.): Altpreußische Kirchengebiete auf neupolnischem Territorium. Die Diskussion um »Staatsgrenzen und Kirchengrenzen« nach dem Ersten und Zweiten Weltkrieg. Göttingen 1983.

Bierschenk, Theodor: Die deutsche Volksgruppe in Polen, 1934–1939. Kitzingen 1954.

Bohmann, Alfred: Menschen und Grenzen. Bd. I. Strukturwandel der deutschen Bevölkerung im polnischen Staats- und Verwaltungsbereich. Köln 1969.

Breyer, Richard: Das Deutsche Reich und Polen 1932–1937. Außenpolitik und Volksgruppenfragen. Würzburg 1955.

Ders.: Polnischer Parlamentarismus und Nationalitätenfrage, in: Die Krise des Parlamentarismus in Ostmitteleuropa zwischen den beiden Weltkriegen. Hrsg. Erich Volkmann. Marburg/L. 1967.

Ders.: Dr. Hermann Rauschning als Wissenschaftler und Publizist in Posen, in: Jahrbuch Weichsel-Warthe 29 (1983), S. 25–31.

Ders.: Die deutsche Bevölkerung in Polen 1933–1939, in: Deutschland und Polen von der nationalsozialistischen Machtergreifung bis zum Ende des Zweiten Weltkrieges. Braunschweig 1986.

Ders. / Korzec, Paweł: Polnische Nationalitätenpolitik und deutsche Volksgruppe in Lageberichten des polnischen Innenministeriums aus den Jahren 1935 und 1937, in: Zeitschrift für Ostforschung 29 (1980), H. 2/3.

Cygański, Mierosław: Mniejszość niemiecka w Polsce centralnej w latach 1919–1939 (Die deutsche Minderheit in Zentralpolen in den Jahren 1919–1939). Lodz 1962.

Dąbrowski, Roman: Pomóc finansowa Niemiec dla mniejszości niemieckiej w Polsce (Die Finanzhilfe Deutschlands für die deutsche Minderheit in Polen), in: Rola mniejszości niemieckiej w rozwoju stosunków politycznych w Europie 1918–1945 (Die Rolle der deutschen Minderheit bei der Entwicklung der politischen Verhältnisse in Europa 1918–1945). Hrsg. Antoni Czubiński. Posen 1984, S. 349–354.

Drozdowski, Marian: The National Minorities in Poland 1918–1939, in: Acta Poloniae historica 22 (1970), S. 226–251.

Hauser, Przemysław: Die deutsche Minderheit in Polen 1918–1933, in: Die deutsch-polnischen Beziehungen 1919–1932. Braunschweig 1985, S. 67–89.

Heike, Otto: Das Deutschtum in Polen 1918–1939. Bonn 1955.
Ders.: Die deutsche Minderheit in Polen bis 1939. Ihr Leben und Wirken, kulturell, gesellschaftlich, politisch. Leverkusen 1985.
Horak, Stephan: Poland and Her National Minorities, 1919–1939. New York u. a. 1961.
Hubatsch, Walter (Hrsg.): Die evangelische General-Kirchenvisitation in den von Ost- und Westpreußen sowie Posen 1920 abgetrennten Kirchenkreisen. Göttingen 1971.
Iwanicki, Mieczysław: Legalne i nielegalne szkolnictwo niemieckie w Polsce w okresie międzywojennym (Das legale und illegale deutsche Schulwesen in Polen in der Zwischenkriegszeit), in: Rola mniejszości niemieckiej w rozwoju stosunków politycznych w Europie 1918–1945 (Die Rolle der deutschen Minderheit bei der Entwicklung der politischen Verhältnisse in Europa 1918–1945). Hrsg. Antoni Czubiński. Posen 1984, S. 367–376.
Karzel, Karl: Die deutsche Landwirtschaft in Posen in der Zeit zwischen den beiden Weltkriegen. Marburg/L. 1961.
Kauder, Viktor: Das Deutschtum in Posen und Pommerellen. Leipzig 1938.
Kellermann, Volkmar: Schwarzer Adler – Weißer Adler. Die Polenpolitik der Weimarer Republik. Köln 1970.
Kessler, Wolfgang: Die deutsche Bevölkerung Pommerellens und Großpolens nach dem Ersten Weltkrieg (1919–1929), in: Wolfgang Kessler (Hrsg.): Hermann Rauschning. Die Abwanderung der Deutschen aus Westpreußen und Posen nach dem Ersten Weltkrieg. Essen 1988.
Keyser, Erich: Der Deutschtumsverlust in Westpreußen 1918–1939, in: Ostdeutsche Wissenschaft 8 (1961), S. 63–79.
Kleindienst, Alfred / Wagner, Oskar: Der Protestantismus in der Republik Polen 1918/19 bis 1939. Marburg 1985.
Kneifel, Eduard: Bischof Dr. Julius Bursche. Steinkirchen 1980.
Korzec, Paweł: Polen und der Minderheitenschutzvertrag (1919–1934), in: Jahrbücher für Geschichte Osteuropas N. F. 20 (1972), S. 331–365.
Ders.: Der Block der Nationalen Minderheiten im Parlamentarismus Polens des Jahres 1922, in: Zeitschrift für Ostforschung 24 (1975), S. 193–220.
Kotowski, Wojciech: Wybrane problemy życia kulturalnego mniejszości niemieckiej w Polsce (Ausgewählte Probleme des kulturellen Lebens der deutschen Minderheit in Polen), in: Rola mniejszości niemieckiej w rozwoju stosunków politycznych w Europie 1918–1945 (Die Rolle der deutschen Minderheit bei der Entwicklung der politischen Verhältnisse in Europa 1918–1945). Hrsg. Antoni Czubiński. Posen 1984, S. 355–366.
Krekeler, Norbert: Revisionsanspruch und geheime Ostpolitik der Weimarer Republik. Die Subventionierung der deutschen Minderheit in Polen. Stuttgart 1973.
Kruska, Herbert: Das Theologische Seminar Posen, in: Gestalten und Wege der Kirche im Osten. Festgabe für Arthur Rhode. Ulm 1958, S. 251–265.
Kuhn, Walter: Das Deutschtum in Polen und sein Schicksal in Kriegs- und Nachkriegszeit, in: Osteuropa-Handbuch, Polen. Köln/Graz 1959, S. 138–164.
Łuczak, Czesław: Ekonomiczne aspekty polityki Republiki Weimarskiej i Trzeciej Rzeszy wobec mniejszości niemieckiej w Polsce (Ökonomische Aspekte der Politik der Weimarer Republik und des Dritten Reiches gegenüber der deutschen Minderheit in Polen), in: Rola mniejszości niemieckiej w rozwuja stosunków politycznych w Europie 1918–1945. Hrsg. Antoni Czubiński. Posen 1984, S. 333–348.
Nasarski, Peter: Deutsche Jugendbewegung und Jugendarbeit in Polen 1919–1939. Würzburg 1957.
Majewski, Jan: Drogi i bezdroża niemieckiej spółdzielczości w Polsce 1919–1939 (Wege und Irrwege des deutschen Genossenschaftswesens in Polen 1919–1939). Posen 1989.
Makowski, Edmund: Mniejszość niemiecka w Polsce w polityce niemieckiej (Die deutsche Minderheit in Polen in der deutschen Politik), in: Rola mniejszości niemieckiej w rozwoju stosunków politycznych w Europie 1918–1945. Hrsg. Antoni Czubiński. Posen 1984, S. 311–332.
Meissner, Lucjan: Niemieckie organizacje antifaszystowskie w Polsce (Deutsche antifaschistische Organisationen in Polen). Warschau 1973.
Rhode, Gotthold: Das Deutschtum in Posen und Pommerellen in der Zeit der Weimarer Republik, in: Die deutschen Ostgebiete zur Zeit der Weimarer Republik. Köln/Graz 1966.
Rogall, Joachim: Die Posener Evangelische Kirche im Gegenüber zum Nationalsozialismus, in: Peter Maser (Hrsg.): Der Kirchenkampf im deutschen Osten und in den deutschsprachigen Kirchen Osteuropas. Göttingen 1992, S. 159–179.

Rosen, Hans Frhr. v.: Wolhynienfahrt 1926. Siegen 1982.
Schot, Bastiaan: Nation oder Staat? Deutschland und der Minderheitenschutz. Marburg/L. 1988.
Schulz, Gerhard: Deutschland und Polen vom Ersten zum Zweiten Weltkrieg, in: Geschichte in Wissenschaft und Unterricht 33 (1982), S. 154–172.
Swart, Friedrich / Breyer, Richard: Die deutsche Volksgruppe im polnischen Staat, in: Das östliche Deutschland. Hrsg. Göttinger Arbeitskreis. Würzburg 1959, S. 474–526.
Swart, Friedrich: Diesseits und jenseits der Grenze; das deutsche Genossenschaftswesen im Posener Land und das deutsch-polnische Verhältnis bis zum Ende des Zweiten Weltkrieges. Leer 1954.
Threde, Walter / Nasarski, Peter (Hrsg.): Polen und sein preußischer Streifen 1919–1939. Die deutsche Volksgruppe in Posen und Pommerellen. Berlin/Bonn 1983.
Viefhaus, E.: Die Minderheiten und die Entstehung der Minderheitenschutzverträge auf der Pariser Friedenskonferenz 1919. Eine Studie zur Geschichte des Nationalitätenproblems im 19. und 20. Jahrhundert. Würzburg 1960.
Vogt, Dietrich: Das Schillergymnasium in Posen. Schicksal einer deutschen Minderheitenschule 1920–1939. Lüneburg 1964.
Ders.: Der großpolnische Aufstand 1918/1919. Bericht, Erinnerungen, Dokumente. Marburg/L. 1980.
Wagner, Oskar: Staat und religiöse Minderheiten in der Republik Polen, in: Wagner, Oskar: Zwischen Völkern, Staaten und Kirchen. Zur Geschichte des Protestantismus in Ostmitteleuropa. Berlin/Bonn 1986, S. 129–143.
Ders.: Die zwischenkirchliche Zusammenarbeit und ökumenische Mitarbeit der evangelischen Kirchen in Polen 1918–1939, in: Wagner, Oskar: Zwischen Völkern, Staaten und Kirchen. Zur Geschichte des Protestantismus in Ostmitteleuropa. Berlin/Bonn 1986, S. 144–170.
Wynot, Edward D., jr.: The Polish Germans, 1919–1939. National Minorities in a Multinational State, in: Polish Review (New York) 18 (1972/73), S. 23–64.
Żarnowski, Janusz: La systeme de protection des minorites a Pologne, in: Acta Poloniae historica 52 (1985), S. 105–124.

6. Zweiter Weltkrieg 1939–1945

Aurich, Peter: Der deutsch-polnische September 1939. Eine Volksgruppe zwischen den Fronten. München/Wien 1969.
Broszat, Martin: Nationalsozialistische Polenpolitik 1939–1945. Stuttgart 1969.
Gürtler, Paul: Nationalsozialismus und evangelische Kirche im Warthegau. Trennung von Staat und Kirche im nationalsozialistischen Weltanschauungsstaat. Göttingen 1958.
Jacobmeyer, Wolfgang: Nationalsozialistische Besatzungspolitik in Polen im Zweiten Weltkrieg, in: Deutschland und Polen von der nationalsozialistischen Machtergreifung bis zum Ende des Zweiten Weltkrieges. Braunschweig 1985, S. 95–106.
Jastrzębski, Włodzimierz: Der Bromberger Blutsonntag. Legende und Wirklichkeit. Posen 1990.
Karp, Hans-Jürgen: Germanisierung oder Seelsorge? Zur Tätigkeit reichsdeutscher Priester in den dem Deutschen Reich eingegliederten Gebieten Polens 1939–1945, in: Zeitschrift für Ostforschung 30 (1981), S. 40–74.
Kneifel, Eduard: Die Evangelische Kirche im Wartheland-Ost (Lodz), ihr Aufbau und ihre Auseinandersetzung mit dem Nationalsozialismus. Vierkirchen 1976.
Madajczyk, Czesław: Die deutsche Besatzungspolitik in Polen 1939–1945. Wiesbaden 1967.
Ders.: Die Okkupationspolitik Nazideutschlands in Polen 1939–1945. Berlin (Ost) 1987.
Rogall, Joachim (Bearb.): Die Räumung des »Reichsgaus Wartheland« vom 16.–26. Januar 1945 im Spiegel amtlicher Berichte. Sigmaringen 1992.
Rosen, Hans Frhr. v.: Dokumentation der Verschleppung der Deutschen aus Posen-Pommerellen im September 1939. Berlin/Bonn 1990.
Śmigiel, Kazimierz: Die katholische Kirche im Reichsgau Wartheland 1939–1945. Aus dem Polnischen von Armin Dross. Dortmund 1984.
Stasiewski, Bernhard: Die Kirchenpolitik des Nationalsozialismus im Warthegau 1939–1945, in: Vierteljahreshefte für Zeitgeschichte 7 (1959), S. 46–74.
de Zayas, Alfred M.: Die Wehrmachts-Untersuchungsstelle. Deutsche Ermittlungen über alliierte Völkerrechtsverletzungen im Zweiten Weltkrieg, unter Mitarbeit von Walter Rabus. München 1980.

Ziegler, Armin: Posen Januar 1945. Evakuierung und Flucht der deutschen Zivilbevölkerung der Stadt Posen im Januar 1945. Selbstverlag 1989.

Zimniak Henryk: Niemieckie życie muzyczne w tzw. Kraju Warty [1939–1945] (Das deutsche Musikleben im sogenannten Warthegau 1939–1945), in: Rola mniejszości niemieckiej w rozwoju stosunków politycznych w Europie 1918–1945 (Die Rolle der deutschen Minderheit bei der Entwicklung der politischen Verhältnisse in Europa 1918–1945). Hrsg. Antoni Czubiński. Posen 1984, S. 454–461.

7. *Nachkriegszeit*

Die deutschen Vertreibungsverluste, Bevölkerungsbilanzen für die deutschen Vertreibungsgebiete 1939/50. Hrsg. Statistisches Bundesamt. Wiesbaden/Stuttgart 1958.

Dokumentation der Vertreibung der Deutschen aus Ost-Mitteleuropa. In Verbindung mit Adolf Diestelkamp, Rudolf Laun, Peter Rassow und Hans Rothfels bearbeitet von Theodor Schieder. Band I/1–3 (dtv-reprint). München 1984.

Breyer, Richard / Nasarski, Peter (Hrsg.): Erfahrung und Zeugnis der Deutschen aus Polen. Berlin/Bonn 1987.

Frantzioch, Marion: Die Vertriebenen. Bonn 1987.

Geilke, Georg: Die Lösung der »Deutschen Frage« im Lichte polnischer Gesetze. Hamburg, Selbstverlag 1954.

Gołąb, Mieczysław: Rehabilitacja i wyłączenie wrogich elementów ze społeczeństwa polskiego (Rehabilitierung und Ausschluß feindlicher Elemente aus der polnischen Gesellschaft). Lodz 1946.

Nasarski, Peter (Hrsg.): Wo wir einst zu Hause waren – Gespräche in einem anderen Land. Berlin/Bonn 1990.

Rautenberg, Hans-Werner: Deutsche (Deutschstämmige) in Polen – eine nichtanerkannte Volksgruppe, in: Kolloquium über Politik, Kultur und Identität in Geschichte und Gegenwart bei den deutschen Bevölkerungsgruppen im Ausland, Gesamtredaktion Alexander Ritter. Hrsg. Institut für regionale Forschung und Information im Deutschen Grenzverein. Flensburg 1991. S. 99–124.

Werner, Konrad: Minderheiten in der Volksrepublik Polen. Zur Darstellung der Deutschen in der polnischen volkskundlichen Literatur nach dem Zweiten Weltkrieg, in: Kolloquium zu den volkskundlichen Bedingungen der Kultur bei den deutschen Bevölkerungsgruppen im Ausland, Gesamtredaktion Alexander Ritter. Hrsg. Institut für regionale Forschung und Information im Deutschen Grenzverein. Flensburg 1989. S. 65–78.

h) *Jahrbücher und Zeitschriften*

Aus dem Posener Lande. Monatsblätter für Heimatkunde. Hrsg. Paul Beer, ab Bd. 6: Georg Minde-Pouet. Bd. 1–10, Lissa 1906–1915; seit 1916 Namensänderung in: Aus dem Ostlande. Bd. 11–14. Lissa 1916–1919.

Bromberg, Zeitschrift der Bidegast-Vereinigung, Wihelmshaven, 1959 ff.

Deutsche Blätter in Polen. Hrsg. Hermann Rauschning u. a. Bd. 1–10. Posen 1924–1933.

Deutsche Monatshefte in Polen (seit Ende 1939: Deutsche Monatshefte). Hrsg. Viktor Kauder. Bd. 1–9. Kattowitz 1934–1943.

Deutsche Wissenschaftliche Zeitschrift für Posen (ab 1935: für Polen), Hrsg. Hermann Rauschning, ab Heft 7: Alfred Lattermann, Heft 1–36, Posen 1923–1939.

Deutsche Wissenschaftliche Zeitschrift im Wartheland. Hrsg. Alfred Lattermann. Heft 1–8. Posen 1940–1943.

Historische Monatsblätter für die Provinz Posen. Hrsg. Rodgero Prümers. Bd. 1–23. Posen 1900–1923.

Jahrbuch Weichsel-Warthe, Hrsg. Landsmannschaft Weichsel-Warthe, Hannover 1955 ff.

Kulturwart – Beiträge zur deutsch-polnischen Nachbarschaft, Vierteljahresschrift. Hrsg. Landsmannschaft Weichsel-Warthe. Wiesbaden 1953 ff.

Posener Stimmen, Monatsschrift, Hrsg. Gemeinschaft Evangelischer Posener, Lüneburg 1953 ff.

Zeitschrift für Geschichte und Landeskunde der Provinz Posen. Hrsg. Christian Meyer. Bd. 1–3. Posen 1882–1884.

Zeitschrift der Historischen Gesellschaft für die Provinz Posen. Hrsg. H. Ehrenberg, ab Bd. 3 Rodgero Prümers. Bd. 1–30. Posen 1885–1918.

Personenregister

Ortsregister

Die Stichwörter »Deutschland« und »Polen« wurden nicht aufgenommen.

Kartennachweis

Karte 1: Die Reliefgliederung des Weichsel-Warthe-Raumes
(aus: Deutschland und der Korridor, Hrsg. Friedrich Heiß,
Berlin 1939, S. 15)

Karte 2: Ostmitteleuropa um das Jahr 1000
(aus: Die Ostgebiete des Deutschen Reiches, Hrsg. G. Rhode,
Würzburg 1957, dort Karte 4; Entwurf Richard Breyer)

Karte 3: Städtegründungen zu deutschem Recht in Großpolen
(13. und 14. Jahrhundert)
(aus: Kurt Lück, Deutsche Aufbaukräfte in der Entwicklung Polens.
Plauen 1934, zwischen Seite 28 u. 29)

Karte 4: Plan der Stadt Posen (nach Warschauer und Kohte)
(aus: G. Rhode [Hrsg.], Geschichte der Stadt Posen, Neuendettelsau 1953)

Karte 5: Die Ausbreitung der deutschen Stadtrechte nach dem Osten
(aus: Ostdeutschland und die deutschen Siedlungsgebiete in Ost- und Südosteuropa in Karte, Bild und Wort,
bearbeitet von F. Dörr und W. Kerl, Südwest-Verlag München o. J., S. 7)

Karte 6: Ost-Mitteleuropa in der 2. Hälfte des 14. Jahrhunderts
(aus: Die Ostgebiete des Deutschen Reiches, Hrsg. G. Rhode,
Würzburg 1957, dort Karte 5; Entwurf Richard Breyer)

Karte 7: Ost-Mitteleuropa im 16. und 17. Jahrhundert
(aus: Die Ostgebiete des Deutschen Reiches, Hrsg. G. Rhode,
Würzburg 1957, dort Karte 6; Entwurf Richard Breyer)

Karte 8: Plan der Stadt Grätz/Grodzisk Wlkp.
im Posener Land
(aus: Zabytki urbanistyki i architektury w. Polsce [Denkmäler des Städtebaus und der Architektur in Polen], Bd. 1:
Miasta historyczne [historische Städte], Warschau 1986, S. 31).

Karte 9: Neuzeitliche deutsche Stadtsiedlung
in Großpolen und der Neumark
(aus: Walter Kuhn, Geschichte der deutschen Ostsiedlung in der Neuzeit, Köln/Graz o. J., Band II, Karte 11)

Karte 10: Die Holländerdörfer (Waldhufendörfer)
im Netzetal bei Filehne/Wielen
(aus: H. J. Schmitz, Geschichte des Netze-Warthelandes. Leipzig 1941, S. 152)

Karte 11: Die im 17. u. 18. Jahrh. bis zu den Teilungen auf dem Gebiet der ehem. Prof. Posen entstandenen
deutschen Hauländereien
(aus: Kurt Lück, Deutsche Aufbaukräfte in der Entwicklung Polens.
Plauen 1934, zwischen Seite 330 u. 331)

Karte 12: Die Ansiedlungsorte der
Bamberger in und um Posen
(aus: Walther Threde [Hrsg.], Polen und sein preußischer Streifen, Berlin/Bonn 1983, S. 24)

Karte 13: Ost-Mitteleuropa zur Zeit der polnischen Teilungen 1772–1815
(aus: Die Ostgebiete des Deutschen Reiches, Hrsg. G. Rhode,
Würzburg 1957, dort Karte 7; Entwurf Richard Breyer)

Karte 14: Streusiedlungen bei Driesen aus der Zeit
Friedrichs des Großen
(aus: H. J. Schmitz, Geschichte des Netze-Warthelandes. Leipzig 1941, S. 195)

Karte 15: Das Holländerdorf Lindenwerder und die friderizianischen
Siedlungen Friedrichshorst und Königsdorf bei Netztal
(aus: H. J. Schmitz, Geschichte des Netze-Warthelandes. Leipzig 1941, S. 197)

Karte 16: Die 1799–1804 angelegten Kolonien des Posener Kammerdepartements
(aus: Erich Weise, Die Schwabensiedlungen im Posener Kammerdepartement, Würzburg 1961)

Karte 17: Plock – Siedlung für preußische Beamte
(aus: Zabytki urbanistyki i architektury w Polsce [Denkmäler des Städtebaus und der Architektur in Polen], Bd. 1: Miasta historyczne [historische Städte],
Warschau 1986, S. 40).

Karte 18: Ost-Mitteleuropa im 19. Jahrhundert (1815–1916)
(aus: Die Ostgebiete des Deutschen Reiches, Hrsg. G. Rhode,
Würzburg 1957, dort Karte 8; Entwurf Richard Breyer)

Karte 19: Gombin/Gabin – Plan der Stadt und
der 1823 angelegten Tuchmachersiedlung
(aus: Zabytki urbanistyki i architektury w Polsce [Denkmäler des Städtebaus und der Architektur in Polen], Bd. 1: Miasta historyczne [historische Städte], Warschau 1986, S. 44).

Karte 20: Zgierz – Plan der Stadt und der 1821 angelegten
Tuchmachersiedlung
(aus: Zabytkli urbanistyki i architektury w Polsce [Denkmäler des Städtebaus und der Architektur in Polen], Bd. 1: Miasta historyczne [historische Städte], Warschau 1986, S. 43).

Karte 21: Einwanderung und Herkunftsorte der Deutschen aus Aleksandrow
(aus: Kargel, Adolf/Arthur Schmidt, Alexandrow. Mönchengladbach 1980.

Karte 22: Ost-Mitteleuropa 1919–1937
(aus: Die Ostgebiete des Deutschen Reiches, Hrsg. G. Rhode,
Würzburg 1957, dort Karte 10; Entwurf Richard Breyer)

Karte 24: Ost-Mitteleuropa während des 2. Weltkrieges
(aus: Die Ostgebiete des Deutschen Reiches, Hrsg. G. Rhode,
Würzburg 1957, dort Karte 11; Entwurf Richard Breyer)

Karte 25: Ost-Mitteleuropa nach den Beschlüssen von Jalta und Potsdam (1945)
(aus: Die Ostgebiete des Deutschen Reiches, Hrsg. G. Rhode,
Würzburg 1957, dort Karte 12; Entwurf Richard Breyer)